2021中国仓储配送行业发展报告
（蓝皮书）

中国仓储与配送协会　编著

中国商业出版社

图书在版编目（CIP）数据

2021中国仓储配送行业发展报告：蓝皮书/中国仓储与配送协会编著. -- 北京：中国商业出版社，2021.8
ISBN 978-7-5208-1705-9

Ⅰ. ①2… Ⅱ. ①中… Ⅲ. ①仓库管理－研究报告－中国－2021②物流管理－物资配送－研究报告－中国－2021 Ⅳ. ①F259.2

中国版本图书馆CIP数据核字(2021)第142798号

责任编辑：林海

中国商业出版社出版发行
（100053 北京广安门内报国寺1号）
010-63180647　www.c-cbook.com
新华书店经销
北京军迪印刷有限责任公司印刷
*
787毫米×1092毫米　16开　28印张　323千字
2021年8月第1版　2021年8月第1次印刷
定价：280.00元
* * * *
（如有印装质量问题可更换）

2021 中国仓储配送行业发展报告编委会

主　　　任　孙　杰　中国仓储与配送协会名誉会长

常务副主任　王继祥　中国仓储与配送协会副会长

　　　　　　　王国文　中国（深圳）综合开发研究院物流与供应链研究所所长

副　主　任　沈绍基　中国仓储与配送协会会长

　　　　　　　李　燕　中国仓储与配送协会副会长兼秘书长

编　　　委　（排名不分先后）

　　　　　　　蔡　熙　苏州金峰物流设备有限公司总裁

　　　　　　　戴正楠　路凯包装设备租赁（上海）有限公司总经理

　　　　　　　李　聪　福建纵腾集团副总裁

　　　　　　　李　涛　北京时代商联商业咨询有限公司董事长

　　　　　　　刘　俐　北京物资学院副教授、硕士研究生导师

　　　　　　　唐　苏　四川物联亿达科技有限公司 CEO

　　　　　　　尹军琪　北京伍强科技有限公司董事长

易　兵　普罗格学院研学中心主任
周纪念　山东阿帕网络技术有限公司董事长
朱宝昌　诺力智能装备股份有限公司研究院院长
曾　琦　深圳市前海跨境眼科技有限公司内容与营销研
　　　　究中心总监

孙 杰　中国仓储与配送协会名誉会长

毕业于北京交通大学（原北方交通大学）运输专业。曾先后在原商业部商业储运局、华运物流实业公司、华运通物流有限公司任职；历任中国仓储与配送协会秘书长、副会长、会长。熟悉国家仓储与配送行业相关法律法规、政策规划、技术标准，曾组织《通用仓库及库区规划设计参数》等多项国家标准的制定工作。

王继祥　中国仓储与配送协会副会长

教授，研究员，商务部特聘物流专家，国家邮政局发展研究中心智慧发展研究首席专家。现任中国仓储与配送协会副会长、中国商贸物流标准化联盟执行主席。其他主要社会兼职有：物流信息互通共享技术及应用国家工程实验室研究员、北京航空航天大学物联网专业特聘教授、上海宝开物流系统有限公司高级顾问等。主要学术成果：共发表各类研究论文 120 多篇，完成各项研究报告与咨询报告 60 多篇，获得国家科技进步二等奖、冶金部科技进步三等奖等各项奖励 30 多次，有四项成果通过部级鉴定。

王国文　中国（深圳）综合开发研究院物流与供应链管理研究所所长

南开大学经济学博士，北京大学管理学博士后，教授。兼任中国物流学会副会长、供应链管理专业协会（CSCMP）中国圆桌会主席、中物联区块链应用专家委员会主任、深圳市决策咨询委员会专家、深圳市现代物流专家咨询委员会专家，南开大学、北京交通大学、香港理工大学客座教授。曾担任世界银行中国绿色物流专家，APEC 亚太供应链联盟（A2C2）的中方业界召集人。区域经济、产业规划专家，著名物流与供应链管理专家。2018 年，荣获"中国改革开放 40 年物流行业专家代表性人物""改革开放 40 年交通运输与物流杰出专家 40 人"称号。主要研究方向为区域经济战略、产业规划、物流园区规划、投资项目可行性研究、物流与供应链战略规划、供应链流程优化与绩效考量、区块供应链应用等领域。主持重大研究咨询课题 200 多项，在国内外发表中英文主旨演讲、学术报告 200 多场，参与、主持、组织学术研讨会、评审会 100 多个，著作 11 部（含著、编、译作），发表学术论文 80 多篇。

沈绍基　中国仓储与配送协会会长

高级经济师。自 1983 年起先后在原商业部、原国内贸易部、原国家内贸局从事储运行政管理工作；1998 年以来先后任华运物流实业公司总经理、中国仓储与配送协会第三、四届会长。现任中国仓储与配送协会第六届会长、国际仓储与物流联盟（IFWL）常务副主席兼秘书长。30 多年来，一直致力于推动传统储运向现代物流发展，围绕仓储业转型升级做了大量研究性、政策性、开拓性工作。

李　燕　中国仓储与配送协会副会长兼秘书长

高级物流师，研究生，毕业于北京工商大学（原北京商学院）。2011年加入中国仓储与配送协会，现任副会长兼秘书长，负责秘书处日常工作，同时兼任协会包装与单元化物流分会会长。曾先后就职于大型上市流通企业，负责物流体系建设；主持商贸物流相关重点标准研究、托盘及周转箱循环共用标准体系与应用研究、绿色仓储配送与电商包装等相关领域课题研究；在托盘共用系统的理论和实践方面做了大量开创性工作。现正大力推进仓储与配送领域标准托盘的应用和单元化物流体系建设。

蔡　熙　苏州金峰物流设备有限公司总裁

1983年毕业于武汉大学，于1988年留学日本，主攻物流管理。在物流行业深耕近30年，物流装备行业资深专家，在日本、欧洲和美国等地参与了包括DHL、UPS、FedEX、日本宅急便、佐川急便、上海海烟物流、中国邮政、顺丰速递和四通一达等快递及菜鸟、华润、申洲国际等数百个项目。

戴正楠　路凯包装设备租赁（上海）有限公司总经理

北京大学国际经济学学士，香港中文大学企业经济学硕士。2004年至2011年，历任招商迪辰集团执行董事、副总裁、招商局集团业务开发部总经理助理。2011年，出任路凯大中华区总经理。在物流供应链咨询、企业战略规划与兼并收购方面拥有丰富经验。

李　聪　纵腾集团副总裁

毕业于中国人民大学，工商管理硕士。现就职于纵腾集团，担任集团副总裁，同时任福建省电商促进会执行会长、商务部国贸研究院电商专委会特聘专家、中物联常务理事。拥有多年传统外贸及跨境电商行业管理经验，对跨境电商供应链及物流有深入的研究和丰富的管理经验。主编完成2019年、2021年《中国跨境电商物流行业蓝皮书》，参与起草制定中国仓协海外仓标准《公共海外仓设施技术要求与运营管理规范》《中国企业跨境电商出口指南》，发表过多篇行业文章。

李 涛　北京时代商联商业咨询有限公司董事长

中国仓储与配送协会专家委员会副主任委员，专注于零售连锁和食品流通业物流园区、配送中心的规划咨询，以国内零售连锁物流项目最多、最专业度著称于业内。曾为家家悦、永辉、物美、超市发、北国商城、思念食品、生鲜传奇、盒马、新乐、全聚德、海霸王（成都）、美特好等200家零售、医药、食品企业提供商业和物流咨询服务。多次荣获中国连锁经营协会、中国商报等颁发的荣誉奖项。

刘 俐　北京物资学院副教授、硕士研究生导师

毕业于首都经济贸易大学（原北京经济学院）物资管理系。主要研究方向为仓储与库存管理、物流企业服务运营管理。曾主持、参与多项政府及企业课题。独立编著普通高等教育"十一五"国家级规划教材《现代仓储管理与配送中心运营》。主讲《仓储与库存管理》《物流企业经营与运作》《国际物流》等课程，多次指导学生进入全国大学生物流设计大赛决赛。在能源、农产品、电商、医药、餐饮、汽车、服装等细分物流领域，具有丰富的企业内训经验。

唐 苏　四川物联亿达科技有限公司 CEO

物联云仓、物联传感云、在线供应链金融平台设计师。拥有丰富的企业应用构架规划与产品研发经验，互联网产品与信息技术专家；曾任微软公司顾问咨询服务部资深技术经理，为多家中国500强企业提供技术咨询。2017年获"中国物流行业物联网技术优秀人才"。

尹军琪　北京伍强科技有限公司董事长

教授级高级工程师，兼任中国重机协会物流与仓储机械分会副理事长。从事现代物流系统集成工作30余年，参与300余项物流系统设计与集成工作，著有专著《现代物流系统集成—方法、实践与思辨》，发表论文100余篇。先后获省部级科技进步二等奖、中物联科技进步一等奖、行业年度人物等多项奖励。

易 兵　普罗格学院研学中心主任

　　高级工程师、副教授，毕业于中国人民大学工商管理专业，从事物流教学研究20余载。先后担任湖北省智慧物流企业家联盟副会长兼秘书长、武汉市长江中游城市群发展研究会秘书长、中国物流学会评审委员会委员及特约研究员。主持教育部、中国物流学会、湖北省教育厅、武汉市社科联等科学研究项目8项；参与制定国家标准《智能仓储行业操作规范》、撰写《武汉市东西湖区十四五规划报告》等；主持武汉市发展与改革委员会重大课题"武汉市大都市区'飞地经济'发展现状及对策研究"项目、黄石市交投"黄石市城乡绿色高效配送网络研究"项目等横向课题研究4项；编著2部，公开发表论文30余篇。荣获湖北省抗击新冠肺炎疫情先进个人、师德师风标兵、优秀基层党务工作者等荣誉称号。

周纪念　阿帕数字技术有限公司CEO

　　高级物流师，国家标准化委员会专家委员，济南智慧物流技术研究院院长，山东省商务厅青年企业家顾问，山东省供应链协会副会长，长期从事物流行业标准化、数字化、智能化及供应链优化管理等相关工作，先后参与主导制定四项物流行业国家标准。曾经荣获2020年度优秀青年物流企业家、中国物流与供应链信息化十大风云人物、山东电子信息行业优秀企业家等荣誉称号。

朱宝昌　诺力智能装备股份有限公司研究院院长

　　法国国立南锡矿业工程师大学硕士，兼任上海诺力智能科技有限公司总经理、浙江大学特聘专家、浙江大学经济管理学院物流工程硕士导师、浙江省科技厅"智能物流装备工程技术研究中心"主任、浙江省发改委"智能物流工程研究中心"主任等。擅长物流自动化，曾获得国家知识产权局"基于RFID技术仓储识别系统""视障导航仪"等多项专利，参与《移动机器人通用技术条件》等多项标准制定。

曾 琦　深圳市前海跨境眼科技有限公司内容与营销研究中心总监

　　专注跨境电商研究，关注跨境电商企业业务增长、人才管理、组织建设，易仓科技跨境眼观察《2021海外仓蓝皮书》《跨境电商管理地图》《跨境电商行业组织管理报告》《长期价值跨境电商十年投融资研究》等跨境电商行业热销书籍和调研报告主编。

目 录 CONTENTS

行业发展报告

2020年仓储配送业发展与2021年展望 ………………………… 1

2020年城乡配送发展及2021年展望 …………………………… 21

2020年金融仓储发展及2021年展望 …………………………… 32

2020年海外仓发展现状与未来展望 …………………………… 43

2020年家居物流发展与2021年展望 …………………………… 57

2020年中药材现代物流体系建设成果及2021年展望 …… 62

2020年快递快运行业自动化分拣发展及2021年展望 …… 73

2020年智能仓储发展与未来展望 ……………………………… 94

2020年通用仓储市场发展及2021年展望 …………………… 109

行业研究探索

如何解读"十四五"规划中对现代物流的相关论述 ……… 125

智慧物流的新基建：一单、一码、一单元 ………………… 132

物流技术概览及发展趋势 ……………………………………… 138

中国物流机器人行业研究报告 ·············· 147
浅谈乡村振兴战略背景下产地仓储的增值服务创新挑战 · 163

行业典型案例

罗滨逊云仓"前云后仓"模式，重塑直播电商供应链 ··· 171
UPCloud一体化云平台助力柔性仓配数字化转型 ········ 179
易流科技仓配一体数字化透明管理案例 ············· 190
物资配送计费"最优化"，助力降本增效 ············· 197
一站式包装供应链服务在仓储中的应用 ············· 201
基于供应链智慧运营的精益库存管理体系的构建与实施 · 204
生产商贸物流深度融合，构建现代物流新模式 ········ 220
纵横跨境中台构建电商供应链新生态 ··············· 225
天津市供应链城市共同配送服务平台 ··············· 239
"甩挂运输+共同配送"单元化物流运营新模式 ········ 246
唯品会（五期项目）超大型蜂巢式电商系统 ··········· 253
科箭WMS云助力达能中国饮料仓储数字化升级 ········ 266
离散制造智能物流技术集成应用 ··················· 275
打造江西南华物流中心，共创智慧医药未来 ··········· 287

行业政策汇编

国务院办公厅转发国家发展改革委 交通运输部关于进一步降低物流成本实施意见的通知 …………………………… 295

国务院办公厅转发国家发展改革委等部门关于加快推进快递包装绿色转型意见的通知 …………………………… 304

关于促进快递业与制造业深度融合发展的意见 ……… 313

关于继续实施物流企业大宗商品仓储设施用地城镇土地使用税优惠政策的公告 …………………………… 320

关于进一步优化发展环境促进生鲜农产品流通的实施意见·322

关于公布首批农村物流服务品牌并组织开展第二批农村物流服务品牌申报工作的通知 …………………………… 328

关于印发《推动物流业制造业深度融合创新发展实施方案》的通知 …………………………… 333

关于优化和改进城市配送货车通行管理工作的指导意见·343

交通运输部办公厅关于进一步做好总质量4500千克及以下普通货运车辆"放管服"改革有关工作的通知 ……… 350

关于进一步完善新能源汽车推广应用财政补贴政策的通知·353

关于新能源汽车免征车辆购置税有关政策的公告 ……… 361

国家发展改革委发布2020年国家骨干冷链物流基地建设名单·363

综合资料汇编

2020 年中国仓储配送行业十件大事 ··················· 365

新仓储、新配送的内涵与特点 ······················· 373

关于寻找"最美物流人"活动结果的公告 ··············· 374

2020 年主要物流节点城市租金和空置率 ··············· 377

优质企业推荐

2020 年中国星级仓库 ···························· 379

2020 年中国仓储服务金牌企业 ····················· 384

2020 年中国绿色仓库 ···························· 387

2020 年担保存货管理资质企业 ····················· 389

2020 年全国仓储企业排名 ························· 390

2020 年全国通用仓储企业排名 ····················· 391

2020 年全国冷链仓储企业排名 ····················· 394

2020 年全国仓储地产企业排名 ····················· 396

2020 年全国金融仓储企业排名 ····················· 397

行业发展报告

2020 年仓储配送业发展与 2021 年展望

一、2020 年仓储业总体情况

（一）仓储业固定资产投资逆势增长

据国家统计局数据推算，2020 年我国仓储业（含装卸搬运）固定资产投资额为 6864 亿元，同比增长 9.9%，为近 3 年首次正增长，且高于物流行业（交通运输、仓储和邮政业）及其他细分领域（2020 年交通运输、仓储和邮政业固定资产投资增速为 1.4%、铁路运输为 -2.2%、道路运输为 1.8%、水上运输为 9.5%、航空运输为 -15.1%）。究其原因，2020 年国家多次强调新型基础设施建设（"新基建"），为仓储业设施设备升级、数字化水平提升提供助力，新冠肺炎疫情提高了对物流布局的重视程度，共同推动了仓储业固定资产的逆势增长。

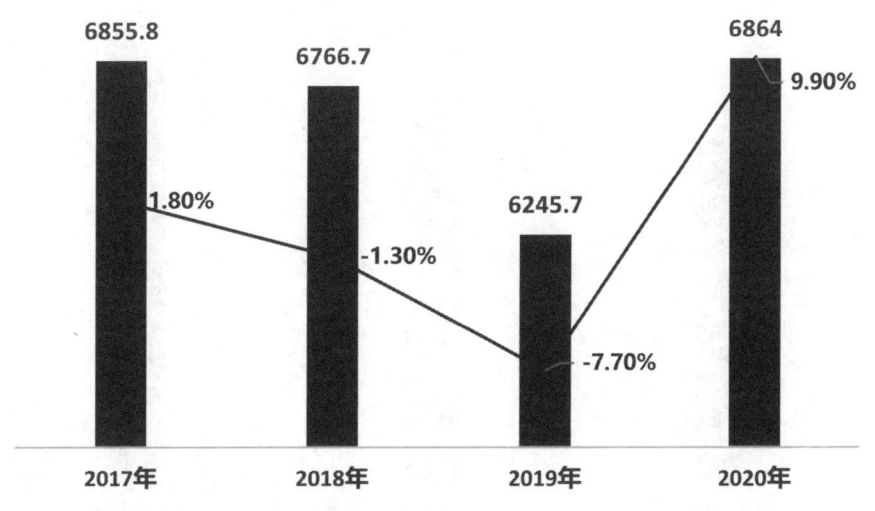

图 1 2017-2020 年仓储业（含装卸搬运）固定资产投资额（单位：亿元）

（二）仓储设施平稳增长

根据典型企业调查数据推算，截至2020年底，我国营业性通用（常温）仓库面积约11.45亿平方米，同比增长6%，较上年度上涨4.1%。其中，立体库（高标库）约3.45亿平方米，同比增长9.5%；我国冷库总容积约1.86亿立方米，同比增长10%。

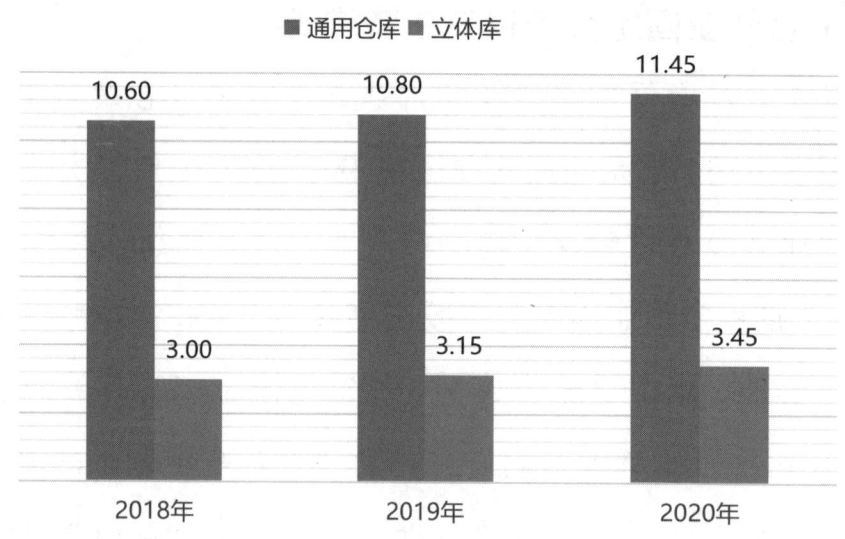

图2　2018-2020年通用仓库及立体库面积（单位：亿平方米）

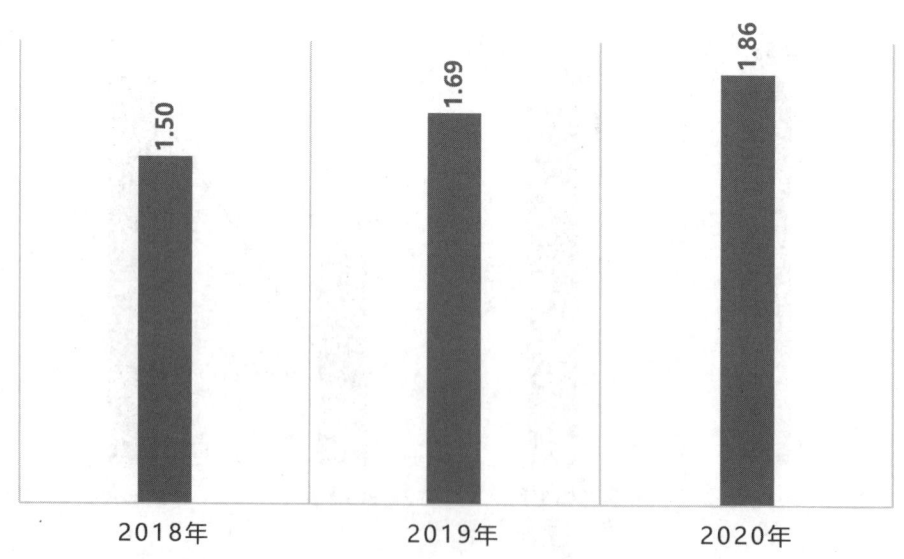

图3　2018-2020年冷库容积（单位：亿立方米）

（三）仓库租金略有下降、空置率有所上升

据中国仓协与物联云仓联合发布的《中国通用仓储市场动态报告》显示，2020年我国主要物流节点城市仓库平均租金为27.67元/平方米·月，同比降低0.2%；仓库平均空置率为13.75%，较上年度增加2.25%。这表明，我国通用仓库供需总量基本平衡、并趋于饱和。

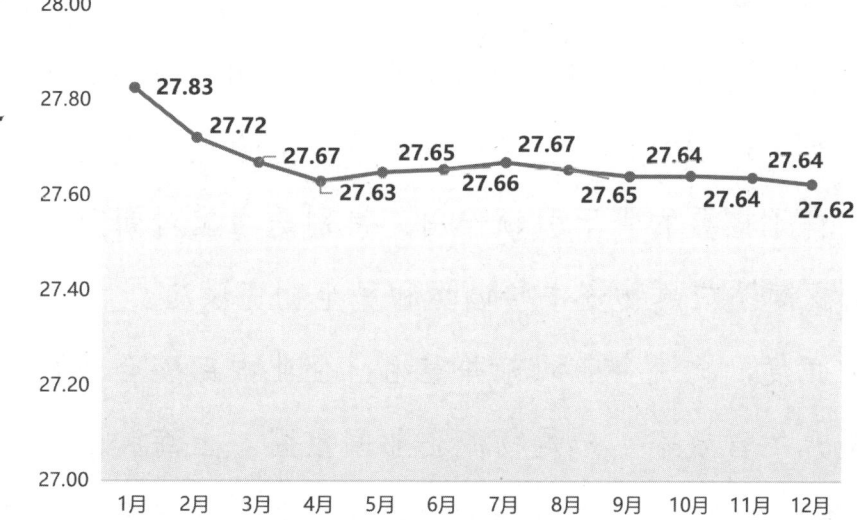

图4　2020年1-12月主要物流节点城市仓库平均租金（单位：元/平方米·月）

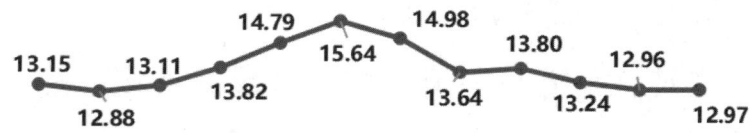

图5　2020年1-12月主要物流节点城市仓库平均空置率（单位：%）

二、2020年仓配总体发展特点

（一）在政府和市场双驱动下，行业集中度进一步提升

从政府角度，国家物流枢纽建设初见成效，聚集整合优质物流资源。国家物流枢纽通过集聚整合物流要素，打造辐射区域更广、集聚效应更强、服务功能更优、运行效率更高的"通道+枢纽+网络"物流体系，解决设施运营独立、信息不互联、业务不衔接、功能不匹配等问题。2020年国家首批23个物流枢纽已投入开业运营，通过整合、聚集、强化行业资源配置，在推动提高物流组织化、规模化、网络化水平方面发挥了重要的骨干引领作用，特别是在应对新冠肺炎疫情过程中，有力保障了应急物资中转调运和民生物资供应。

从企业角度，物流企业间兼并重组、企业内部整合活跃，优化物流体系，提升运营效率。一是物流企业间重组，上海和浙江两地5家拥有20多年历史的第三方物流企业（上海优通供应链管理有限公司、杭州大恩物联科技有限公司、上海扬腾供应链管理有限公司、上海健林国际物流有限公司、嘉兴浩大供应链管理有限公司）全面重组整合，成立英赋嘉供应链科技有限公司，打造"数据链接、技术穿透、网络协同"新模式，探索产业价值链重构，改变物流企业单兵作战、同质恶性竞争、一盘散沙的局面。二是物流企业收购，密尔克卫化工供应链服务股份有限公司接连收购四川雄瑞物流有限公司、大正信（张家港）物流有限公司，完善仓配网络、提升区域仓配服务能力和协同效应。三是物流内部整合，菜鸟网络在收购点我达（即时配送品牌）后，进一步整合丹鸟、蓝豚等品牌，推出"菜鸟直送"，打造可同时满足B2C仓到门、B2b配送上门、O2O即时配送等多模式需求的同城物流服

务体系。

（二）社区团购、直播电商等新消费业态，推进仓配物流体系多元化

据国家统计局数据显示，2020年社会消费品零售总额为391981亿元，同比下降3.9%。从消费类型划分，商品零售额为352453亿元，同比下降3.4%，网上实物商品零售额为97590亿元，同比增长14.8%，网上销售商品占比已达27.7%；从地域划分，农村网络零售额达1.79万亿元，同比增长8.9%。受新冠肺炎疫情影响，"宅家经济"增长迅猛，虽然全国总体消费较上年略有下降，但线上消费、农村消费仍保持稳步增长，这主要得益于2020年社区电商、直播电商等新业态的兴起与迅速普及。

社区电商是以社区为节点，通过"团长"将社区消费者与社区电商平台深度链接，消费者"线上下单，线下自提"的电子商务业态，大部分社区电商企业采取"当日下单+次日自提"的模式。

社区电商于2018年出现，2020年社区团购迎来井喷式增长，得益于兴盛优选整合京东仓配一体化、快递网格化、菜鸟驿站自助化等多种物流模式的优点，打造了"共享仓+中心仓+服务站/网格站+门店/自提点"的仓储配送网络体系[1]，畅通社区电商供应链、降低总运营成本。后入局的美团、滴滴、京东、阿里巴巴等互联网巨头，

---

[1] 社区电商仓配网络体系介绍：将商品直接送到共享仓，在共享仓内完成生鲜加工、包装、标品化处理等；将商品由共享仓送至中心仓（或供应商直接将商品送至中心仓），由中心仓负责调拨，根据订单密度及订单距离进行配送；根据订单密度在社区周边设立服务站/网格站，一般情况每个站点覆盖7~8公里，服务站/网格站采取加盟模式，负责将上游仓库运过来的商品运至站点按终端用户分拣订单，然后配送至门店（或团长）；客户到门店（或联系团长）自提。

在社区电商方面发力更猛。

直播电商具有小批量、多款式、快周转的需求特征，对供应链服务能力和配送时效要求高。中国消费者协会发布的《直播电商购物消费者满意度在线调查报告》显示，超过20%的直播消费者认为直播购物存在物流配送慢的问题。对此，直播电商纷纷选择将货品提前下沉来提升配送速度，即在直播前就将货品分仓至靠近消费者的仓库，不少具有自营物流的头部直播电商（例如淘宝、京东等）开始将货品提前下沉至区域分拨中心，利用多层级网点靠近消费者的优势，以多仓发全国的方式提升配送速度。

（三）产业融合发展深入推进，取得良好实践效果

为解决我国物流业制造业融合层次不够高、范围不够广、程度不够深，尤其是疫情防控和复工复产期间暴露的供应链弹性不足、产业链协同不强、物流业制造业联动不够等问题，2020年8月，国家发展改革委、工业和信息化部等14个部门联合印发《推动物流业制造业深度融合创新发展实施方案》，围绕企业主体融合发展、设施设备融合联动、业务流程融合协同、标准规范融合衔接、信息资源融合共享等五个关键环节和大宗商品物流、生产物流、消费物流、绿色物流、国际物流、应急物流等六个重点领域，推动物流业制造业从联动发展升级为深度融合、创新发展。2020年，诸多物流企业从不同维度融入产业发展，取得较好实践效果。

在物流网络构建方面：京东物流与瓦轴集团在全国物流网络建设、瓦轴总仓承包、仓储资源共享、仓配一体化等方面开展深度合作，京东物流发挥自建物流优势和数据分析能力，将瓦轴本部成品仓库与全

国分库充分整合，实现全渠道库存共享，降低瓦轴物流成本、缩短配送时间，实现市场需求快速响应。

在数字化升级方面：普洛斯结合上海临港产业区的市场需求和产业布局特点，以产业和物流相结合为基础，与临港集团合作共同打造兼容智能制造、高端仓储、研发等多功能的综合智能化供应链管理平台，加速临港地区物流产业的数字化升级，加强供应链上下游整合集聚优势，以数字化、智能化助力临港新片区的产业发展。

在供应链一体化方面：苏宁物流为小米打造智慧仓配中心、定制全链路解决方案，提供仓配中心内入库、打单、拣选、打包、出库等全环节精益化作业，以及小米零售商和经销商调拨出库、线下门店和线上 B2C 订单的全部物流业务，为小米提升生产效率、加速下游周转、保障物流全链路时效，提供有效支撑，实现小米供应链一体化升级。

在国际供应链稳定性方面：百世集团与中粮福临门在仓储、运输、配送以及信息技术等领域开展合作，以科技推动国内粮食产业供应链运转、提高服务效率，同时依托百世海外服务网络，拓展国际供应链合作机会，探索打造优质粮食产业供应链，强化供应链的自身稳定和抗风险能力，保障国内粮食供应及市场稳定。

（四）优质仓储设施金融化，REITs 助推"地产＋基金"模式得到全面推广

物流地产龙头企业普洛斯通过轻资产运营的基金管理模式管理仓储设施，解决物流地产重资产运营、资金占用等难题。普洛斯最早在 1999 年发起了第一支私募基金，由投资人募集 10 亿元用于收购自己手中的成熟物业。这种用基金收购不动产，再将回收的资金迅速开发

新项目的方法是地产企业典型的轻资产运营模式（即REITs），在国外已非常成熟普及。普洛斯REITs模式大大缩短资金回笼时间，提高了项目周转率，解决了长期持有物业产生的资金沉淀问题，实现了高周转、高回报和高杠杆。

2020年4月，中国证监会、国家发展改革委发布《关于推进基础设施领域不动产投资信托基金（REITs[2]）试点相关工作的通知》，鼓励通过基础设施REITs，盘活存量资产，形成投资良性循环，吸引更专业的市场机构参与运营管理，提高投资建设和运营管理效率，提升投资收益水平，最终实现基础设施高质量发展。仓储物流作为REITs试点的重点行业之一，可有效解决项目获取及建设阶段的资金需求，快速实现规模化战略布局，促进物流基础设施建设与发展。

2020年，物流企业已探索启动REITs项目。京东物流地产集团与新加坡政府投资公司GIC合作共同成立了第二支物流地产基金（核心基金二期），基金收购用于部分现代化物流仓储设施；韵达设立"中信证券－韵达物流基础设施1-X号资产支持专项计划"，进一步拓宽公司融资渠道，盘活存量资产，满足公司经营发展需要；万纬物流探索国内公募REITs，在深圳证券交易所挂牌首期类REITs产品"万纬物流－易方达资产－物流仓储1期资产支持专项计划"；深圳市丰泰电商产业园资产管理有限公司（顺丰下属全资子公司）持有的物流产业园为标的资产设立"华泰佳越－顺丰产业园一期第3号资产支持专项计划"，通过专项计划发行资产支持证券募集资金，增加营运资金、

---

[2] REITs(不动产投资信托基金Real Estate Investment Trust)通过发行证券的方式募集投资者的资金，并由专门管理机构进行不动产的投资与管理，将资产的基础收益和资产升值收益按照协议比例分配给投资人。

降低资产负债率,同时实现资产增值收益。

(五)车辆整治力度加大,以标准引导包装发展,推进行业"绿色革命"

国家有关部门对车辆整治力度进一步加大。2020年4月,交通运输部会同生态环境部、财政部、商务部、公安部联合开展淘汰国三及以下营运柴油货车行动,对京津冀及周边地区、汾渭平原国三及以下排放标准营运柴油货车淘汰工作进行再动员、再部署。上海市多部门联合发文,针对上海市区国三标准柴油货车发布了禁行限行规定,针对提前报废国三柴油车的车主,将按照柴油车的类型及初次登记年限给予补贴。河南和山东两省先后发布淘汰国三及以下排放标准营运柴油货车工作实施方案,两省大约有40多万辆的国三柴油车淘汰任务。5月,生态环境部、工信部等四部门联合发布关于调整轻型汽车国六排放标准实施有关要求的公告,自7月1日起,全国范围实施轻型汽车国六排放标准,禁止生产国五排放标准轻型汽车,进口轻型汽车应符合国六排放标准。7月,工业和信息化部办公厅、公安部办公厅、交通运输部办公厅、国家市场监督管理总局办公厅联合发布《关于开展货车非法改装专项整治工作的通知》,组织开展货车非法改装专项整治工作,强化危险货物运输车辆、自卸货车、半挂车、轻型载货汽车、混凝土搅拌运输车等5类重点货车生产改装监管,预防和遏制货车非法改装行为,淘汰不合规车辆,将缺乏核心竞争力、依靠原有非合规优势存活的企业逐步出局。

以标准化推动包装绿色化。2020年7月,市场监管总局、发展改革委等八部门联合发布《关于加强快递绿色包装标准化工作的指导意见》（以下简称《意见》），明确升级快递绿色包装标准体系、加快研制快递包装绿色化标准、完善快递包装减量化标准、抓紧制定快递包装回收支撑标准、促进快递包装产业上下游标准衔接、提高快递绿色包装标准约束性、推动快递绿色包装标准有效实施、提升快递绿色包装标准国际化水平等八项任务，充分发挥标准对快递业绿色发展的支撑和引领作用。《意见》以标准为切入点，聚焦快递绿色包装材料研发、设计、生产、使用和回收处理等关键环节；打通快递上下游产业链，统筹考虑适应实体和电商渠道销售的包装及快递包装需求，在更多环节、更广范围提高快递包装资源利用效率，降低包装耗用量，对于节约资源、保护环境和促进快递业健康可持续发展具有重大意义。

持续推进绿色仓库标准宣贯。截至2020年底，全国范围内达到行业标准《绿色仓库要求与评价》要求的绿色仓库已达96座，总面积达750万平方米，涵盖商贸物流、物流地产、汽车物流、大健康、物资供应、食品饮料生产、医药流通等行业，包括苏宁物流、京东物流、中外运物流、万纬、普洛斯、宇培、江汽物流、中铁四局、江苏电力、中粮可口可乐等企业。

（六）"新基建"进一步加速推进物流数字化升级与模式创新

2020年4月，国家发展改革委对"新基建"给予了明确定位，包括以5G、物联网、工业互联网、卫星互联网为代表的通信网络基础设施，以人工智能、云计算、区块链等为代表的新技术基础设施，以数据中心、智能计算中心为代表的算力基础设施等。物流作为"新基建"重点应用领域之一，2020年取得长足发展，加之新冠肺炎疫情给行业带来的冲击，也进一步推动了企业对信息化、数字化建设的重视，仓配数字化智能化升级明显加速。头部物流企业加大技术投入，打造中台助力企业"上云用数赋智"。

联想集团用算法助力企业优化决策，在不断变化的市场需求以及针对多维度的物流决策问题中，传统的评估方法利用一些简单的分析工具来完成大规模数据计算核对，需要投入大量人力和时间，且难以快速评估出多种可能方案，同时业务人员难以量化多种因素的影响，无法最优化决策，联想集团打造出"物流大脑"，即"物流算法平台"，基于业务规划经验结合多种智能算法来实现包括集成地址识别、全国干配网络规划、全国核心DC选址功能等智能决策的解决方案。京东物流科技产品"京慧"，依托京东物流大数据、智能算法及多行业场景积累，为企业提供供应链解决方案，帮助企业实现供应链数智化转型，以"京慧"物流控制塔为例，传统的供应链管理模式中，企业往往将供应链管理的精力聚焦在库存计划上，而忽视了物流计划，"京慧"物流控制塔方案可以与"京慧"的供应链规划和计划方案无缝衔接，提供端到端的一体化解决方案。根据"京慧"为安利定制化开发的商品布局、销量预测与智能补货系统、库存仿真和库存健康诊断系统方案，"京慧"可帮助安利节约物流费用10%以上，商品在库时间由75天降至45天。

三、2020年重点仓配领域发展特点

（一）各级政府加快推进冷链物流基地建设和规划布局，建立健全冷链追溯体系

2020年在新冠肺炎疫情的影响下，各级政府意识到冷链物流对于保障基础民生工作的重要意义，积极推进冷链物流基础设施布局。国

家发展改革委印发《关于做好 2020 年国家骨干冷链物流基地建设工作的通知》，公布 2020 年 17 个国家骨干冷链物流基地建设名单，进一步加强冷链物流设施设备改造，促进业务流程和经营模式创新，不断提高冷链物流服务能力和效率。浙江省出台《浙江省冷链物流创新发展三年行动计划（2020—2022 年）》，建设"骨干基地—物流园区—分拨中心—配送网点"四级冷链物流网络体系，实现即产即冷，形成城市半小时、城镇 1 小时、农村 3 小时送达的冷链配送网络。广东省供销合作联社关于印发《广东供销公共型农产品冷链物流基础设施骨干网建设总体方案》，建设"1 个中心 +2 个区域网 +3 个运营平台"，即中心库 + 冷链物流产地网、冷链物流销地网 + 冷链物流资源整合平台、冷链运输配送平台、公共型智慧冷链物流信息服务平台，以农产品供应链管理为重点，打造覆盖全省特色优势农产品主产区和主销区、从田间到餐桌的全程一体化农产品冷链物流保障体系。

受新冠肺炎疫情的影响，政府对于冷链物流监管力度趋严，加强食品冷链全程追溯监管。为做好"外防输入、内防反弹"常态化疫情防控工作，国务院应对新型冠状病毒肺炎疫情联防联控机制综合组发布《关于进一步做好冷链食品追溯管理工作的通知》，提出"要建立和完善由国家级平台、省级平台和企业级平台组成的冷链食品追溯管理系统，以畜禽肉、水产品等为重点，实现重点冷链食品从海关进口查验到贮存分销、生产加工、批发零售、餐饮服务全链条信息化追溯，完善人物同查、人物共防措施，建立问题产品的快速精准反应机制，严格管控疫情风险"，推动冷链食品追溯体系建立。各地政府积极响应，北京市市场监督管理局联合北京市商务局推广应用"北京市冷链食品追溯平台"，要求北京市进口冷链食品生产经营单位均需在"北京冷链"中如实上传进口冷藏冷冻肉类、水产品来源、流向等追溯数据，实行"首站赋码、进出扫码、一码到底、扫码查询"管理，实现冷链食品"来源可追，去向可查"；四川省市场监督管理局上线"川冷链"，对进口和省外进入的冷链食品，通过"首站赋码、一码到底"的方式，实现全链条追溯；湖北上线"鄂冷链"，使用蚂蚁链技术完成食品全程追溯。

（二）疫情加速"最后一百米"末端网点布局、同城即时物流跨界竞争

"无接触配送"是新冠肺炎疫情背景下催生的一种配送方式，随着越来越多的消费者养成了从快递柜、驿站取件的习惯，加速了智能快递柜、驿站等发展。2020年，末端配送市场进一步集中、布局加速特征明显。一是企业并购，快递柜市场进一步整合。丰巢收购中邮速递易，形成高中低城市的全面覆盖，网络效应进一步扩大，收购后市场份额达69%；中通收购海尔集团旗下的日日顺乐家近3万组智能快递柜。二是快递企业自建品牌，加速末端建设。申通快递相继推出自建快递柜品牌"喵柜"和末端门店"喵站"，打造"驿站+快递柜"的组合模式；韵达将"末端服务"建设作为年度重点工作，上线智能快递柜"蜜罐"，与快递超市、菜鸟驿站相结合，完善末端服务网络；中通末端品牌"兔喜"正式对外发布，基于快递超市（驿站）、兔喜快递柜等解决末端派送难、效率低的问题。

新冠肺炎疫情下的"宅家经济"促进同城物流需求暴增，跨界者增多，竞争加剧。哈啰出行推出物流品牌"哈啰快送"，主打中短途

距离的物流配送，跨城配送最远不超过 500 公里，主要配送 30 公斤以下的小件物品，由哈啰顺风车车主、网约车司机来完成配送，基本可以保证当日达，现已在多个城市上线。韵达开通闪送配送端服务，支持全国 200+ 城市的跑腿业务，可实现全国 200 多个城市同城 1 小时到达。滴滴在上海、深圳、重庆等 21 个城市上线跑腿服务。曹操同城即时配送"曹操帮忙"，2020 年业务较 2019 年增长了近 50%。顺丰同城急送 B 端业务已覆盖全国 500 多个城市，日均单量超过 100 万，与麦当劳、肯德基、喜茶等近 7000 个知名品牌达成战略合作，合作数量较上年同比增长 300%，并持续服务全国 25 万中小商家。

（三）多样化农村物流模式探索创新，助力脱贫攻坚、乡村振兴

2020 年 6 月，交通运输部办公厅公布隆尧县"电子商务＋特色农业"、涉县"信息平台＋客货同网"、磐石市"多站合一＋客货同网"、穆棱市"交通运输＋邮政快递"、丰县"商农共网、统仓统配"、如皋市"交邮融合、客货同网"、绍兴市柯桥区"交邮供销融合发展"、凤阳县"电商引领、集中配送、统一标准"、武平县"信息平台＋统一配送"、分宜县"城乡公交＋物流电商＋共同配送"、惠民县"电子商务＋乡村快递共配"、卫辉市"多站合一＋货运班线"、海口市秀英区"特色农业＋电商快递"、盐边县"电子商务＋农村客运"、金堂县"电子商务＋乡村公交"等 25 个项目为首批农村物流服务品牌，对于推广农村物流工作新理念、发展新经验、服务新模式，打造网络覆盖度深、资源整合度高、产业支撑能力强的农村物流服务体系，推动形成"场站共享、货源集约、服务同网、信息互通"的农村物流发

展新格局具有积极的推动作用，对于全面提升农村物流服务质量和发展水平具有重要意义。

（四）海外仓、境内转运中心建设加快，持续完善跨境物流服务体系

据国家统计局数据显示，2020年我国进出口总额为32.15万亿元，同比增长1.87%，其中，出口总额为17.93万亿元，同比增长4%，进口总额为14.22万亿元，同比下降0.7%。据商务部公开数据显示，2020年跨境电商海外仓数量已超1800个，同比增长80%，面积超1200万平方米。各快递、供应链企业继续推进海外仓布局，并加快境内集散转运中心建设，完善跨境物流服务体系，为保持我国进出口的稳定提供有力支撑。

一是海外仓布局。据中国仓储与配送协会保税与海外仓分会调研分析，2020年，海外仓覆盖全球90多个国家和地区，主要分布在北美、欧洲和亚洲，其中在美国、英国、德国、日本、澳大利亚、俄罗斯、中国香港等发达国家和地区设立的海外仓占比约为60%。海外仓增长最多的分别是：美国由291个到567个、英国由94个到178个、德国由81个到121个、日本由47个到87个、澳大利亚由39个到56个。其他海外仓分布在东南亚、中东、南美、非洲等地区。

二是境内转运中心建设。申通国际基于多年积累的跨境电商经验，依托申通国际西安口岸转运中心，帮助陕西本地中小企业依托申通国际全球服务网络开拓业务，走向全球；百世供应链广州国际跨境转运中心、深圳国际跨境转运中心及义乌国际跨境转运中心，为出口东南亚的客户提供B2B、B2C业务的9610集货、国内头程空运等物流服务，

减轻跨境物流运营压力,并且可整合多个商家订单集包出海,降低物流成本;中通云仓首个跨境集散中心与昌正集团、上海卿洲网络科技、浙江易凯贸易等9家跨境电商企业签署合作协议,借助中通云仓全球仓储网络和强大的配送能力,从仓储物流、配送、供应链解决方案、跨境物流等多个维度展开全面深入合作帮助合作企业降低物流成本、提高供应链效率、充分保障消费者购物满意度。

三是跨境服务创新。天猫国际联合杭州综保区启动"保税区工厂"项目,创新"保税进口+零售加工"进口模式,充分发挥综保区制度优势,对成熟的跨境零售进口供应链进行流程改造,将海外的成品终端加工前置到国内保税区,通过进口原料保税加工后,实现面向消费者零售、定制化销售,为商家提供了供应链服务。纵腾集团采用仓储自动化、大数据、云计算、物联网等技术确保物流多环节顺畅提速并实现全球数据同步;通过贯通分销,依托海外仓库存优势帮助出口企业与下游卖家对接,打造出口线上供应链平台。宁波乐歌依托公司自身遍布全球的海外仓,为国内大量中小微企业提供海外仓储、物流等服务,帮助缩短物流时间、顺畅销往国外市场,并通过"独立站+海外仓"的创新运营模式助力中国企业品牌出海。

(五)中药材物流基地布局基本完成,开启中药材数字化供应链体系建设步伐

截至2020年底,共有60多家企业,共计82个基地的建设方案通过评审并实施;19家中药材物流实验基地已完成认证,63个基地正在建设中。已规划中药材物流基地仓储面积340.7万平方米、产地加工网点450个,规划中药材总仓储量367万吨,基本完成全国中药材物流基地布局工作。为提高中药材物流实验基地的药材收储规模，创建新的中药材供应链体系，促进中药材物流基地的持续良性运行，中国仓储与配送协会、中国中药协会引导支持中药材物流基地企业以"俱乐部"的理念组建合伙人企业，在世界中医药学会联合会的领导下，上线了"世界道地中药材电子交易服务平台"，平台上线后改变中药材传统交易模式，打造中药材从源头种植、养殖，到田间管理、采收时间、初加工方法、包装、溯源赋码、在库养护、精深加工、线上销售等全程数据信息网络化、数字化、可视化，建立一条中药材电子商务销售面向国内、国际双循环完整的供给链体系。

（六）法律政策环境优化、行业自律机制建立、数字技术升级及服务链条延伸，为存货（仓单）服务体系规范化发展创造有利条件

法律政策环境优化：《中华人民共和国民法典》及《最高人民法院关于适用〈中华人民共和国民法典〉有关担保制度的解释》中，明确了与存货融资相关的规定，比如，优先权规则更加完善；放宽了对流质和流押条款禁止的规定；《民法典》区分了"仓单""入库单"，同时明确"仓单"可以融资和转让；动产和权利担保在全国实行统一登记。上述内容为有效解决存货融资发展过程中遇到的相关问题提供了法律和政策基础。

建立跨行业自律机制：中国仓储与配送协会、中国物资储运协会与中国中小企业协会正在联合推动全国性可流转仓单体系建设，发布了团体标准《全国性可流转仓单体系运营管理规范》，主导建立了全国唯一的仓单信息登记平台，有效推动仓储产业数字化、存货资产数

字化，以及数字化存货（仓单）服务体系的建设。

数字技术的应用：新一代信息技术的发展，为产业链数字化转型提供了支持，也为存货（仓单）融资的规范化发展提供了基础。信贷机构在开展存货融资业务时，都将信息管理系统、物联网、区块链等技术的应用作为重要的风控手段。信贷机构对于信息技术方面的要求，促进第三方管理公司与科技公司加强合作，或进行自身的数字化转型。与此同时，一些科技公司，在对仓库的物联网改造、存货的数字化管理等方面积累一定经验后，转型成为以技术见长的新型担保存货第三方管理企业。

服务链条延伸：当前，国内信贷机构对存货融资业务持谨慎态度，担保存货第三方管理企业开始尝试普通存货的 SMA 业务。相比国内，国际上 SMA 业务范围更大，除了可为信贷机构提供服务，也可为资产公司、供应链公司、贸易公司等提供监控服务；既可以服务融资业务，还可以介入供应链链条，对存货（普通存货和担保存货）的转移、交付、存储等环节进行核实和报告。

四、仓储配送未来发展

习近平总书记主持召开的中央财经委员会第八次会议，研究畅通国民经济循环和现代流通体系建设问题，会议强调，统筹推进现代流通体系硬件和软件建设，发展流通新技术新业态新模式，完善流通领域制度规范和标准，培育壮大具有国际竞争力的现代物流企业，为构建以国内大循环为主体、国内国际双循环相互促进的新发展格局提供有力支撑。《中共中央关于制定国民经济和社会发展第十四个五年规划和二〇三五年远景目标的建议》提出，形成强大国内市场，构建新发展格局；加快发展现代产业体系，推动经济体系优化升级等重点任务。仓储配送作为现代流通体系建设、新发展格局构建的重要支撑，其居于货物流通节点和快速响应消费的重要地位将越发重要，其职能向着生产流通节点管控、高效支撑生产消费转型提升迈进，仓储配送业发展将迎来新机遇与新挑战。

未来一个时期，仓储配送业将围绕物流设施、物流产业、物流体系三个层面发力，逐步实现现代化、高质量发展。

（一）推动物流设施的共享化与绿色化

随着国家物流枢纽建设的持续推进，以"通道+枢纽+网络"为体系的骨干网络已基本成型，但物流设施节点仍有空白。未来一个时期，重点加强城市末端网点与农村物流网点、冷链前端与末端的网点等设施建设，推进物流供需双方共建共享共用，创新与推动数字化云仓配平台建设，实现物流设施的全面链接、互联互通。

国家主席习近平在第七十五届联合国大会一般性辩论上向国际社会作出碳达峰、碳中和的郑重承诺，提出"中国将力争2030年前达到二氧化碳排放峰值，努力争取2060年前实现碳中和"的目标。物流设施作为"碳中和"的重点领域之一，加快推进绿色仓库建设与发展是重点内容。

（二）推动物流产业的标准化、数字化与智能化

物流产业是物流企业及所提供服务的集合。随着消费业态、生产制造的持续升级，为满足流通和制造供应链日益增长的柔性化、透明化、高效化要求，对物流服务的标准化、数字化、智能化要求越来越高。未来一个时期，发展公共仓配与冷链仓配、生产零配件仓配等专业物

流，统筹骨干企业培植与中小企业整合；促进物流企业与企业物流的衔接共享、供应链物流一体化运营；统筹协调实体企业与互联网企业发展，促进线上线下融合发展；推动技术创新与规则机制创新相结合、创新商业模式；强化精益化管理相结合，是仓储配送发展的重点任务。

（三）推动物流体系的网络化、一体化、平台化

加强前端与末端网点建设，健全包括物流枢纽基地、物流中心、配送中心、分拨中心、前置仓、网格仓在内的物流网络体系；强化托盘质量认证、创建公共运营平台、制定运营规则，逐步健全开放式单元化物流体系；加强城市公共配送平台建设、发挥大型企业与平台企业的整合作用、逐步健全大中城市的城乡现代配送体系；强化数字化仓储建设，推动与支持云仓平台建设，广泛整合中小仓储企业资源，逐步建立健全数字化云仓运营体系；建立跨行业联合自律机制，推动存货仓单化、仓单电子化、存货资产数字化，逐步建立健全全国性可流转仓单运营管理体系与存货（仓单）服务体系；加强冷链运营平台建设，强化标准化评价与政府监管，逐步健全全国冷链运营体系；以标准化为先导、以数字化为手段，推动建设生活必需品、药品、中药材、家居用品与生产零配件等重要商品的供应链物流体系；依托城乡现代配送体系，按"平战结合"的方式，建立健全应急保供配送体系；加强公共海外仓标准化、数字化建设，推动海外仓、保税仓与国际共享仓联动发展，建立健全国际物流体系；加强行业评价与政府监管，逐步健全仓配企业信用体系，是仓储配送发展的重要路径。

中国仓储与配送协会研究咨询中心

2020 年城乡配送发展及 2021 年展望

城乡配送体系是现代流通体系的重要组成部分,是现代物流与供应链创新的重要领域,是加快构建以国内大循环为主体、国内国际双循环相互促进的新发展格局和促进消费、满足人民高品质生活的重要支撑。

2020 年,在各级政府的领导下,我国城乡配送企业在积极投入抗疫物资和民生物品的供应保障,为打赢疫情防控阻击战做出积极贡献的同时,坚持以创新为动力,推动我国城乡配送全面发展。

一、2020 年城乡配送发展情况

(一)在抗击新冠肺炎疫情中发挥巨大作用

2020 年新冠肺炎疫情全球暴发,口罩紧缺、消毒液告急、生活物资供应不上,如何快速、精准地把大量救援物资配送到需求地是对物流配送的巨大挑战,全国物流行业紧急动员,数百万物流人坚守在岗位上,针对医用和生活物资紧缺,众多物流企业积极投入保障供应中。九州通医药集团物流有限公司承接红十字会仓库运营,面对捐赠物资数量巨大、捐赠物资包装与标识不规范等问题,成立工作专班实行 24 小时作业,依托自主研发的物流系统,发挥医药物流优势,实现捐赠物资入库出库高效有序,特别是对防护服、护目镜、口罩、手套、胶鞋等防疫物资,做到 2 小时内完成入库到出库全流程。武汉金锣通食品销售有限公司肩负着防疫期间民生物资保障供应的重任，全公司员工齐心协力，在封城后的36天内，向湖北各大商超系统源源不断地供应火腿肠、方便面、罐头、调味品、饼干糕点类代餐食品、饮料等类别的商品约3000吨。苏宁物流的"绿色通道"是社会公益组织与湖北之间的桥梁，将捐赠物资安全快速送达所需地区，总计12000名仓储和快递人员坚守岗位。新冠肺炎疫情中物流在民生物资保障供应中表现出重要的作用，进一步提高了社会对物流业的关注与重视。

（二）新冠肺炎疫情防控导致企业运营成本压力增加

2020年初，新冠肺炎疫情导致经济社会活动停滞或放缓，直接造成城乡配送企业的现金流和收入利润大幅缩减。从业务规模和收入角度，部分企业相较于去年同期萎缩约40%。随着疫情防控和经济发展的统筹推进，我国宏观经济和物流运行逐步恢复常态，物流需求保持回升态势，市场活力进一步增强，业务收入稳中向好，但国外疫情的不稳定，特别是下半年，北京、青岛、威海等城市连续出现新型冠状病毒通过冷链食品传播的事件，相关物流企业严格把控食品安全，货物进口、城市配送等各环节做好预防性消毒工作，对物流企业而言，特别是跨境物流、冷链物流、快递配送等企业的防控疫情相关成本明显增加。

（三）城乡配送网络逐步完善

2020年，我国物流服务网络进一步完善，无论是优化城市配送网络，还是拓展延伸农村配送网络，成效显著。

一是物流基础设施建设有序推进。北京市以顺义空港、通州马驹桥、平谷马坊、大兴京南四大物流基地作为一级节点，构成北京商贸物流总体空间布局发展框架的核心主体；武汉市"五园七中心"空间布局基本形成，物流基础设施条件持续改善；广州市已基本形成了"4-4-8-10"的配送基础设施节点空间布局，即4个国际物流园区、4个区域物流园区、8个专业物流基地和10个一级城市配送中心。以此为基础，公共仓储及公共配送分拨中心、末端配送点等配送网络节点正逐步完善。

二是末端网点加快布局。南京市区建设网点147个、投放丰巢柜4000多组，乡镇网点35个、投放智能丰巢柜350多组，全部对外开放共享，服务范围覆盖南京全境；广州市在智能快递柜应用方面，全市已有超2.1万组智能快递柜备案在册，日均入柜包裹量超85万件，较2019年增长近5%；哈尔滨市对智能配送柜进驻社区进行了积极推进，智能快递柜数量达到2119组，格口达到23.9万个，投递快件达3960万件，揽收快件达18万件，已超额完成自助提货设施建设目标。

三是农村配送体系逐步完善。上海市积极推进乡村地区快递网点全覆盖，建成167个村级公共服务点，实现本市1582个建制村快递服务覆盖率100%；烟台市全市乡镇快递网点达到560个，村邮站达到410个，三农服务站达到3640个；无锡市建立10个县域物流配送中心、300多个乡镇配送节点、1100个村级公共服务点的农村配送网络，"一点多能、一网多用、深度融合"的城乡配送服务网络基本建成。

（四）末端配送模式不断创新

新冠肺炎疫情发生以来，各地配送企业千方百计保障居民生活必需品供给，在保供网络和服务配送模式上做了诸多行之有效的创新探索，均取得了较好的实践效果。

首先是"无接触配送"。新冠肺炎疫情期间"无接触配送"通过两种方式实现：一是利用无人车、无人机等技术开展医药救急、生活物资配送，既可有效消除道路限行和小区封闭等因素的影响，提高配送时效，又可有效避免配送人员与客户面对面接触、交叉感染。例如，顺丰利用无人机为武汉金银潭医院运送医疗和防疫物资，京东启动智能配送机器人完成武汉第九医院的配送任务。二是在人工投递快件包裹时，借助智能快递柜、快递驿站、代收点等配送末端网点完成任务。随着"无接触配送"习惯的养成及疫情防控常态化，进一步促进无人技术普及应用及配送末端资源共享率提升。

其次是基于公共资源的配送也发展较快。一是"公交车配送"，通过调配闲置的公交车辆设立公交配送专线，对口定点大型商超、定点社区等，及时解决配送车辆不足等实际困难；二是"加油站配送"，发挥加油站网点多、供应便利等优势，促进加油站与蔬菜供应企业合作，在加油站销售标准化"蔬菜包"，加油站服务人员根据订单信息，直接将商品配送到顾客的后备厢中，实现"加油不下车、开票不进店、买菜不接触"等。

（五）智慧化技术装备应用加速

物流业属于劳动密集型行业，近些年行业逐渐向自动化、智能化转型，但主要集中在电商领域。新冠肺炎疫情让城乡配送企业认识到人工成本高、管理难度大的问题，积极加大自动化仓库建设、智能化技术设备等方面的投入，减少对人工的依赖，更好地应对劳动力波动。据调查结果显示，约20%的企业加大了自动化、智能化技术设备投入，减少人力介入，提升运作效率。

随着5G、物联网、人工智能等技术的发展，以及城乡配送领域对降本增效的更高要求，智慧化技术装备普遍推广。京东"亚洲一号"在开创性地使用了自动存取系统、高速自动分拣系统及输送系统、射频识别、全球定位系统、激光扫描器等高科技的物联网技术，自主研发了货架穿梭车、分拣机器人、智能搬运机器人等集存储、分拣、位移作业一体化功能的设施设备。苏宁物流已研发乐高平台、天眼平台、神谕平台以及指南针等系统并投入使用，一方面整合所有苏宁物流数据，并参与社会数据置换；另一方面实现数字化管理、数据化运营，同时构建内部运营和外部服务的数据管理体系，提高服务透明度，提升服务水平。顺丰、德邦南京的分拨中心完成信息化智能化升级改造，增加智能化自动分拣线6条，机器人正式加入分拣运行，运营车辆全部安装GPS定位系统，冷藏车安装温湿度数据监控和可视化系统，实现对物流全过程的实时监控和监管，无人送货车和无人机送货试运行成功。

（六）标准化工作进一步加强

2020年的突发新冠肺炎疫情对企业运营效率提出更高的要求，单元化物流是智慧物流与信息传递的载体，物流企业以单元化物流运作为核心，推进包装箱、周转箱（筐）、托盘、存储与装卸设施设备、货运车厢等物流载具标准衔接，与上下游企业开展"带板运输"，提升供应链上下游企业物流和服务标准化水平，提高机械化作业水平，快速改善链条整体运作效率。齐齐哈尔市标准托盘比例达到30%，循环使用率达到10%；宜春市托盘数量150万片，标准托盘45万片，标准托盘循环使用率10%。大型连锁商超及京东、顺丰、邮政、伊利、蒙牛、光明等企业内部已经建立托盘、周转箱（筐）循环运用体系，标准化配送车辆占比达30%以上，结合叉车、月台、货架等装卸配套设施的标准化，推动了单元化物流的发展，在提高作业效率的同时，减少了货物的损失。

（七）信息平台建设步伐加快

2020年，各地加快城乡配送信息平台建设，推动大数据、物联网、云计算、移动互联网等新一代信息技术向现代服务业加快渗透，充分激发信息平台创新活力，实现商流、物流、信息流等资源优化配置和共享。

天津市供应链城市配送服务平台建设成效显著，截至2020年底，平台共接入车企22家，接入车辆2127辆，其中新能源车辆占比高达71.7%；济南市建设的山东省共同配送平台具备实现物流信息资源采集与在线发布等功能，接入城市达到13个，认证网点457个，覆盖近300个社区；湘潭市城乡共同配送平台，打造"去掉中间环节，让货主和车主直接交易"的高效模式，已签署合作企业107家，1000余台货车入驻平台；太原市穗华物流园联合老鸿运物流共同搭建起来数智化物流平台，平台配送业务实现山西省地级市全覆盖、区县覆盖率100%、乡镇覆盖率91%，市内网点67个，省内物流网点达到305个，开通了137条省内班线；遂宁市建成了西部流量最大的公共物流信息平台"物合网"，现有注册会员6300多个，日均访问量3万人次以上，同时建立了遂宁市城配公共平台，集成城配资质申请、货运信息发布、智能配货调度、配送线路优化、车辆装载实时信息监控、货物交付质量反馈等功能，平台入驻商家433家，入驻车辆700余辆，并统一配送标识。

（八）城乡配送绿色化持续发展

物流是节能减排的重点行业之一，尤其在运输、配送环节，作业区域大部分都集中在室内或人口密集的城市，对环境要求更高，经过多年的发展，绿色化配送理念已经融入城乡配送。

在包装方面，北京市循环利用周转箱、循环快递袋、无胶带纸箱等，在城乡配送企业中得到广泛应用，全市快递电子运单使用率已达99%，循环中转袋使用率达76%，1400余个邮政、快递营业网点设置了包装废弃物回收装置。哈尔滨市主要品牌快递企业使用45毫米以下"瘦身胶带"封装比例达到94%，电商快件不再二次包装比率达87%，可循环中转袋使用率达91%，按国家标准设置包装废弃物回收装置的网点数量达到194个，全面完成了国家邮政管理局制定的生态环保"9792"工程年度目标。苏宁物流推出共享快递盒，全国累计投放量突破40万个，年均使用量累计超过1亿次，生鲜循环箱在45个城市实现常态化运用，每天节省泡沫箱超过5万个,通过苏宁小店设立"绿色灯塔"包装回收体系，实现传统纸箱包装的回收再利用。双11期间，菜鸟供应链联动500余商家，将原有塑料包装替换为环保袋，发自菜鸟仓的原装包装、环保拉链箱发货比例近50%。此外，包括中国邮政、顺丰、韵达、申通、中通、圆通、百世等快递企业，相继在快递包裹的中转环节推广使用可循环中转袋。

在新能源车方面，哈尔滨市建设完成直流充电桩2525个，交流充电桩883个。兰州市2020年新能源货运配送车辆达到1000辆，占全市新增和更新货运配送车辆的28.8%。临汾市全市货运车辆共有

42686 辆，其中天然气货车 14165 辆，占到全市货车总数的 33%；纯电动车 2838 辆，占到全市货车总数的 7%。

（九）配送车辆通行管理进一步优化

为全面解决城市配送领域的"三难"，即通行难、停靠难、装卸难问题，各地方政府纷纷出台政策，配送车辆通行管理进一步优化。天津市商务局、天津市交通运输委、天津市公安局出台《关于印发天津市城市配送车辆规范的通知》（津商流通〔2019〕9 号），明确规范了新能源物流车辆满载续航标准等相关车辆技术指标，为新能源车辆有效推广起到了巨大的推动作用。沈阳市公安局已将"临时占用道路停车泊位装卸货物的，应当不收费"纳入了《沈阳市城市机动车停车条例》立法实施。无锡市全面规范邮政快递专用电动三轮车的管理，对快递三轮车总量控制，初步完成了"一人一车一证一牌一码一险"的"六统一"管理，全市已有 2299 辆快递三轮车通过备案审核，1594 辆三轮车完成牌照安装。

二、2020 年城乡配送发展中的问题

（一）网络布局需要进一步优化，农村地区依然是短板

城乡配送对配送网络的布局要求较高，只有通过合理布局的配送网络，开展共同配送、集中配送、统一配送等活动，才能降低配送成本，提高配送效率。目前各地城乡配送网点数量大幅提高，但整体布局较为散乱，缺少合理规划，不少物流项目存在效率不高、产出不高、对城市交通压力较大等问题，特别是农村地区，处在城乡配送物流体系的末端，由于基础弱、链条长、涉及面广，依然是城乡配送的短板。

（二）标准化、信息化还需进一步提高

城乡配送领域标准化的重要性已经取得企业共识，在国家的推动下也取得了很大进展，但物流标准化发展中仍然面临很多问题。标准化建设需要大量资金投入，在疫情防控常态化的影响下企业积极性不高，有些企业托盘标准化循环使用普及率低，信息化程度低，不能形成集约配送，配送成本高。在传统的商贸物流配送领域，目前货物交接订单杂乱，需要尽快推进物流单据标准化与电子化，推动城市物流全链路标准单据一单到底，推动物流与供应链信息系统的数据流通与系统对接，为建立智慧与高效协同的数字供应链打下基础。

（三）应急物流系统需进一步完善

应急物流是为应对突发性事件，对物资、人员、资金的需求进行紧急保障的一种特殊物流活动。新冠肺炎疫情在一定程度上暴露出我国应急物资储备不足、物流应急能力不足等短板。同时，应急物流的组织效率较低，缺少统筹安排，也缺少平时的演练。要认真总结我国以往应对一些突发性事件、公共卫生事件等的经验、教训，将应急物流与日常物流相结合，让应急物流与物流企业的日常工作紧密融合，以提高应急物流的应对能力。

三、2021年城乡配送趋势展望

2021年是"十四五"规划的开局之年，在海外新冠肺炎疫情不稳定、国际贸易不确定等多因素影响下，我国将加快构建以国内大循环为主体、国内国际双循环相互促进的新发展格局，城乡配送作为新格

局的重要支撑，仍将继续处于重要战略机遇期。

（一）行业经济支撑地位将进一步提升

《中共中央关于制定国民经济和社会发展第十四个五年规划和二〇三五年远景目标的建议》明确提出构建现代物流体系。中央财经委员会第八次会议指出，流通体系在国民经济中发挥着基础性作用，构建新发展格局，必须把建设现代流通体系作为一项重要战略任务来抓。经过2020年突发新冠肺炎疫情的考验，在加快构建以国内大循环为主体、国内国际双循环相互促进的新发展格局和疫情防控常态化的形势下，城乡配送对促进消费、满足人民高品质生活的需求，促进国民经济发展的支撑地位将进一步提升。

（二）社区团购带来新挑战

2020年初的新冠肺炎疫情，触发了人们消费模式的转变，线上生鲜网购复苏，社区团购成为热点流量，各大互联网巨头纷纷投资或亲自入局。社区团购并不是纯粹的线上零售，而是一个典型线上下单、线下交付的新零售业态。海量订单的集约商流，在冲击菜市场、夫妻老婆店和商超的同时，给物流行业带来了"福音"。因其具有典型的短供应链属性，对于城乡配送企业是一个巨大的挑战和发展机遇。

（三）农村物流高质量发展

2021年政府工作报告着重指出"健全城乡流通体系，加快电商、快递进农村，扩大县乡消费"。据中国互联网络信息中心（CNNIC）发布的《中国互联网络发展状况统计报告》显示，截至2020年底，我国农村地区网民数量规模已达到3.09亿个，占网民整体的31.3%，农村地区互联网普及率进一步提升至55.9%。用户规模的不断增长，为网络电商在农村地区的发展打下坚实基础。2021年中央一号文件提出要深入推进电子商务进农村和农产品出村进城。农村电商将进一步加快发展，在乡村振兴中发挥积极作用。自新冠肺炎疫情发生以来，消费者的食品安全意识也在不断提升，生鲜电商带动的国内农产品、冷链食品的产地、加工地和消费市场重塑，冷链需求正在快速增加。预计2021年冷链物流的发展规模将持续增长，并进一步推动农村物流转型升级。

中国仓储与配送协会共同配送分会

2020年金融仓储发展及2021年展望

2020年，我国金融仓储行业，即担保存货管理行业，处于调整提升阶段。随着物联网、区块链等新一代信息技术的发展，行业逐渐开展"人防+技防"双模式的探索与应用。这一转变更符合信贷机构要求，有利于恢复其对存货融资的信心。国家层面将"数字化"提升到战略高度，各部门在推动供应链和产业链的数字化，将进一步促进存货（仓单）融资的发展；动产和权利担保实行全国统一登记等鼓励性政策频出，都有利于存货（仓单）融资及担保存货管理行业的规范发展。相关行业协会与地方政府联手创建的"全国性可流转仓单体系"正式进入运营阶段，将促进"沉默"在仓储设施内存货的数字化，加速存货的融资和交易，推动解决中小企业融资难问题，支持实体经济的发展。

一、2020年担保存货管理业务发展情况

（一）业务规模略有提升但收入下降

根据金融仓储分会不完全调查统计，担保存货第三方管理企业2020年管理担保存货的平均贷款金额为19.52亿元，同比增长1.9%；平均监管点与监控点数量（以独立库区为单位）为133个，与2019年持平；平均新增借款人数量为13.9个，同比增长6.9%，但与此同时，担保存货第三方管理企业平均年收入相较2019年下降10.69%。

受到2020年新冠肺炎疫情的影响，大部分中小企业面临资金紧张、

供应链不畅的困难。国家多个层面、多次要求信贷机构大力发展普惠金融，实现融资的"量增、面扩"。开展存货融资业务的信贷机构单笔贷款额度有所提升，借款人范围也有所扩大，部分第三方管理企业因此获得更多机会。但"量增、面扩"的同时，国家还对信贷机构提出了"价降"的要求，导致信贷机构要求第三方管理企业降低收费标准。此外，原有业务虽在继续进行，但部分借款人受新冠肺炎疫情冲击，企业经营受到影响，偿还贷款及向第三方管理企业支付服务费的能力降低。因此，虽然业务规模略有增加，但第三方管理企业全年收入不增反降。

（二）服务的信贷机构仍以银行为主

据金融仓储分会不完全调查统计，2020年，担保存货第三方管理企业服务的信贷机构中（按年度管理担保存货对应的贷款金额计算）各类银行占比为83.89%，与2019年相比下降2.71%，但仍是开展存货融资业务的主体。其中农村信用社、农村商业银行、村镇银行业务规模占比为28.96%，与2019年基本持平，略高于大型国有控股商业银行业务规模占比的27.58%；非银行信贷机构业务规模占比为16.11%，较2019年提高2.71%，已连续三年增长。

表1 2019-2020年担保存货第三方管理企业服务信贷机构占比（%）

信贷机构类别 年份	大型国有控股商业银行	全国股份制商业银行	城市商业银行	政策性银行	外资银行	农村信用社、农村商业银行、村镇银行	非银行信贷机构
2020	27.58	9.67	15.21	1.51	0.97	28.96	16.11
2019	27.39	10.89	17.01	1.57	0.70	29.04	13.40

（三）借款人以中小企业为主

据金融仓储分会不完全调查统计，2020年担保存货第三方管理企业服务的借款人仍以中小企业为主，比例达到83.2%，与2019年基本一致。按借款人类型划分，以生产制造型企业为主，占比为62%；商贸流通型占比为38%。

（四）SMA[1]方式得到更广泛的应用

随着国家标准的宣贯，行业逐渐规范，SMA业务占比逐年提升。例如，南储仓储管理集团有限公司最初以CMA业务为主，随着国家标准对于CMA与SMA两种方式的区分，南储意识到，对仓库没有控制权的业务并不符合CMA的要求，更适合SMA，因此对其业务模式进行调整，SMA业务量于2020年达到49.4%。浙江长运安信仓储服务股份有限公司作为轻资产型担保存货第三方管理企业，自身专业性已得到信贷机构的认可，目前所有业务均在借款人仓库开展，仓库控制权较弱，均签订SMA协议。河南、湖北、江西等地更多的第三方管理企业虽然未明确签署CMA、SMA协议，但已经实质使用SMA的内容，即在无法控制仓库的情况下，不承担"保管"责任；部分企业在协议中明确"协议未尽之事，依据国家标准《担保存货第三方管理规范》（GB/T 31300-2014）内容进行约束"，通过国家标准提供相应的保障。相

---

[1] 国家标准《担保存货第三方管理规范》（GB/T 31300-2014），根据担保存货第三方管理企业对特定仓库的控制权不同，将担保存货管理区分为"监管"（CMA）与"监控"（SMA）两种方式，并明确了不同的管理责任：第三方管理企业能够控制仓库、承担"保管责任"的情况下，签署CMA协议；不控制仓库的情况下，可接受信贷机构"委托"，基于自身对存货及仓储的专业知识，为信贷机构提供服务，签署SMA协议。这种分类能够解决我国现实中长期存在的借款人、信贷人、第三方管理企业三者之间责权利不明确的问题。

对于 CMA 强调是仓储物流企业专业化的管控能力，SMA 不是责任的推诿，而是以更加专业的态度及灵活的方案对待不同信用等级的借款人群体，降低借款人融资成本的同时，为信贷机构提供更加多样化的服务，实现多方共赢。

二、2020 年担保存货管理行业发展特点

（一）政策环境优化

《中华人民共和国民法典》及《最高人民法院关于适用〈中华人民共和国民法典〉有关担保制度的解释》于 2021 年 1 月 1 日起实施。《民法典》明确了与存货融资相关的规定，比如，优先权规则更加完善；放宽了对流质和流押条款禁止的规定：由《物权法》中"抵押权人（或质权人）在债务履行期届满前，不得与抵押人（或出质人）约定债务人不履行到期债务时，抵押财产（或质物）归债权人所有"放宽为《民法典》的"抵押权人（或质权人）在债务履行期限届满前，与抵押人（或出质人）约定债务人不履行到期债务时抵押财产（或质押财产）归债权人所有的，只能依法就抵押财产（或质押财产）优先受偿；融资租赁、寄售、转让等具有担保功能的交易都纳入了担保物权体系"。《民法典》区分了"仓单""入库单"，同时明确"仓单"可以融资和转让。在法律层面明确上述内容，有效解决存货融资发展过程中遇到的相关问题。

动产和权利担保确定实行全国统一登记。为优化营商环境、促进金融更好服务实体经济特别是中小微企业，中国人民银行 2019 年与 2020 年在部分省市开展了动产和权利担保统一登记试点。试点中，民

营企业和中小微企业新增担保登记业务占比超过95%、融资金额占比超过80%。为进一步扩大改革效果，国务院总理李克强2020年12月14日主持召开国务院常务会议，决定从2021年1月1日起，对动产和权利担保在全国实行统一登记。原由市场监管总局承担的生产设备、原材料、半成品、产品抵押登记和人民银行承担的应收账款质押登记，以及存款单质押、融资租赁、保理等登记，改由中国人民银行统一承担，提供基于互联网的7×24小时全天候服务。

2020年10月29日，中国共产党第十九届中央委员会第五次全体会议通过《中共中央关于制定国民经济和社会发展第十四个五年规划和二〇三五年远景目标的建议》，建议强调"锻造产业链供应链长板""补齐产业链供应链短板""实现上下游、产供销有效衔接""促进国内国际双循环""以国内大循环吸引全球资源要素""建设高标准市场体系"等。在国家提出"两个循环"，强调供应链和产业链的情况下，存货（仓单）是搭建两个完整链条的重要节点。而存货（仓单）的信息若能实现完整可追溯，既增加了供应链产业链的安全性，也可以增强信贷机构对于以存货（仓单）作为担保品开展融资业务的信心。

2020年3月10日、31日的国务院常务会议；3月27日，银保监会印发的《中国银保监会办公厅关于加强产业链协同复工复产金融服务的通知》；3月27日，财政部印发的《关于充分发挥政府性融资担保作用为小微企业和"三农"主体融资增信的通知》；4月9日，工业和信息化部办公厅发布的《关于开展2020年中小企业公共服务体系助力复工复产重点服务活动的通知》；4月10日，商务部等8部门印发的《关于进一步做好供应链创新与应用试点工作的通知》；9月

18日，中国人民银行等8部门联合印发的《关于规范发展供应链金融支持供应链产业链稳定循环和优化升级的意见》，均提出支持开展存货、仓单融资以及金融机构应切实应用科技手段提高风险控制水平，与核心企业及仓储、物流、运输等环节的管理系统实现信息互联互通，及时核验存货、仓单、订单的真实性和有效性等方面的意见。

（二）数字化转型进入产业链实操阶段

新一代信息技术的发展，为产业链数字化转型提供了支持，也为存货（仓单）融资的发展提供了基础。

信贷机构在开展存货融资业务时，都将信息管理系统、物联网、区块链等技术的应用作为重要的风控手段。部分信贷机构成立金融科技公司，建立自己的存货（仓单）融资服务系统。例如，浙商银行于2020年成立全资科技子公司，建立了"金融科技部＋科技公司＋技术研究院"的金融科技管理架构，打造订单通、仓单通等场景应用创新模式，至2020年底，各类场景应用创新已落地项目1370个，业务余额超550亿元。信贷机构开展的担保存货管理信息化、数字化体系的建设，给担保存货第三方管理企业的生存发展带来了新的考验，也引导了新的发展与合作方向。

根据金融仓储分会的走访调查发现，相较于2019年，担保存货第三方管理企业中AI识别、电子围栏、自动报警器等技术应用明显增加；信贷机构对于信息技术方面的要求，促进第三方管理企业与科技公司进行合作，或进行自身的技术化转型。如南通中实纺织交易市场有限公司与上海治云智能科技有限公司针对棉纱仓库进行数字化改造，研发数字孪生可视化平台，得到了信贷机构的认可，开展了具体的合作。山东、浙江等地均有担保存货第三方管理企业，基于自身多年的监管（监控）业务经验，开发信息管理系统、研究物联网解决方案，以此提升信贷机构信任度，提高企业竞争力。

与此同时，一些以技术见长的科技公司，在深耕某一产业后，对仓库的物联网改造、存货的数字化管理等方面积累了经验和解决方案，独立与信贷机构签订监管（监控）协议，承担相应的责任，成为新型的担保存货第三方管理企业。

（三）部分银行加大开展存货融资业务的力度

受风险事件的影响，信贷机构对开展存货融资业务依旧持严谨态度。随着政策的出台，信息技术的进步，业务发展需要，部分银行加大开展存货融资业务的力度。例如，中国建设银行在发挥综合牌照优势开展大宗商品交易性融资的基础上，2020年与中储京科、中化能源、易见科技等公司合作，通过金融科技手段，拓展新的大宗商品融资模式。某银行地方分行进行普惠金融业务时，为控制业务中的风险，以存货作为第二还款来源，委托第三方管理企业管理存货，2020年贷款发生额达到30亿元。此外，地方性商业银行及农商银行，为缓解较大的信贷压力，基于积累的借款人信息，尝试开展存货融资业务。

（四）服务的机构多样化

据金融仓储分会不完全调查统计，相较2019年，担保存货第三方管理企业服务对象范围进一步扩大，业务量也进一步提升，77.9%的企业新增的服务对象涵盖了担保公司、保险公司、供应链金融平台、贸易公司、核心企业等机构，53.8%的企业非银行机构的业务占比明显提升。

（五）全国性可流转仓单体系步入运营阶段

自"全国性可流转仓单体系"建设构想于2019年9月在青岛提出以来，体系建设进度受到市场的关注。在青岛举办的"第八届存货融资与担保品管理研讨会"开幕式上，行业协会和地方政府携手发布体系建设的三大重要进展：由中国仓储与配送协会、中国中小企业协会、中国物资储运协会联合发布了团体标准《全国性可流转仓单体系运营管理规范》；三家协会与中国（山东）自由贸易试验区青岛片区就共同推进体系建设签署了《合作协议》；体系中的全国性的唯一的公共性仓单信息登记平台——中仓登数据服务有限公司正式揭牌。至此，全国性可流转仓单体系正式步入运营阶段。体系建设的下一目标是扩大自律机制的共识，聚合跨行业市场资源、构建体系内健康、规范的市场环境，并计划与中国人民银行征信中心的统一动产担保物权登记进行对接，共同促进行业和市场规范发展，促进整个体系步入良性化运营。

三、2020年担保存货管理行业面临的问题

（一）担保存货第三方管理企业服务内容单一

担保存货第三方管理企业服务内容包括普通存货管理、担保存货发现、担保存货评估、质押仓单监管、担保存货监管、存货监控、担保存货盯市、担保存货专业检测等。据金融仓储分会不完全调查统计，2020年31.8%的担保存货第三方管理企业只能提供担保存货管理服务，46.3%的企业可以提供担保存货发现及管理服务，仅有21.3%的企业能够提供盯市服务，9.5%的企业具备担保存货检测能力（或与专

业检测机构长期合作），21.3%的企业具有担保存货处置的渠道，8.1%的企业提供出具仓单及监管仓单项下的存货的服务。服务项目的单一，大大降低了企业的生存及发展空间。

（二）技术赋能与规范性问题

技术进步对于行业的发展带来了驱动力，通过物联网、区块链等新一代信息技术对存货进行监控，基于存货数据生成电子仓单的模式已经在市场开始萌芽，也带动了一批创新的金融机构在技术力量支持下，开始了新一轮存货融资服务的尝试。技术赋能行业可以解决存货电子仓单化以后的管理便利性和货单一致性问题，但由于目前市场还缺乏对这一类技术服务的规范性，技术服务平台在一笔交易或一个融资服务中的具体角色、职责和权利并不完全清晰。且仓储、技术、金融机构、货主各方对于技术赋能行业的理解不相同，这其中可能出现由于规则的不透明性和对规则的认知差异，造成相关风险。

四、我国担保存货管理行业的展望

（一）存货数字化将是行业发展趋势

资产数字化已进入产业链实操阶段。存货（仓单）作为搭建供应链和产业链的关键节点，"存货资产数字化"逐渐被市场关注。技术进步和成本降低，为存货的数字化提供了基础。根据金融仓储分会走访调查统计，目前仓库数字化改造的成本呈指数化下降，且还有继续优化的空间。

据中国仓储与配送协会统计数据，至2020年末，我国营业性通用（常温）仓库面积达11.45亿平方米，较上一年度同比增长6.0%。

若引导这些仓储企业转型升级，发挥与挖掘存货的金融价值，对于解决中小企业融资难的问题，促进我国实体经济的健康发展将具有重要的意义。但对于很多信贷机构来说，仓库就是个"黑匣子"。很长一段时间，信贷机构对仓库的了解，只停留在报表上的数据，不但数据的真实性无法保证，存货的其他属性也无从得知，因此造成有"货"无"贷"的局面。因此，在现有法律规制下，推动存货资产数字化是十分必要的。

（二）全国性可流转仓单体系建设助力动产融资统一登记系统

2021年1月1日起，全国动产和权利担保统一登记正式实施，将有助于金融机构全面掌握企业动产和相关权利信息，恢复对存货融资业务的信心。虽然都是担保物权登记，但存货的登记与应收账款的登记内容存在很大的差异。相较应收账款，存货的数据更加复杂，需要更为准确的、结构化的描述。目前，中国人民银行征信中心已经邀请中国仓储与配送协会共同起草《存货类动产和权利登记指引》。而"全国性可流转仓单体系"的核心——仓单信息登记平台，可以作为"动产融资统一登记平台"的一个前端应用场景，提供结构化的数据。

（三）SMA业务委托方类型多样化发展

相较于CMA，SMA更具灵活性，对企业经营的影响更小。从国际看，广义的SMA范围更大，既可为信贷机构提供服务，也可为资产公司、供应链公司提供监控管理服务；既可以服务融资业务，还可以介入供应链链条，对存货（普通存货或担保存货）的转移、交付、存储等环节进行核实和报告。例如，SMA可以涉及贸易信用下，发货前的存货监控、装船前的监控盘点等；还有很多大型企业需要第三方管理企业对其存货进行监控，相当于存货的外部审计。此外，全球的几大认证机构、商检机构也都涉及此类业务，将其作为供应链管理的一部分。从国内看，目前已有担保存货管理企业与资产公司、供应链公司、银行等机构签订 SMA 协议，对存货的周转和企业运营进行跟踪与汇报，并对关键环节进行核实和报告。因此，SMA 业务的发展空间更大，能够适应更多业务场景，实现委托方多类型、多样化发展。

中国仓储与配送协会金融仓储分会

2020年海外仓发展现状与未来展望

根据商务部对外贸易司发布的数据，2020年跨境电商海外仓数量已超1800个，同比增长达80%，面积超1200万平方米，海外仓已成为跨境供应链新热点。据分析，未来发展前景较好的是东亚以及RCEP[1]地区，由于国际贸易格局、核心链主都已经发生改变，同时随着RCEP自贸协定的谈判、核准与签署，中国将在全球供应链中扮演越来越重要的链主角色。根据商务部中国自由贸易区服务网资料显示，目前我国已与19个国家签署自贸协定，涉及的国家/地区包括泰国、印度尼西亚、越南、巴基斯坦、菲律宾、缅甸、印度、马来西亚、文莱、老挝、柬埔寨、马尔代夫、韩国、蒙古国、斯里兰卡、新加坡、孟加拉国、毛里求斯、格鲁吉亚、瑞士、冰岛、秘鲁、澳大利亚、哥斯达黎加、智利、新西兰，共计26个。

此外，内、外部环境因素都为我国海外仓行业发展奠定了良好的基础。一是"十四五"规划中明确提出产业链、供应链、价值链融合发展的要求，鼓励建设海外仓；二是我国正在建设贸易新通道，追求贸易对等原则；三是跨境电商由高速发展阶段转向高质量发展阶段，量变到质变的升华。

---

[1] RCEP（Regional Comprehensive Economic Partnership），即区域全面经济伙伴关系协定。

一、2020年海外仓行业政策汇编

按照政策文件发布的时间先后，对2020年政府相关部门发布的与海外仓行业有关的政策文件，摘要解读如下：

（一）2020年2月18日，商务部《关于应对新冠肺炎疫情做好稳外贸稳外资促消费工作的通知》

关于海外仓行业方面，商务部《关于应对新冠肺炎疫情做好稳外贸稳外资促消费工作的通知》要求支持外贸新业态新模式发展。指导跨境电商综试区提供海外仓信息服务，帮助企业利用海外仓扩大出口。

（二）2020年3月27日，海关总署《关于全面推广跨境电子商务出口商品退货监管措施有关事宜的公告》

海关总署《关于全面推广跨境电子商务出口商品退货监管措施有关事宜的公告》主要包括：跨境电子商务出口企业、特殊区域（包括海关特殊监管区域和保税物流中心（B型））内跨境电子商务相关企业或其委托的报关企业（以下简称"退货企业"）可向海关申请开展跨境电子商务零售出口、跨境电子商务特殊区域出口、跨境电子商务出口海外仓商品的退货业务，跨境电子商务出口退货商品可单独运回也可批量运回，退货商品应在出口放行之日起1年内退运进境。

（三）2020年6月12日，海关总署《关于开展跨境电子商务企业对企业出口监管试点的公告》

海关总署公告2020年第75号《关于开展跨境电子商务企业对企业出口监管试点的公告》提出，一要增列海关监管方式代码，包括增列海关监管方式代码"9710[2]"、增列海关监管方式代码"9810[3]"；

---

[2] 跨境电商B2B直接出口。
[3] 跨境电商出口海外仓。

二要强化企业管理；三要明确通关管理。

（四）2020年8月12日，国务院办公厅《关于进一步做好稳外贸稳外资工作的意见》

国务院办公厅《关于进一步做好稳外贸稳外资工作的意见》，共15条，要求更好发挥出口信用保险作用；支持有条件的地方复制或扩大"信保+担保"的融资模式；以多种方式为外贸企业融资提供增信支持；进一步扩大对中小微外贸企业出口信贷投放；支持贸易新业态发展，包括支持跨境电商平台、跨境物流发展和海外仓建设等；引导加工贸易梯度转移；加大对劳动密集型企业支持力度；助力大型骨干外贸企业破解难题；拓展对外贸易线上渠道；进一步提升通关便利化水平；提高外籍商务人员来华便利度；给予重点外资企业金融支持；加大重点外资项目支持服务力度；鼓励外资更多投向高新技术产业；降低外资研发中心享受优惠政策门槛。

（五）2020年8月13日，海关总署《关于扩大跨境电子商务企业对企业出口监管试点范围的公告》

海关总署《关于扩大跨境电子商务企业对企业出口监管试点范围的公告》要求在现有试点海关基础上，增加上海、福州、青岛、济南、武汉、长沙、拱北、湛江、南宁、重庆、成都、西安等12个直属海关开展跨境电商B2B出口监管试点。

（六）2020年11月9日，国务院办公厅《关于推进对外贸易创新发展的实施意见》

国务院办公厅《关于推进对外贸易创新发展的实施意见》要求，要创新开拓方式，优化国际市场布局；要创新发展模式，优化贸易方式；

要创新运营方式，推进国家外贸转型升级基地建设；要创新服务模式，推进贸易促进平台建设；要创新服务渠道，推进国际营销体系建设；要创新业态模式，培育外贸新动能。

二、2020年海外仓发展现状及面临的主要问题

（一）海外仓发展的经济环境

据海关统计，受到新冠肺炎疫情影响，2020年2月我国出口额度下降至803.8亿美元后，迅速恢复。2020年货物贸易进出口总值为4.65万亿美元，同比增长1.5%，其中出口2.59万亿美元，同比增长3.6%，进口2.06万亿美元，同比下降1.1%（见图1）。我国货贸进出口量巨大，波动小，增速平稳，贸易顺差保持稳定，受国际因素影响较小，内需巨大，进口额度保持稳定。跨境电商及海外仓经济环境依然良好。

（二）海外仓的总量与布局分析

1. 海外仓总量

根据海关统计数据，2020年跨境电商海外仓增速达80%，面积已超1200万平方米。以深圳易仓科技"跨境眼观察"出版的《2021海外仓蓝皮书》的相关调查统计资料分析，并经业内专业人士研判，跨境电商的商品物流渠道中专线直发的约占75%，使用海外仓的占25%；采用海外仓的发货方式中，国际电商平台的仓库占40%，电商卖家自建的海外仓占40%，公共海外仓大约占20%，可据此测算出目前1200万平方米海外仓中，电商卖家自建仓约为800万平方米，公共海外仓约为400万平方米。

2. 海外仓布局

根据相关数据资料分析，我国海外仓主要分布在美国、英国、德

国、日本、澳大利亚、西班牙、俄罗斯、法国、加拿大、印度，这 10 个国家的海外仓总量达到 1010 万平方米，占全球海外仓 1200 万平方米的 84%；世界其他地区的海外仓总量只占 16%；10 个主要国家与 4 个新兴市场的海外仓占比分别是：美国 55.7%、英国 11.25%、德国 5.3%、日本 2.6%、澳大利亚 1.8%、西班牙 0.92%、俄罗斯 3.25%、法国 1.5%、加拿大 1.25%、印度 0.58%、中东 6.5%、东南亚 5.1%、拉美 3%、非洲 1.25%。

此外，相关调查数据显示，76% 的海外仓企业有扩仓需求，接近 90% 的企业仍想在欧美地区建仓，这主要是因为这些企业认为新冠肺炎疫情带来的海外仓红利在未来 1～2 年时间内仍会延续，还有部分企业认为跨境电商未来 5 年仍是增长期，欧美依然是我国跨境电商出口的主要市场。除此之外，部分企业也在积极拓展新兴市场，如中东、东南亚、拉美以及非洲地区。

（三）海外仓的投资主体与运营情况分析

1. 投资主体

根据中国仓协调研情况及相关资料分析，目前跨境电商及海外仓在我国各个地区发展尚不平衡，据了解，华东华南地区民营企业是我国海外仓建设的主力军，占我国海外仓总数约 90%，以广东省、浙江省、福建省、江苏省及东部沿海的山东省为主，内陆省市自身海外仓企业数量少，有业务需求时大多需要依靠东南沿海的海外仓企业为其提供服务。据调查，目前 1200 万平方米海外仓中，拥有 10 万平方米以上仓库的 10 多家头部企业仓库面积总额达到 300 万平方米左右，其余 800 多万平方米均为中小企业。由于目前海外仓行业仍处于初级阶段，企业发展潜力与空间还很大。

2.运营情况

主营产品：海外仓卖家经营的品类以 3C 电子设备、家居、服饰、汽配、美妆以及保健品为主，同时还有部分农产品、化工制品和金属制品等。其中，3C 电子类高值产品、家具类大体积产品以及服饰美妆等周转快的产品占比较高，主要是由于通过海外仓发货，可以有效降低丢件率、损坏率并进行快速分销，帮助卖家迅速回笼资金。

设立方式：2017 年，我国实行 ODI 对外投资备案后，绝大部分企业采取租赁方式设立海外仓，占比约 80%，合资和独资设立的海外仓合计占比不超过 20%。

经营情况：据调查，2020 年 89% 的海外仓物流商收益上涨，其中，21.21% 的企业上涨 20%～50%，27.28% 的企业上涨 50%～100%，22.73% 的企业上涨 1～3 倍。

（四）2020 年海外仓需求量增加

海外新冠肺炎疫情暴发之后，多个国家对边境货运、机场航班、码头运输等做出系列调整，最直接的影响是跨境物流时效的延迟。据雨果网 3 月 17 日发布的调查数据显示（969 位卖家参与），高达 91% 的卖家反映物流时效明显变慢，大部分卖家反映物流时效慢了 5 天以上，其中有 27% 的卖家反映物流已经"慢到无法估计"。

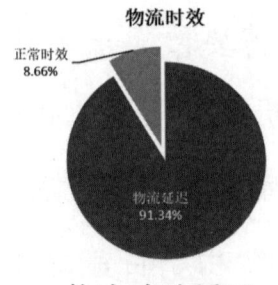

物流时效调研

新冠肺炎疫情期间海外仓需求量明显增大，处于供不应求的状况。建立在海外仓具有本地仓储和配送优势，卖家通过海外仓及时补货、备货，物流服务商纷纷围绕海外仓向卖家提供物流方案，加上FBA[4]暂停非医疗及生活必需品的入库，大量物流需求转向海外仓，海外仓在新冠肺炎疫情期间的需求量得到较大程度的释放。据相关调查，350家样本企业76%在2021年及未来有增设海外仓的计划，92%的企业选择在欧美增设海外仓；80%的电商卖家选择平台海外仓与第三方海外仓，38%的电商卖家选择自建海外仓。

（五）2020年海外仓需求量增加的原因

海外仓作为外贸商家降本增效的新业态，不仅是新冠肺炎疫情期间的"生意救星"，更是丰富跨境商品品类、提升中国品牌出海竞争力的"利器"。新冠肺炎疫情期间，海外仓提前备货为跨境卖家解决了物流费用高昂的难题。集中走海运的物流模式带来的物流费用远低于空运等其他发货模式。卖家根据销售计划，把货物提前备至海外仓，然后根据线上线下的订单情况，在当地仓库实施分拣、包装、配送等一系列的物流作业。在当地仓库发货，大大缩短配送时间，降低了清关障碍，减少了转运流程，大大降低了破损丢包率，也提高了客户的购物体验与满意度。根据相关调查，电商卖家选择海外仓最看重的依次是：售后服务、时效、价格、仓位保证等，最想获得的海外仓服务依次是：一件代发、退货换标、头程中转、海外售后维修、海外加工组装、清关、海外客服、分销服务等。

---

[4] 亚马逊FBA仓，即亚马逊等平台型跨境电商提供的包括仓储、拣货打包、派送、收款、客服与退货处理的一条龙式物流服务，此类海外仓仅针对在亚马逊等跨境电商平台上运营的商家。

(六)海外仓发展面临的主要问题

从业务层面：公共海外仓在服务与仓容等许多方面不能满足跨境电商卖家的需求。据调查，电商卖家对公共海外仓最不满意的依次是：入库上架时间长、仓位不足、客户服务慢、不专业，头程时效慢、尾程时效慢、发错货、漏发货、库存不准、系统不稳定、系统操作不方便。

从行业层面：一是缺乏行业标准，目前还没有海外仓方面的国家标准，2020年11月，中国仓储与配送协会发布实施了团体标准《公共海外仓设施技术要求与运营管理规范》，也评价了首批标准化公共海外仓，但团体标准的权威性不够，贯彻强度不够。二是市场秩序紊乱，欧美等中外贸易发达地区海外仓存在市场秩序紊乱、无序竞争等情况，尤其在新冠肺炎疫情期间，诱惑定价、就地起价等现象严重。三是专业人才缺口大，很多海外仓企业有用人需求但找不到合适的人才，行业内缺乏综合素质较高的专业化人才。四是数字化程度不足，海外仓管理系统不稳定、库存不准确、作业差错多。五是资金压力大，由于海外仓库区投入大，运营成本高，给海外仓企业的资金周转带来了巨大的压力。据统计，海外仓发货模式下，65%的卖家表示面临资金紧张的问题，并且58.9%的企业表示存在不同程度的资金缺口。

三、"十四五"期间海外仓发展展望

(一)海外仓的市场需求

以跨境电商出口额（2020年为1.12万亿元）、海外仓总面积（1200万平方米）为基础数据，以2016年以来跨境电商每年增长率为基数、剔除新冠肺炎疫情期间特殊物流需求因素，再考虑消费习惯的延续，按年均增长 20% 测算，到 2025 年跨境电商出口额大约为 2.79 万亿元。据易仓科技"跨境眼"观察相关调查资料分析，在三种不同的海外仓方式中，使用国际电商平台仓库的占 40%，电商卖家自建的海外仓占 40%，公共海外仓大约占 20%。也就是说，目前的 1200 万平方米海外仓只满足了跨境电商总额 60% 的物流需求。考虑到海外仓对我国跨境电商出口的支撑作用，特别是考虑到境内企业的主导性与保障我国跨境贸易及跨境供应链稳定因素，保税与海外仓分会推算，境内企业主导运营的海外仓应当达到至少 70%，到 2025 年，我国海外仓总量应达 3487.5 万平方米。

（二）海外仓的地区与网点情况

在不考虑国际关系与经济发展速度重大变化的情况下，以 2020 年海外仓地区分布比例为依据，按 2025 年 3487.5 万平方米海外仓的总量，我国分布在世界 10 个主要国家及 4 大地区的海外仓面积分别是：美国 1943 万平方米、英国 392 万平方米、德国 185 万平方米、日本 91 万平方米、澳大利亚 63 万平方米、西班牙 32 万平方米、俄罗斯 113 万平方米、法国 52 万平方米、加拿大 44 万平方米、印度 20 万平方米、中东 227 万平方米、东南亚 178 万平方米、拉美 105 万平方米、非洲 44 万平方米。

按跨境电商企业所在地数据进行统计，广东省企业数量占比为 36%、浙江省 12.5%、福建省 8.5%、山东省 7.5%、江苏省 3.75%。在未来 5 年我国跨境电商企业所在地区维持不变的情况下，我们认为，未来民营企业海外仓主体仍将来源于东南及东部沿海的广东、浙江、福建、江苏以及山东等地。

（三）海外仓的合理布局

海外仓有效地解决了卖家的本土仓配问题，但其属于重资产的物流模式，卖家需要有相应的现金流，才能保证整个链路的顺利进行。因此，设立海外仓还需提前了解海外仓物流模式，并且有一定的业务量，运营起来才能如鱼得水。

2020年，新冠肺炎疫情给海外仓行业带来的挑战主要有：成本突增、派送时效延长、退货增加、东道国政策风险、防疫要求及文化冲突加剧等方面。虽然海外仓具有诸多优点，但作为企业也需充分考虑自身的风险承受能力，不能盲目建设海外仓。

第一，根据企业发展情况考虑是否设立海外仓。主要考虑建设海外仓是否有利于企业降低运维成本、提升服务质量、带来用户正面评价等。此外，由于海外仓建仓周期长、资金投入大、搬迁成本高，企业应充分考虑设立海外仓的成本问题。

第二，海外仓应与各种物流模式合理搭配。任何一种物流模式都存在各自的适用性和局限性，海外仓也是如此。企业在设立海外仓之后，仍应该与其他物流方式合理搭配以共同完成跨境物流服务。

第三，做好库存管理与风险管理。根据相关调查，71.24%的海外仓卖家将滞销库存控制在全年销售的20%以下，但有6.58%的卖家其年度滞销库存占年销售额比重30%以上甚至更高，大量的滞销库存与退货会导致卖家从账面资金上看业绩不错，但实则处于亏损状态，很多海外仓企业滞销库存可能是近半年、一年或多年的积压，建议定期清理库存，将年滞销库存控制在5%以下，并提前做好风险管理。

第四，海外仓的选址、规模、性质需根据企业战略进行选择。海外仓所设国家及地区取决于企业当下和未来对自身产品市场的判断。对此要充分考虑当地市场对跨境电商的接受程度、配套设施及投资环境，其市场规模决定了海外仓的建设规模，自建与租赁取决于企业对成本的测算，是否建设第三方海外仓根据自身的成本控制、运营能力及客户的稳定性综合考虑。

第五，充分考虑各种风险因素，提升管理人员的专业度。海外仓不仅仅是一个仓库，还需要专业的仓库管理人员来运营，充分发挥海外仓优势，化解可能出现的成本、市场、文化、政策等风险因素，因此企业应逐步提升海外仓管理人员的统筹管理能力与专业素养。

（四）公共海外仓的服务功能与服务水平

海外仓的建设与运营是有较高门槛及技术壁垒的，未来五年可能会有一些物流企业进入这个领域，但我们认为，公共海外仓的主体力量可能仍然是目前的10多家头部企业（仓库在10万平方米以上的第三方物流企业、销售额在10亿元以上的跨境电商企业），以及国内的电商平台企业、大型快递物流企业。其他没有跨境电商经验、没有一定实力的企业进入海外仓领域的风险很大。

基于跨境电商卖家的需求与意见，公共海外仓企业未来除了增设与完善仓储网点、增加单体仓库面积外，重点是完善服务功能与提高服务水平。

基本服务：包括出入库、越库作业、库存管理、配送等，核心是提高效率、减少差错、提高平效与人效。

连带服务：货代、清关、展示、客服等，核心是跨境供应链优化、提升客户体验度。

增值服务：流通加工、维修、分销、存货及仓单融资服务等，核心是挖掘本土资源、培养人才、打通当地销售渠道。

总之，通过功能完善与服务提升，推动海外仓向仓储配送中心、客户服务中心、售后维修中心、产品展销中心、保税加工中心与大数据处理中心等公共海外仓方向蓬勃发展。

（五）海外仓的发展趋势展望

据不完全统计，我国跨境电商综试区已在80多个"一带一路"沿线国家和地区建设了200多个海外仓。跨境电商物流基础设施不断完善，将为"一带一路"地区跨境电商的发展带来新机遇。海外仓B2B2C本土化服务功能的完善以及服务水平的提升，也将对外贸创新发展，尤其在售前营销、履约交付、售后服务等跨境供应链全流程的管理与优化方面，起到至关重要的支撑作用。未来海外仓发展将围绕以下几个方面：

1. 海外仓标准化与规范化

2020年11月，第三届进博会期间，中国仓协正式发布实施团体标准《公共海外仓设施技术要求与运营管理规范》，并首批评价3家A级海外仓企业。目前，已通过标准化评价的企业是：中国外运海外发展有限公司，泰国仓；美仓互联（上海）供应链管理有限公司，美国Phoenix仓；泛鼎国际集团文鼎供应链管理（上海）有限公司，美国Azusa仓；美国新星集团自贸区，美国Rochester仓；中国建材国际阿联酋公司，迪拜海外仓；江苏正远储运有限公司，美国Ontario仓。海外仓标准化物流体系建设不仅改变了传统的竞争模式、盈利模式与市场结构，同时也给行业带来了巨大的商业机遇和改变机会，有效地提高跨境供应链效率、柔性、透明度，使整个国际贸易的资源消耗和环境副作用最小。

2. 海外仓人才培养与共建共享

2020年，中国仓协发布海外仓及跨境供应链服务体系，举行16场十三国海外仓分销实务培训，推动保税仓与海外仓、中外仓储物流联动发展，促进全球贸易稳定繁荣。中国仓协将深入推进海外仓人才培养及职业发展项目，与高职院校联合培养海外仓人才，并与企业用人需求对接形成完善的人才培养闭环模式，通过海外仓创新创业大赛激活海外仓人才培养，通过启动海外仓实训基地，为行业人才提供实践的平台。

3. 海外仓信息化与数字化

应积极推动海外仓向信息化、数字化的方向发展，普遍按"货架＋托盘＋叉车＋仓储管理系统"的基本要求进行技术改造，支持有条件的海外仓按"WMS[5]+TMS[6]+OMS[7]+ERP[8]"的标准进行信息管理系统升级与半自动化、自动化改造，支持公共海外仓按"信息化＋物联网+SaaS[9]化"的标准进行数字化改造。通过分层次的技术改造，提高海外仓的作业效率、响应速度，减少差错率，提高服务功能与服务水平，加快库存周转率。未来，海外仓除具有仓储配送等基本服务外，还应当增加连带服务和增值服务项目，例如利用大数据技术提供个性化服

---

[5] WMS（Warehouse Management System），即仓库管理系统。
[6] TMS（Transportation Management System），即运输管理系统。
[7] OMS（Order Management System），即订单管理系统。
[8] ERP（Enterprise Resource Planning），即企业资源规划。
[9] SaaS（Software as a Service），即通过网络提供软件服务。

务、供应链金融服务等，满足跨境电商商家和顾客日渐提高的服务需求，以期在未来的跨境电商海外仓市场竞争中站稳脚跟。

4. 海外仓信用评价与供应链金融

为了保障资金流顺畅，跨境电商海外仓可与有关金融机构、信保机构展开合作，吸引投资，缓解供应链资金压力，如开发消费者信用担保等金融产品。基于大数据，金融机构可分析跨境电商企业的信用等级，为投融资提供决策依据。政府机关、行业协会、跨境电商企业以及金融服务机构应协同合作构建我国跨境电商及海外仓信用体系，建立规范标准，提高企业信用等级，提高中国品牌的国际影响力。

中国仓储与配送协会保税与海外仓分会　周武秀、韩帅、汪一兰

2020年家居物流发展与2021年展望

一、2020年家居物流总体情况

2013-2019年，我国家居建材市场已经呈现出上升趋势，并于2019年突破4.5万亿元。受新冠肺炎疫情影响，2020年家居建材市场经营压力明显加大，我国家居建材、家具、家电的市场规模均出现不同程度下滑。国家统计局数据显示，2020年我国家居建材产业整体市场规模约4.25万亿元，同比下降5.4%；我国家具行业规模以上企业实现主营业务收入约6875.4亿元，同比下降6%；我国家电行业主营业务收入约1.48万亿元，同比下降3%。基于此，中国仓协家居物流分会综合测算得出，2020年我国家居物流的市场规模约为1.733万亿元，同比下降4.6%。

二、2020年家居物流发展变化

（一）消费升级下的新需求

伴随着消费升级，消费者对家居产品的个性化需求和延展需求越来越高，除了定制家具产品外，更注重与家电产品的融合，智慧厨房、智慧客厅、智慧卧室和智慧浴室等一体化家居设计与服务正在成为消费新宠。这对产业链上的家居、家电、装修、物流等各细分领域尤其是对家居物流企业来说，如何在对的时间将对的品类送达消费者家中，并对各类产品提供高质量的安装服务成为新挑战。

（二）新零售下的消费渠道变革

线下卖场受到新冠肺炎疫情防控影响，线上渠道成为需求释放的主要渠道。由于消费者居家时间延长、新一代年轻群体偏好网购，电商作为无接触、云体验的营销媒介，对用户购买意向和决策产生巨大的影响。其中直播电商依托平台资源和技术优势，凭借移动化、社交化、场景化的特点，对于促进家居销售发挥越来越大的作用。为适应线上消费习惯，家居企业纷纷抢滩互联网，采取"线上引流＋线下实体店转化"有机结合的方式，积极开展线上线下一体化业务。家居零售新模式的探索和创新，对家居物流柔性化提出了更高要求，以及对更快配送效率、更高质量安装服务、更低物流成本要求的进一步提升。

（三）"跨界、融合"态势明显

伴随着国内精装房的兴起，家居、家电、建材、物流几大细分领域企业相互跨界，融合发展的态势已经初步形成。2020年，苏宁携手月星家居、聚通装修等百家知名企业，打造从购房、家装、家居到家电的一站包办服务，依托苏宁物流强大的大件服务网络和经验沉淀，更好地服务客户，提升供应链效率和用户满意度；家居卖场龙头红星美凯龙积极发力加大与建筑房地产商合作，旗下星和宅配成为专业的规模化集采和配送家居家电建材服务主体。

房地产行业巨头亦纷纷进入家居行业，带动家居物流跨界发展。房地产企业碧桂园多年前就布局成立了碧桂园现代筑美家居，着手打造高度自动化、标准化、信息化的绿色智能家居产业基地，树立家具行业智能制造新标杆；星河湾旗下高端定制家居项目煜丰实业大家居智能制造生产基地（一期）也于2020年正式启动投产。

（四）家居工程单（2B端）物流市场需求凸显

近年来，我国精装房市场总量不断增大，在一二线城市中"不限购"的公寓房类型绝大部分都是精装模式，同时，精装租赁市场正在不断扩大，如自如、安居客等平台房子都有精装需求。在精装房工程项目中，对于家居产品的需求具有定制化、大批量、高时效的供应需求，对于家居物流企业来说，除了服务好2C端消费者以外，如何提升自身能力，为批量、快速家居生产制造提供保障，并为针对B端客户的大批量产品的配送与安装提供高时效、高质量服务成为新课题。

三、2020年家居物流发展特点

（一）智能化深入发展

近年来，随着我国家居制造业的转型升级发展，头部制造企业已经围绕各物流环节逐步进行了智能化改造，欧派、索菲亚、居然之家、好莱客等均在全国范围内分区域布局建设了一大批高水平的家居自动化物流中心。

（二）数字化促进高效协同

家居物流因其庞大的市场规模，被越来越多的客户所看重，如何经营好成为企业关注的重点，数字化成为企业打开这道密码的钥匙。伴随智能制造发展，生产制造企业的数字化发展具备了一定的基础，尤其在生产制造物流方面的信息化水平已经得到了大幅提升。此外，数字化营销终端也具备了一定的基础，如何用数字化技术赋能整个产业链，实现原材料采购—生产制造—销售—消费者全链条的各环节之间的高效协同，实现产业链中各环节企业主体间的高效协同，以达到整体效率提升，成本降低已经成了探索方向。2020年底，居然之家通过打造智慧物流平台，用数字化解决方案提升运营效率，着力打造"智能仓储""定制加工""送装一体化"三大数字化平台能力，以实现效率的优化和服务的改善。备受资本追捧的家居云制造平台三维家正在试图通过大数据、人工智能等先进的技术赋能于传统家居产业链，让产业链全面数字化，从而提高效率，降低成本。

（三）标准驱动规范化发展

随着精装房兴起，工程订单的涌现也带动了标准化的发展。地产工程单本身就是聚焦B2B模式，订单超大量级，企业进行批量化生产制造，订单产品大多数设计不会过于复杂，主要在功能上满足基本需求，同时匹配于房屋结构，因此工艺难度不会太高，且未来的需求是不断扩大的，难点就是对生产效率和成本的要求更高，对于物流的标准化提出更高要求，特别是家居编码和物流包装尺寸的标准，是当前物流中急需的。基于此，中仓协家居物流分会2020年立项了《家居物流编码规则》和《家居产品包装与物流单元尺寸要求》两项标准，并且会尽快根据行业的发展，推动其他一些相关标准的立项和推广，推动家居物流的发展。

（四）仓配一体化越发明显

随着家居物流近几年的迅猛发展以及市场整合，家居物流的业态形式也发生了比较大的变化，龙头企业和区域性物流公司等都开始探索适合自己的运营方式，推进精细化发展，仓配一体是为大多数家居物流探索的一个方向。

四、2021年家居物流发展趋势

2021年初，我国建材家居市场迎来了"暖春"，由商务部流通业发展司、中国建筑材料流通协会共同发布的全国建材家居景气指数（BHI）显示家居行业的上涨趋势明显。伴随建材家居市场的逐步回暖，2021年我国家居物流市场规模将有望逆转下滑趋势，预计家居物流的市场规模约为4.5万亿元。与此同时，未来一段时间全球将仍受新冠肺炎疫情影响，对于全球化供应链的家居产业来说，我国家居物流发展迎来了新机遇和新挑战并存的新发展阶段。

继续深化智慧化发展。2021年，无人化智能仓库将成为新趋势，目前已有不少头部企业有了无人仓建设计划。例如，2021年宜家家居正在建设的东莞无人仓，在原来自动化仓储的基础上更加突出无人化，技术更先进，采用AGV存取货，大大提升了效率，同时节省了人工，更避免了感染风险。

以标准化促进提质增效。随着近年来电冰箱、洗衣机、彩电等大家电以及家装建材等行业的电商渗透率不断加深，电商大件的量会越来越多，电商快件变大、变重、变贵的趋势越发明显，而人工成本越来越高，从降低成本考虑要求这些大件家居物流采用自动化分拣，而这就要求以标准驱动大件物流规范化发展、提质增效。家居电商大件标准体系的建立，应该涵盖货物的重量区间、商品货物本身的包装、揽收端的加固包装、装卸车的作业标准、自动化分拣设备的适配性、人工辅助操作的规范性等诸多方面。

中国仓储与配送协会家居物流分会

2020 年中药材现代物流体系建设成果及 2021 年展望

中药材现代物流体系建设，是中国仓储与配送协会、中国中药协会根据《中华人民共和国中医药法》、国务院办公厅转发 12 部委的《中药材保护和发展规划（2015-2020）》、商务部办公厅印发的《加快推进中药材现代物流体系建设指导意见》及《全国中药材物流基地规划建设指引》等文件要求，共同推动的系统工程。通过在全国道地药材主产区及重点销区规划并建立 88 个标准化、集约化、规模化和产品信息可追溯的现代中药材物流基地，制定配套标准规范中药材产地初加工、包装、仓储、养护、物流信息管理及市场交易等环节，推动中药材流通趋向标准化和信息化发展，最终实现中药材质量及产业的提升。

截至 2020 年，中药材现代物流体系建设已取得重大成果。中国仓储与配送协会和中国中药协会已共同组织制定、并经商务部发布实施 5 项行业标准《中药材仓储管理规范》（SB/T 11094-2014）、《中药材仓库技术规范》（SB/T 11095-2014）、《中药材气调养护技术规范》（SB/T 11150-2015）、《中药材包装技术规范》（SB/T 11182-2017）、《中药材产地加工技术规范》（SB/T 11183-2017）系列标准；全国中药材物流信息公共管理系统已于 2016 年上线运行，并在 2020 年打通公共系统与交易平台，实现中药材从种植到交易的追溯和质量控制；组织考察与评审 82 家中药材物流基地建设方案并开工建设，19 家基地通过评审核定为中药材物流实验基地，累计超过 60 家企业参与中药材物流基地规划建设与运营。

一、中药材物流体系建设 2020 年取得的新成果

（一）基本完成物流基地网点布局

截至 2020 年底，共有 60 多家企业，共计 82 个基地的建设方案通过评审并实施；19 家中药材物流实验基地已完成认证，63 个基地正在建设中。已规划中药材物流基地仓储面积 340.7 万平方米、产地加工网点 450 个，已规划投资额约 140 亿元，规划中药材总仓储量 367 万吨，基本完成全国中药材物流基地布局工作。

表1 已通过评审中药材物流基地及覆盖区域一览表

序号	已通过评审基地名称	覆盖区域（城市或县）
1	吉林省长白山中药材物流基地	白山市、延边州
2	蒙东北（兴安盟）中药材物流基地（二）	蒙东北地区（兴安盟、呼伦贝尔市、锡林郭勒盟东部区域）
3	蒙东（赤峰）中药材物流基地	赤峰地区
4	蒙东（通辽）中药材物流基地	通辽地区
5	蒙东北（兴安盟）中药材物流基地（一）	蒙东北地区（兴安盟、呼伦贝尔市、锡林郭勒盟东部区域）
6	黑龙江大兴安岭片区中药材物流基地	大兴安岭地区3县4区（呼玛县、塔河县、漠河县、加格达奇区、松岭区、新林区、呼中区）、黑龙江黑河、嫩江县，以及内蒙古鄂伦春自治旗、莫力达瓦旗
7	黑龙江（黑河）中药材物流基地	黑龙江（黑河）地区

8	黑龙江（泰来）中药材物流基地	黑龙江齐齐哈尔市、大庆市
9	黑龙江（伊春）中药材物流基地	伊春市10个县区市（伊美区、乌翠区、友好区、金林区、铁力市、汤旺县、丰林县、南岔县、大箐山县、嘉荫县）
10	辽东（清原）中药材物流基地	辽宁辽东地区：抚顺、铁岭、沈阳北部
11	辽东（新宾）中药材物流基地	辽宁地区：抚顺、铁岭
12	辽宁（桓仁）中药材物流基地	桓仁、本溪、新宾
13	山西长治中药材物流基地	长治市、晋城市、阳泉市、临汾市安泽县
14	河北安国中药材物流基地	安国、博野、蠡县、安平、定州、望都、行唐、清苑等县
15	冀北（承德）中药材物流基地	承德市
16	晋南（安泽）中药材物流基地	山西省临汾市、运城市
17	晋中北（忻州）中药材物流基地	山西晋中北地区（忻州、朔州、晋中、阳泉、太原、吕梁）
18	北京中药材物流配送中心	北京市及周边
19	浙江省（金华）中药材物流基地	金华（磐安，东阳，兰溪）、衢州（衢江，江山）、杭州（建德，淳安，临安）、绍兴（新昌）、嘉兴（桐乡）
20	南京中药材物流配送中心	南京市及周边地区
21	亳州中药材物流基地	亳州地区
22	亳州中药材物流基地（二）	亳州地区（谯城区、涡阳县、利辛县、蒙城县）
23	亳州中药材物流基地（三）	亳州地区（谯城区、涡阳县、利辛县、蒙城县）

24	亳州中药材物流基地（四）	亳州地区
25	皖南（铜陵）中药材物流基地	铜陵、芜湖、宣城、黄山、池州
26	皖西南（岳西）中药材物流基地	岳西、潜山、太湖、霍山、舒城、英山、商城
27	福建（平潭）中药材物流基地	海峡两岸各大中型饮片企业、制药企业、中药材经营企业、专业药材市场等
28	赣北（进贤）中药材物流基地	江西省南昌市、九江市、上饶市
29	赣东（南城）中药材物流基地	抚州市（南城县建昌镇、乐安县增田镇）、鹰潭市余江区、景德镇市乐平市、上饶市玉山县
30	赣南（赣州）中药材物流基地	南康、赣县、信丰、全南县、寻乌县、会昌县、宁都县、吉安市泰和县
31	鲁西南（菏泽）中药材物流基地	山东西南（牡丹区、鄄城、郓城、东明、巨野、成武、单县、曹县、定陶）8县1区
32	湖南武陵山片区中药材物流基地	怀化、吉首、张家界
33	湘南（永州）中药材物流基地	永州市（祁阳县、东安县、双牌县、新田县、宁远县、道县、江永县、江华县、蓝山县）
34	豫西中药材物流基地	洛阳、三门峡
35	河南豫北中药材物流基地	辉县市及周边地区（新乡、安阳、鹤壁）
36	豫东南（驻马店）中药材物流基地	豫东南地区（驻马店、信阳）两地市
37	豫西南（南阳）中药材物流基地（二）	豫西南南阳地区
38	豫西南（南阳）中药材物流基地（一）	豫西南南阳地区
39	豫中（禹州）中药材物流基地	许昌、平顶山、漯河，以及周口、开封

40	鄂东（蕲春）中药材物流基地	湖北黄冈市（蕲春县、红安县、罗田县、麻城市、英山县）
41	鄂西北（十堰）中药材物流基地	十堰市4县1市3区（房县、竹山县、竹溪县、郧西县、丹江口市、茅箭区、张湾区、郧阳区）
42	广东中药材物流基地（二）	广东省云浮市、阳江市、茂名市、湛江市、江门市、中山市、佛山市、肇庆、清远、梅州、韶关、惠州
43	广东中药材物流基地（一）	广东（云浮、肇庆、阳江、茂名、江门、广州、河源、惠州、梅州等）
44	广西（东盟）中药材物流配送中心	广东全省广西等中国内地、越南等东盟国家
45	广西桂林中药材物流基地	桂林市及周边地区。永福、临桂等
46	桂中（来宾）中药材物流基地	广西中、西部地区（来宾市、柳州市、南宁市、玉林市、贵港市、梧州市、北海市、钦州市、防城港市、崇左市、百色市、河池市）
47	四川广汉中药材物流基地	广汉市、彭州市、阿坝州、都江堰市、什邡市、彭山区、中江县、成都市国际商贸城中药材市场
48	川东北（广元）中药材物流基地	川东北地区（广元市、南充市、广安市区域）
49	川西南（西昌）中药材物流基地	川西南地区（西昌市、雅安市区域）
50	黔东南中药材物流基地	龙里县，覆盖辐射贵州中东南部
51	黔西北中药材物流基地	毕节及其周边县区
52	黔西南（安顺）中药材物流基地（一）	贵州黔西南、安顺、六盘水地区
53	黔西南（安顺）中药材物流基地（二）	贵州黔西南、安顺、六盘水地区
54	云南文山中药材物流基地	文山州、蒙自县部分地区

55	陕北中药材物流基地	延安、榆林
56	关中中药材物流基地	商洛、渭南、咸阳、铜川、宝鸡、西安
57	陕南（汉中）中药材物流基地	汉中地区、安康地区
58	陕西（商洛）中药材物流基地	陕西商洛地区（商州、洛南、丹凤、商南、山阳、镇安、柞水）七区县
59	甘肃陇西中药材物流基地	陇西、漳县、武山、甘谷、天水市
60	宕昌中药材物流基地	宕昌（哈达铺、理川、南阳）、礼县、武都、舟曲、迭部等地
61	甘肃（渭源）中药材物流基地	甘肃渭源地区（渭源县、卓尼县、临潭县、漳县、康乐县、和政县、临洮县）
62	甘南（合作）中药材物流基地	合作市及周边地区（卓尼县、临潭县、迭部县、玛曲县、舟曲县等）
63	甘肃（民乐）中药材物流基地	甘肃（民乐）地区
64	兰州中药材物流基地	兰州
65	岷县中药材物流基地	岷县、漳县、卓尼县、宕昌县
66	蒙西（巴彦淖尔）中药材物流基地	蒙西地区（巴彦淖尔、阿拉善、包头、鄂尔多斯、呼和浩特、乌兰察布）六地市盟
67	宁中（中宁）中药材物流基地	宁夏中卫市、吴忠市
68	宁南（固原）中药材物流基地	宁南地区（固原市区域）
69	宁夏（中卫）中药材物流基地	中卫市及周边地区
70	乌鲁木齐中药材物流基地	塔城地区、哈密地区、昌吉州、伊犁自治州、博尔塔拉
71	滇西（保山）中药材物流基地	云南滇西地区（保山、大理、德宏、临沧、怒江）

72	鄂西南（恩施）中药材物流基地	湖北鄂西南（恩施）地区
73	焦作四大怀药物流基地	河南焦作地区
74	黔东北（铜仁）中药材物流基地	贵州黔东北（铜仁）地区
75	黔东北（遵义）中药材物流基地	贵州黔东北（遵义）地区
76	川东北中药材物流基地	巴中市3县2区（南江县、通江县、平昌县、巴州区、恩阳区）、达州市、万源市
77	西和中药材物流基地	甘肃南中部、东南部等区域（西和县、成县、徽县、康县、两当县、礼县、武都区、天水、清水、秦安等地）
78	依兰中药材物流基地	黑龙江省哈尔滨市依兰县部分地区、七台河市、鹤岗市、双鸭山市、佳木斯、林口等
79	樟树中药材物流基地	樟树市（阁山镇、吴城乡、经楼镇）、吉安市新干县、新余市分宜县
80	重庆秀山中药材物流基地	重庆秀山县、酉阳县、黔江区、彭水县、松桃县、花垣县、龙山县、沿河县以及重庆武陵山片区邻近省市地区
81	上海中药材物流基地	上海及长三角地区
82	鲁东北（青岛）中药材物流基地	山东东北部（青岛、平度、日照、潍坊、烟台及威海部分地区）

（二）中药材物流基地纳入国家规划

2021年2月9日，国务院办公厅印发《关于加快中医药特色发展若干政策措施的通知》（国办发〔2021〕3号），正式将建设现代中药材物流基地纳入"实施道地中药材提升工程"的重点内容，并提出"推动建设一批标准化、集约化、规模化和产品信息可追溯的现代中药材物流基地，培育一批符合中药材现代化物流体系标准的初加工与仓储物流中心。引导医疗机构、制药企业、中药饮片厂采购有质量保证、可溯源的中药材"等要求，体现了国家对建设中药材物流基地的高度认可。

（三）持续优化建设基地运营服务体系

在商务部指导下，中国仓协、中药协于2015年成立"全国中药材物流专家委员会"，聘请一批行业专家、专业院校老师及行业资深从业人士组成了国内最权威的中药材专家队伍，为物流基地和相关产业提供优质的专业咨询与指导服务。并于2020年对专家队伍进行了重新调整，组建了第二届"全国中药材物流专家委员会"。

为规范物流基地的服务供应体系，中仓协、中药协于2017年5月印发《关于广泛征集中药材物流设施设备技术与相关服务企业的通知》，经过遴选，初步评定一批相关设备、技术、设计等企业，作为中药材物流基地的配套服务供应商。

针对基地反馈意见，对中药材公共管理系统进行了调整升级，并在2020年打通公共管理系统与世界道地中药材交易服务平台，实现了中药材从种植到交易的追溯和质量控制；在西安举办了"第五届中国中药材物流大会"，宣贯相关政策与标准，提升了行业影响力；此外，还举办了"中药材物流基地运营工作座谈会""中药材公共管理系统培训班""中药材物流基地运营管理培训班"等会议指导基地运营工作。

（四）正式上线世界道地中药材电子交易服务平台

为提高中药材物流实验基地的药材收储规模，创建新的中药材供应链体系，促进中药材物流基地的持续良性运行，两家协会引导、支持中药材物流基地企业以"俱乐部"的理念组建合伙人企业，在世界中医药学会联合会的领导下，建立了"世界道地中药材电子交易服务平台"，于2020年11月在陕西西安发布上线交易，首批上线"世界道地中药材交易服务平台""一带一路交易平台""肉苁蓉单品种交易平台""蕲艾单品种交易平台"4家平台。平台上线后将改变中药材传统交易模式，打造中药材从源头种植、养殖，到田间管理、采收时间、初加工方法、包装、溯源赋码、在库养护、精深加工、线上销售等全程数据信息网络化、数字化、可视化，建立一条中药材电子商务销售面向国内、国际双循环完整的供给链体系。

二、2020年中药材现代物流体系建设难点

（一）标准体系不配套，影响中药材行业发展

在中药材物流标准体系建设方面，已形成5个行业标准。但中药材作为品种繁多的农产品，目前还没有市场销售所需要的规格等级标准，制约了中药材的电子商务发展，影响中药材交易，对于物流基地衔接中药材销售渠道造成阻碍。

（二）物流基地功能不完善，影响业务规模

中药材物流基地建设运营对于中医药行业是一项全新的事业，基地企业在创新商业模式、完善服务功能、使中药材生产与经营者了解接受社会化第三方服务、政府针对基地确立监管政策等方面仍需要探索。从已投产运营的实验基地情况看，基地的物流服务基本功能相对完善，但如何衔接销售渠道、如何开展存货担保融资仍是难题，直接影响到业务规模。上线运营基地的中药材收储规模较小，仍没有达到

基地所覆盖区域的产量规模。

（三）政策扶持力度较小，影响基地建设进展

近年来，中国仓储与配送协会和中国中药协会也积极与商务部、国家中药局等部门沟通，与主管领导汇报建设进度，基地建设也得到部分相关地方政府提供的扶贫、农业等方面的政策支持。已发布的几个政策性文件均提出对物流基地提供支持政策或扶持，确保物流基地布局规划得以落实。但尚没有明确针对物流基地的专项支持政策，导致部分基地建设工期一再延长，无法按期投产运营。

三、2021年现代物流体系建设展望

（一）加快推动物流基地建设，全面完成物流基地布局

一是完成88家物流基地的整体布局，调整个别无法启动建设的基地，落实剩余的空白基地建设，达到100%全面完成建设布局；二是加快推动已通过评审基地的建设，帮助解决建设中遇到的实际困难和问题；三是加快实验基地的验收，实时跟踪实验基地的运营状况，组织专家团队精心指导，根据各个基地的不同条件提出运营建议；四是选出一批符合标准的实验基地打造出示范基地；五是积极落实国办3号文件政策，帮助基地在其所在地方政府争取政策扶持，加快基地建设进度和上线运营。

（二）加强标准宣贯，完善标准体系

关注、追踪已发布的中药材加工、包装、仓库、仓储、养护5项行业标准的实施情况，督促基地认真贯彻实施；加快推进国家标准《中药材物流质量管理规范》和《中药材流通追溯管理规范》立项、制定

和发布工作，全面完成团体标准《中药材流通规格等级标准》制定和发布工作。

（三）完善服务体系建设，推进高质量发展

一是优化咨询服务体系。积极开展基地建设方案咨询、物流基地验收、种植、加工、仓储、检测、追溯交易板块专业指导小组等方面的专业指导，通过一对一的咨询，帮助物流基地形成业务规模，提升运营管理水平。

二是完善中药材追溯体系建设。持续优化升级公共管理系统，加快基地上线"世界道地中药材电子交易服务平台"，实现管理系统与交易系统无缝对接，逐步改善中药材流通方式落后的面貌与格局。

三是完善设施设备技术与企业服务体系。根据《关于广泛征集中药材物流设施设备技术与相关服务企业的通知》，进一步加强对供应商的征集及管理，更好地为基地提供优质技术设备及相关配套服务。

四是创建中药材仓单融资平台。根据国家标准《仓单要素与格式规范》《担保存货第三方管理规范》，完善全国中药材物流信息公共管理平台"担保存货管理"功能模块与电子仓单生成系统，规范各物流基地的担保存货管理服务，逐步生成中药材电子仓单，通过全国仓单产权登记平台，推送给相关仓单融资平台。拓宽中药材存货担保融资渠道，为中药材生产经营者提供存货担保融资中介服务，解决中药材企业融资难、融资贵问题。

中国仓储与配送协会中药材仓储分会

2020年快递快运行业自动化分拣发展及2021年展望

2020年在新冠肺炎疫情的影响下，国内线上消费渗透率稳步提升，线上消费的持续提升带动了电商、快递等行业快速扩张。伴随着电商和快递等行业的井喷式发展，消费者对大件物流需求也不断升级，快运市场需求快速增长。随着消费者的需求不断升级，将促使快递、快运产业发生变革，这对应用于大型转运中心的自动分拣系统的运行效率、准确率、稳定性、柔性分拣等能力提出了更高的要求，快递、快运行业自动分拣设备系统市场前景广阔。

一、2020年快递快运行业发展现状

（一）行业概况

2020年我国社会物流总费用14.9万亿元，同比增长2.0%。社会物流总费用与GDP的比率为14.7%，与上年基本持平。其中，运输费用7.8万亿元，同比增长0.1%；公路货运量为342.64亿吨，同比下降0.3%，公路货运量占总货运量的73.93%。我国公路货运市场按照运输货物重量及运输方式通常划分为快递、零担、整车运输；快递一般指适合30千克以内的小件物品，一单对应一件，而快运通常针对运输时效要求高的大件快递和小票零担。居民的日常网购商品重量普遍较轻，主要由快递企业承接，零担快运则主要面向生产制造企业、

渠道批发商等 B 端客户的货物运输、仓店调拨等 B2B 需求。

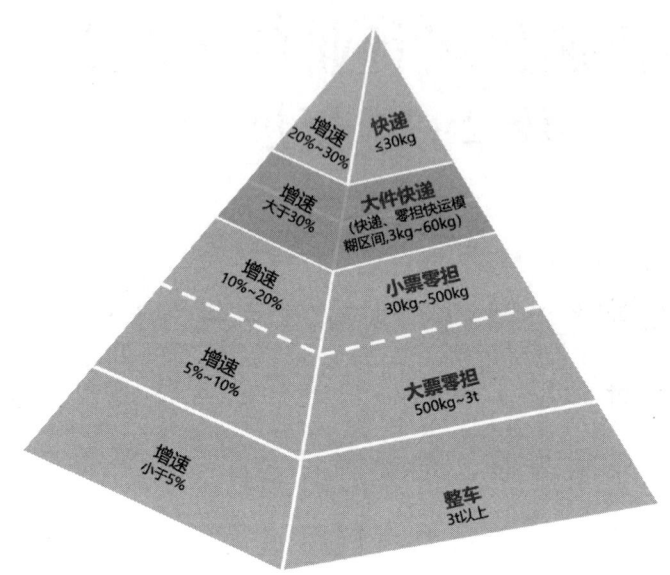

图 1 快递快运行业划分

（二）行业规模

2020 年，国内电商、快递行业发展迅猛。截至 2020 年 12 月，我国网络购物用户规模达 7.82 亿人，较上年增长 7215 万人；2020 年全国网上零售额达 11.76 万亿元，比上年增长 10.9%。同期，快递市场增长也极为迅猛，根据国家邮政局的统计数据，2020 年我国快递业务量和业务收入分别为 833.6 亿件和 8750 亿元，同比分别增长 30.8% 和 16.7%。

近年来，大件电商与供应链配送拉动快运市场需求，一方面，消费电商深层竞争，逐步渗透到家电、家具等市场，带来从电商小件到大包裹的快运配送需求。另一方面，在产业互联网发展大趋势下，传统 B2B 物流市场更多地释放小票零担、大票零担及重货专线等个性化、标准化、综合化服务。2020 年我国零担快运市场规模约 1.93 万亿元，同比增长9.7%。

（三）行业发展

1. 行业集中度：快递行业市场的头部企业规模效应明显，快运行业市场的行业发展进入整合期

2020年快递CR8（行业集中度是指快递行业市场内前N家企业所占市场份额）为82.2%，较2019年下降了0.3%。2013—2016年市场集中度呈现下降趋势，主要因为快递市场处于高速发展期，市场不断涌现出新进入者。从2017年开始，市场集中度逐年提高，主要由于市场增速大幅放缓，行业发展进入整合期，部分中小企业逐渐被淘汰，市场集中度逐渐提高。

我国零担快运市场门槛低，个体私营车主占据了很大的市场份额，零担快运公司数量多、规模小、客户分散，行业集中度非常低。据统计，2019年我国零担快运行业集中度CR5仅为2.6%、CR10为3.5%、CR25为4.3%，对比美国成熟的零担快运市场，我国零担快运行业集中度提升空间大。随着资本深度介入和行业整合，我国的大型第三方零担快运公司业务量将高速增长，市场份额走向集中。

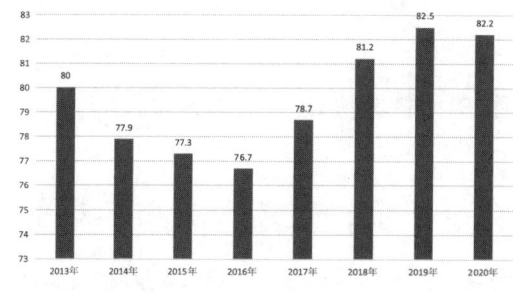

图2　2013-2020年中国快递品牌集中度CR8变化情况（%）

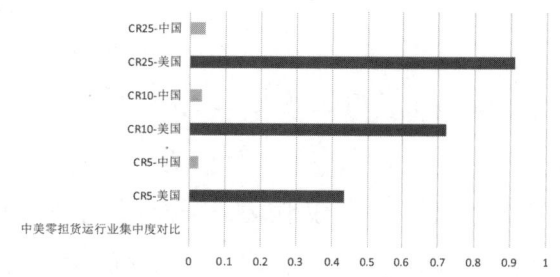

图3　2019年中美快运市场集中度对比

2. 行业价格情况：快递服务价格呈下降趋势，快运行业利润水平提升空间巨大

2010—2020年，我国快递服务价格呈下降趋势，但下降速度逐年放缓。2019年我国快递服务价格为11.8元/件，2020年约为10.5元/件，较2019年下降1.3元/件。

2020年，快运行业价格战持续，安能物流采取全国范围的打折和降价，其他如德坤、壹米滴答、聚盟等物流企业也都采取区域降价。与快递企业价格战的原因相同，零担快运企业降价的目的也在于吸引更多的货源，抢占头部企业资源。据预测，我国快运行业整体利润水平不到2%，相较于较为成熟的美国零担快运企业的盈利水平有明显差距，随着行业的进一步整合及企业运营效率的提升，未来快运行业利润水平提升空间巨大。

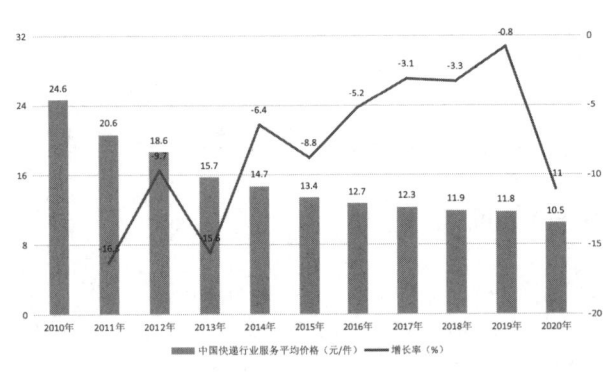
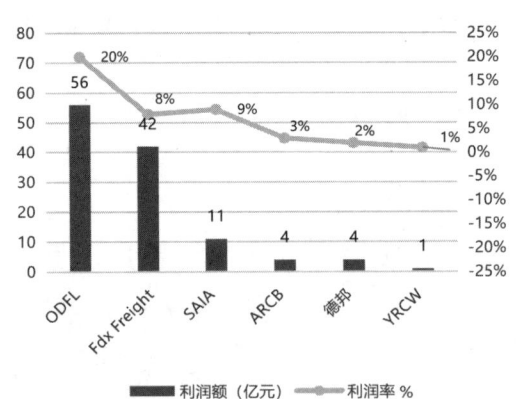

图4　中国快递行业平均价格情况　　图5　中美快运行业企业利润对比

3. 行业竞争情况：快递行业同质化竞争严重，快运行业分层竞争

2020年，快递行业价格战已经探底行业盈利红线，单一的低价竞争不可持续，快递企业未来的竞争是产品、服务、人才等全方位的竞争，

然后结合基于服务能力上持续的价格优惠，拥有更多现金流、更低成本、更好服务的快递企业竞争优势明显。

表1 导致快递价格战愈演愈烈的原因

快递企业	企业需求
同质化竞争	与国外相比，我国的快递行业起步晚，发展成熟度不高。快递企业缺乏先进的经营理念，运作模式比较单一，直接导致同质化问题较为严重。
基层网点竞争激烈	在我国快递市场中，商务客户、行政机关客户多使用EMS、顺丰。个人客户的单件利润虽然较高，但快件量有限，整体利润不高。为了生存，其他快递企业只能做电商客户，"价格战"便不可避免。
客户来源单一	过度的恶意竞争导致快递企业对电商客户的依赖度不断提高，过高的依赖度让快递企业在整个产业链中处于弱势地位。上游电商也开始不断"有意压榨"快递企业，迫使其降低快件价格，使得价格战进一步加剧，形成恶性循环。
加盟制的弊端	由于源头的收件价降低后，面单收入、中转费、运输费用基本固定，最终会使派件费也相应减少。一般情况下，快递加盟网点的收入包含收件和派件两个方面，而不断压低的单票价格正在同时挤压加盟商的生存空间。

资料来源：华经产业研究院

零担快运市场当前竞争状况与早期的快递行业非常相似，各类公司群雄逐鹿。按照零担快运公司业务性质，主要参与者可分为三类：一是第三方零担快运公司，这类公司专业从事零担物流，运力大、网点多、覆盖广；二是电商自建零担物流公司，这类公司依托于电商平台，主要服务于平台商家 B2C 业务，满足平台运力需求之外同时开放给第三方；三是品牌商自建零担物流公司，这类公司擅长专业性运输和仓储供应链管理。

表 2 零担快运业务分类及特点

分类	业务特点		代表公司
第三方零担快运公司	专业从事零担物流，运力大、网点多、覆盖广	全网型（网络覆盖全国）	直营：德邦物流、跨越速运、顺丰重货
			加盟：安能物流、百世快运、中通快运
			联盟：壹米滴答（含优速）、三志物流
		区域网型（多省及省内运输）	山东奔腾、山东宇佳、河南宇鑫、河南长通、东北金正、上海龙邦、深圳吴越
		专线型（城际特定线路）	众多小而散的车队、私营车主承包线路，属于合同物流
			车货匹配平台：满帮、货拉拉
电商自建零担物流公司	依托于电商平台，主要服务于平台商家 B2C 业务，满足平台运力需求之外开放给第三方		平台自营：京东物流、苏宁物流
			平台众包：菜鸟物流、丹鸟落地配
品牌自建零担物流公司	专业性运输和仓储供应链管理		海尔日日顺、TCL 速必达、美的安得智联

零担快运行业中大小零担和大件快递在价格与时效方面的差异决定了这个行业供给分层。大小零担主要针对原材料、半成品运输，对时效性要求不高；大件快递具有商品价值高、运输要求高、服务链条长等特点，客户愿意为此支付更高的价格。零担快运公司结合自身特点分层竞争，行业进入先分层、再分化的发展路径。

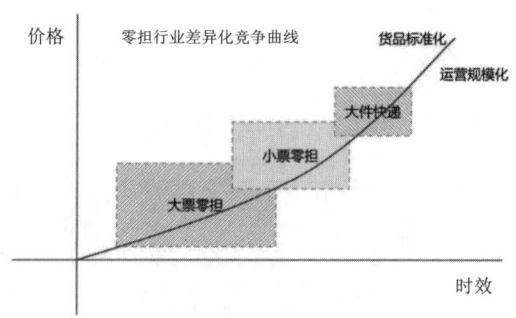

图6　零担行业差异化竞争曲线

资料来源：公司官网、公开资料整理、招商银行研究院

（四）行业自动化发展

从整体快递业务量规模以及业务收入上看，我国快递行业已经从高速增长转变为中高速增长，行业整体进入平稳发展阶段。在中高速增长阶段，尽管整体增速放缓，但行业需求仍然存在翻倍空间。

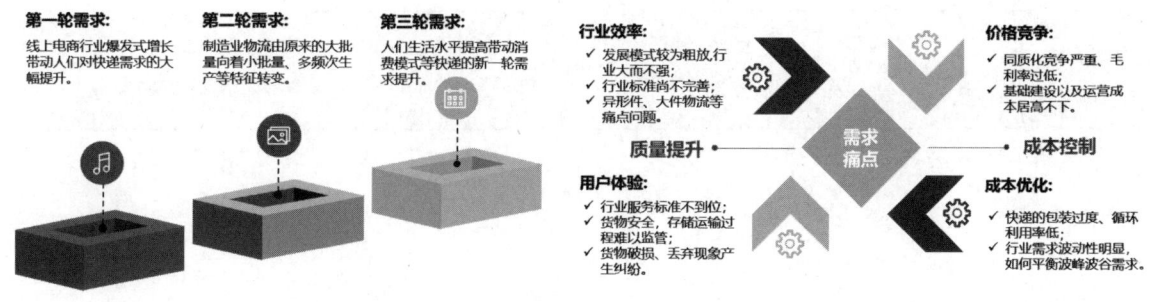

图7　快递需求发展阶段　　　　　图8　快递业痛点问题

快递、快运行业自动化需求向标准化、模块化、智能化方向发展。随着国内电商的不断发展，电商包裹分拣开始从人工分拣向自动化分拣过渡，快递包裹配送的多品种、小批量、高频次特征，是推动自动分拣系统市场需求快速增长的基础。目前快递公司的一级分拨中心使用了自动分拣设备，主要是一级分拨中心属于干线物流，中转量大，对速度和精度要求比较高。

表3 快递、快运行业需求特征

快递企业	需求特征
效率需求—服务模式提升	由于电商具有很强的时效性，因此物流讲究对需求的快速响应，服务模式提升，从接受订单到发货的提前期应尽量缩短，物流信息的沟通更要及时准确。
精度需求—多品类管理	电商快递具有明显的多样性的特点，这都给物流管理带来了难度。因此对物流操作中的精确分拣要求就显得极为重要。
扩展需求—波动性特征	电商快递具有明显的波动性，如何平衡如"双11""618"等需求高峰期与波谷期的分拣需求。
成本需求—行业降本增效	快递行业的竞争日益激烈，如何降低成本，提高服务质量，就成了快递企业关心的重点。
自动化需求—系统处理升级	随着需求的不断增长，快递分拣的效率、准确率、稳定性等自动化需求逐渐成为日后关注重点。
柔性需求—客户体验提升	随着对客户体验的不断重视，如何降低快递破损率、提升客户服务满意度逐渐成为快递企业关注的重点。

二、2020年自动分拣行业发展特点

（一）行业市场

我国自动分拣设备市场继续保持着高速增长态势。据统计，2020年我国自动化物流装备市场规模超1800亿元，年复合增长率超过25%，其中自动化分拣设备市场规模约213.5亿元，年度增长率约为29%。

我国自动分拣设备市场区域分布情况与电商快递数量分布情况高度正相关，以浙江、江苏、上海为代表的华东区域及以广东为代表的华南区域市场份额巨大，自动分拣设备市场规模更大，技术发展更快，其中华东地区以超过35%的市场份额稳居首位，区域市场规模效应明显。

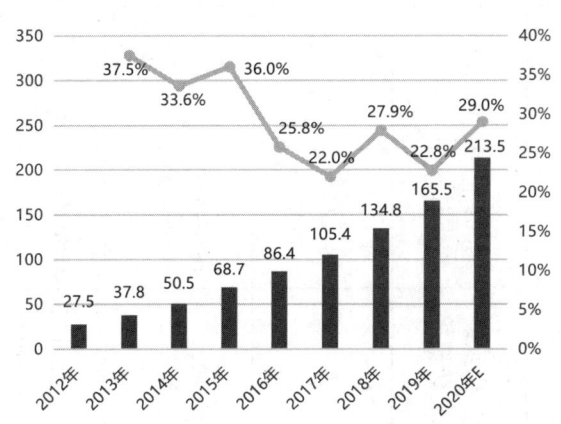
图9 自动化分拣市场设备规模（亿元）

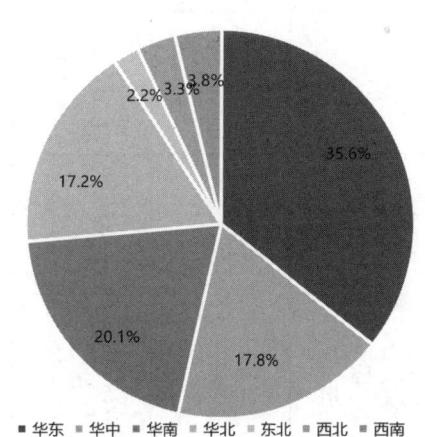
图10 自动分拣设备行业区域市场规模占比

资料来源：国家邮政局、中国产业信息网、智研咨询

（二）核心产品

表 4 自动分拣设备表现比较

产品品类	分拣种类	分拣效率	重量范围	优点	缺点	主要应用领域
交叉带分拣机	信封、小编织袋、包裹、纸箱、服装、图书等	20000—60000件/小时（双层双区）	0.01kg—30kg	噪音低、分拣精准、布局灵活、运行平稳、节能减排、柔性化分拣	尺寸大、重心不稳的货物不适应	电商、鞋服、快递、医药、烟草、机场等
摆臂分拣机	大包裹、大邮袋等	5000件/小时	0.01kg—50kg	高效能、高精度、节约人工成本	扁平件、易碎品不适应	快递、物流中心等
双层直线分拣机	信函、服装、超薄物品、软体包裹、不规则形物品等	8000件/小时	0.01kg—30kg	占地小、操作简单、维护成本低、供货件精准、便捷灵活	尺寸较大的货物不适应	电商、快递二级网点、鞋服等
偏转轮分拣机	信封、硬纸箱、包裹、大邮袋、塑料箱等平底面商品等	7500件/小时	0.1kg—60kg	双侧分拣、分拣轻柔、快速、精准、分拣出口多、节省空间、运行故障低	易碎品及软包不适应	电商、医药、服装、快递等
模组带分拣机	各类箱、包、编织袋、快递袋、周转筐等	5000件/小时	0.1kg—35kg	处理件型范围广、易装配	单机长度短、噪音大、自重较大的货物不适应	快递二级网点、电商、食品、冷链等
分拣机器人AGV	纸箱、周转箱等	根据匹配而定	0.1kg—8kg	自动化程度高、安全性强、灵活性强、无人化作业	成本高	快递、电商、物流中心等
落袋式分拣机	小件、软包装、不规则形状物品等	5000—8000件/小时	0.2kg—25kg	无须占用滑槽、重心不稳定也可分拣、地面空间占用少	分拣环线不能太长、无法匹配大量的滑槽、分拣能力较低	书籍、医药、快递等
高速滑块式分拣机	厚纸箱、塑料箱、袋装物、辊轴类等	12000件/小时	0.5kg—30kg	可靠性高、处理物件规格范围大、分拣快速灵活	格口占地面积广、维护费大、噪音大	食品饮料、医药、烟草、家电、机场等

（三）行业需求

快递行业受上游电商的影响，需求极不均衡，发货地集中，对成本极为敏感，同质化竞争严重，为应对快递业务量的快速攀升，各大快递龙头企业积极提升运转中心效率及末端网络自动化率。作为自动化物流市场的核心模块，自动分拣设备系统的市场需求空间巨大。

表5　各快递企业的网点情况和企业需求

快递企业	转运中心数（个）	一级网点数（个）	服务站点及门店数（个）	企业需求
中通	90	5150	约30000	2020年，中通的各地转运中心新增自动化分拣设备35套（系统，可含多种分拣设备，下同），其中有32个转运中心新增了库房，并在鄂州、吉安、自贡、常熟等六地增设转运中心，进一步提升全网产能。
韵达	60	3795	32229	韵达除在转运方面进行投资外，还在河南洛阳、广东中山、宁夏银川、浙江杭州等网点完成交叉带等智能分拣设备的引进，投资25亿元建设南陵综合体项目。
圆通	78	4395	33088	圆通全面推进基础能力建设及数字化转型等重点工作，实现扩产增能、提质增效，2020年转运中心改扩建项目36个。
申通	87	约4100	26800	申通全网40余家转运中心全面完成产能升级，整体产能提升近30%。通过数字分拨、智慧运输、风控管理等智慧解决方案，实现落地计件制，人效提升15%以上，日均10亿级数据量的风险识别时效至小时级。

百世	93	—	约17000	百世增加转运中心场地面积50万平方米,同比增长13.9%,同时还新增高速自动分拣线52套、五面扫DWS设备500余套、高速摆臂6000余个,以及伸缩机等装卸设备和分拣流水线。
极兔	约240	—	约23000	极兔进一步扩充网点数量、建立更多临时集散中心和分拨中心,把自己的短板补齐。2020年10月,重庆极兔速递搬迁至渝北区机场重庆快件集散中心,转运中心实现场地升级,新的转运中心面积超过旧址一倍。
顺丰	139	18000	34000	顺丰积极推进转运中心自动化,基于综合自动化处理、交叉带、智能装卸平台等创新产品,实现货物从卸车、供件、分拣、装车等全流程无人自动化落地。

(注:以上数据和论述均来源于各快递企业财报及网络收集,不代表作者观点)

快运现在仍然以人力操作为主,但是受制于操作人员数量与熟练程度的瓶颈,各快运公司正积极实施仓内自动化升级改造,积极打造以高时效、高品质的服务,驱动货量增长,实现货量与质量的相互促进、良性循环。各快运企业持续加大平台运营投入,升级分拨建设,配置智能化作业设备,密集布局运输线路,并加强信息技术创新,打造极致化效能与体验。

表6 各大快运企业的网点情况和企业需求

快运企业	网点数量（个）	分拨/转运中心数量（个）	企业需求
顺丰快运	约10700	约185	顺丰快运在2020年持续加强场线资源投入，升级自动化设备，夯实运营底盘，为客户提供一站式服务，2018年公司在武汉投入第一代大件分拣技术，2020年推出了第二代高速分拣系统，技术更新，成本更优。
德邦物流	30081	143	在中转和末端配送环节，为做好专业运送大件上的筹备保障，德邦物流针对分拣线进行了加宽改造，同时为超过40%的末端配送快递员配置了四轮机动车。
安能物流	约26000	约144	安能物流升级分拨圈、投入前置转运、新建集散中心等方式拉直线路。2021年将从稳定生态、提升效率、网点赋能三大维度入手，为提升市场占有率打下坚实的基础。
壹米滴答	15000	约100	壹米滴答进入资源消化阶段，即与优速等合作伙伴融合降本增效，并优化货源结构（快递与快运网融合），达到"1+1>2"的效果。同时壹米滴答已将重心放在对整个网络优化上面，从而提高质量和时效，形成溢价能力，摆脱低价困境，快速盈利。2020年，无锡分拨中心在同一场站进行快递、快运的自动化分拣融合，探索高经济的处理模式。
中通快运	约30000	94	中通快运在电商业务引流的同时，不断加大分拨场地、自有运力（尤其甩挂车辆）、自动化方面的基础能力建设，提升装载率。2020年下半年，中通快运持续基建，分拨场地方面下半年相比上半年面积增加70%，总车辆运力吨位投入增长40%，其中自有车占比97%，目前装载率已稳定在70%。

| 百世快运 | 约17000 | 93 | 百世快运，多地在尝试自动化流水线，在全国各转运中心内设置电商件库位，通过库位分拣提高电商件流转效率，2020年在自动化设备方面投入2亿元。 |

（注：以上数据和论述均来源于各快递企业财报及网络收集，不代表作者观点）

（四）主要设备厂商发展

1. 行业竞争态势加剧

根据波特五力模型分析，业内各自动化设备厂家面临的竞争压力异常激烈，下游客户传导的降成本压力，直接考验着上游设备厂家的成本管控能力和技术创新能力。

表7 波特五力模型下的自动分拣设备行业竞争状态分析

分析对象	自动分拣设备行业	影响程度
供应商议价能力	目前市场超高端产品供应商多为国际知名物流装备企业，此部分供应商议价能力强，高中低端产品国产化普及率较高，供应商产品相对选择较多，议价能力一般。	中等
购买者议价能力	行业内部产品技术能力、服务差距逐渐缩小，并且有越来越多的从业者进入此市场，竞争激烈，购买者拥有着较大的议价空间。	高
现有竞争者	行业内部竞争逐渐分层化，国际知名企业在产品技术、案例经验占据优势，国内龙头企业在客户资源和细分领域上更具竞争优势，一般民营企业在产品性价比、服务等方面更具优势。	中等
新进入者	资本与技术密集型产业进入门槛相对较高，但具有利润的成长市场，许多创投资金也会投入此领域，新加入者可能增多。	中等
替代产品的威胁	提供给客户的产品、服务、传统的物流装备难以替代，暂无明确替代产品。	低

2. 积极推动研发创新，加快产品优化和设备迭代

分拣设备与系统领域属于技术密集型行业，技术创新是企业的立足之本、利润之源。近年来，下游快递企业的需求日益旺盛，对降本增效的需求也越发强烈，自动分拣设备行业步入"技术竞赛"赛道，谁能够在技术上不断创新，研发出帮助用户降本增效的产品，谁就能够独占鳌头。同时，各大资本加大了对物流行业头部企业的投入。据统计，2020年全年物流及相关行业发生了86起投融资事件，总投资金额高达400亿元，其中，亿元级、十亿元级的综合比例均有所增加，如德马科技成功上市、中科微至完成2.3亿元融资、金峰集团获得过亿元C轮融资等。此外，顺丰快运入股科捷，并且一些企业都在扩大业绩，全力以赴冲击IPO。

三、2020年智能分拣赋能快递、快运行业发展特点

（一）不断推出适应市场需求的产品，助力快递、快运行业降本增效

快递、快运业务量和操作复杂程度的提升，使得人工分拣和半自动分拣在成本、效率、准确率等方面均出现不足，而智能分拣能有效应对人工分拣所面临的挑战，成为快递、快运企业提升竞争力的刚性需求，因此快递、快运企业在综合考量后纷纷选择了自动化。

随着快递、快运转运中心自动分拣设备投入使用数量的增加，快递、快运公司平均分拣成本呈逐年下降趋势。智能分拣能降低单票分拣成本并提高分拣能力，同时电子面单使用率的提升、快递、快运企业的成功募资、智能分拣设备价格的快速下降共同为智能分拣的普及提供了外部条件。

仅从有效处理能力进行对比，目前半自动化分拣机（以交叉带分拣机为例）的效率是人工分拣的3倍以上，自动化分拣机的效率是人工分拣的6倍以上。自动分拣设备与DWS（动态自动称重扫码测体积一体机）的结合运用，可实现充分减少人工识别、拉包操作等人工环境，分拣准确率远高于人工分拣，并且也极大地降低了货物损失。特别是当处理量达到几万件/日后，人工分拣需占用大场地，误分拣增加，效率反而下降。

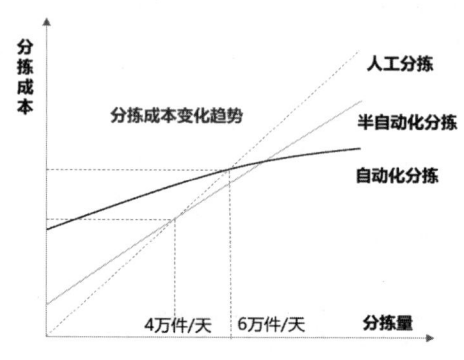
图11　快递分拣成本

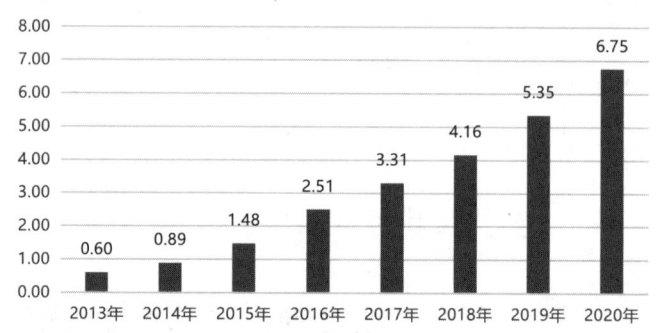
图12　快递行业业务单日最高处理量（万件）

资料来源：网络整理

自动分拣龙头企业积极研发创新，持续推出适应市场需求的产品，帮助快递、快运企业提升分拣效率，降低分拣成本。例如，中国邮政等公司不断推出新品，行业创新的产品陆续投放市场，在场地中投产使用；金峰集团依托先进的研发制造及系统集成能力，突破了自动分拣系统内的多项关键性技术，自主研发了落地性强的物流自动化设备系列，每年针对客户的痛点需求推出2～3款新产品，并通过技术创新实现了对现有产品持续系列化扩展和技术升级，达到了国际引领的水平，实现了进口替代。

（二）提供从设备到解决方案完整产业链服务方案，助力快递、快运行业自动化提升

人工及输送带辅助分拣阶段，除需要大量体力劳动外，对操作人员技术要求较高，且这种操作模式效率不高、作业时间长等问题也成为影响分拣时效的突出难点；自动分拣阶段，通过DWS（动态自动称重扫码测体积一体机）视觉识别快件体积条码信息，并通过各种分拣系统将快件送入对应出口，全自动化流水线带来了高效分拣、中转及低破损率，大幅缓解场地压力，打破了过去产能与人工同比增长的逻辑，率先打造这种击穿成本结构的能力，享受技术红利。

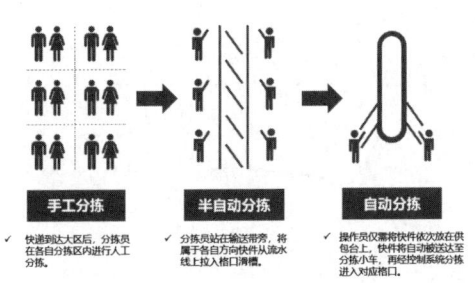

图13　快递分拣类型

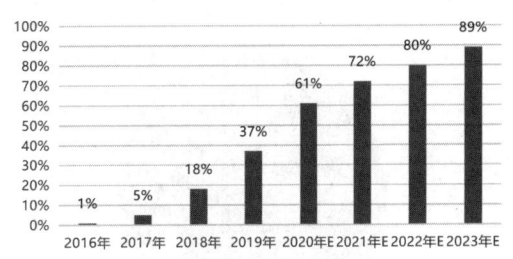

图14　小件快递自动化率

资料来源：艾瑞咨询

这种环境下，各自动分拣行业企业均积极推动科技创新，加快产品优化和设备迭代，提升用户体验。在硬件方面，加强自动化智能物流装备的研发和应用，提升物流过程中的智能制造水平；在软件方面，利用大数据、物联网、云计算、人工智能等新兴技术改善物流信息管理体系，全面推进新时代智慧物流体系建设，输送分拣产品系统向着智能化、自动化、柔性化方向加快推进，相继推出快递包裹高速集散的单件分离系统、大件摆轮柔性分拣技术设备、交叉带自动供包（集包）

系统、"末端单件分离+六面扫+分拣"等新技术装备的创新与应用。

（三）以使命必达的态度交付项目，助力快递、快运行业满意度提升

电子商务的快速发展推动了快递服务业的转型升级，在新业态、新模式的驱使下，消费者需求从单一化、标准化向个性化、差异化转变，物流系统运行效率要求更高，物流模式更为复杂。用户在快递服务时，服务速度是客户关注的最重要因素，其次分别是价格、服务质量、服务态度等。我国快递的履约速度也在不断提升，72小时送达率从2014年底的75.5%提升至2019年的79.3%。提升的履约速度与人效均离不开自动化分拣技术的投入。

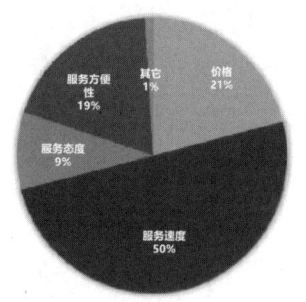

图15 客户选择快递服务关注度　　图16 快递服务总体满意度

资料来源：国家邮政局

自动分拣行业企业纷纷立足自身资源优势，重点建设研发技术能力、大型枢纽综合规划能力、项目执行能力等核心能力。如金峰集团以项目管理为主线，打造强有力的项目实施及服务体系，接连赢得超级大订单，实现完美交付，80天完成一个1.4亿元的超大枢纽项目，同时与国外供应商积极协作，利用"金峰云"等远程控制监控、传输软件等新技术在国外项目实施中做到"人未到亦可交付"，积极探索

快递、快运融合创新，成功将快递和快运两个中转场地合并成一个作业场景应用，实现大小件货物灵活分拣。

四、2021年自动分拣设备与系统领域展望

（一）市场需求：快递市场需求保持旺盛，快运市场需求快速提升，快递、快运融合创新趋势明显

目前快递行业竞争已进入胶着阶段，快递公司之间的价格战极为激烈，加上新的快递公司的强势入场，整个快递行业主打低价模式，以价换量是目前整个快递行业的主旋律。2020年上半年通达系单票收入，集体下滑25%以上，即便是主打优质的顺丰也加入电商市场，其综合单票收入从2020年1月的19.7元一路降至12月的17.89元。目前快递业价格战已经探底行业盈利红线，为进一步降低成本，各快递企业持续加大自动化设备引进，且快递末端网点的"智能化"需求越发紧迫。据预测，2021年我国快递包裹数量将突破1000亿件，各大快递公司预计将采购规模交叉带累计1000套以上、摆轮5万套以上、单件分离1万套以上。

快运市场体量巨大，约为快递市场的2倍，但目前快运市场货物标准化程度低，市场主体较为分散，尚未形成规模化运营。随着大件分拣技术迭代升级，将带动设备价格大幅下降及快运行业集中度进一步提高，自动化分拣需求将逐步显现，未来3~5年的快运市场需求增速将有大幅提升。

（二）市场竞争：行业进入深化整合阶段，系统集成能力凸显，行业龙头逐渐产生

随着《中国制造2025》深入推进，以及物联网、机器人、人工智能（AI）、大数据等技术的创新与应用，自动输送分拣行业发展正逐步成熟，行业竞争格局将会重塑，行业集中度发展趋势明显，行业龙头逐渐产生。

装备制造是产业基础，系统集成以全局思维模式对各环节采用的自动化设备进行调用，执行全局优化的复杂操作，附加值最高。基于微笑曲线原则，头部企业立足自身资源优势，在重点建设研发技术能力、大型枢纽综合规划能力、项目执行能力等核心能力基础上，积极拓展业务范围，向着利润率更高的软件开发、售后服务、规划集成设计等领域进发，凸显企业综合能力。

（三）市场机遇：制造业市场潜力巨大，海外市场前景可期

在人力成本上升、土地资源有限、经济转型升级的大背景下，许多制造业企业开始以物流端为切入点，对企业运作进行自动化转型升级。"智能工厂"作为制造业自动化物流的重要模块，将备受各行业关注。过去，制造业企业长期专注于生产制造成本，对于物流成本的要求并未像电商、快递企业那样苛刻，如今为提升其物流效率，制造企业在自动化物流系统建设方面的需求会更加旺盛，为包括分拣设备系统在内的物流装备企业提供更多市场机会和利润空间。

2020年新冠肺炎疫情席卷全球，消费市场大规模转向线上消费，刺激了全球电商零售行业的快速发展，2020年欧美及亚太地区主要国家的电商整体零售额增长了15%以上。受益于电商零售规模的快速

增长，海外电商快递行业驶入发展快车道，东南亚市场尤为显著，据不完全统计，2020年东南亚市场快递包裹总量超20亿件，海量增加的包裹带动了自动分拣系统的需求增长，本土邮政、快递企业正在大力引进自动分拣设备以满足广大客户在电商物流领域内日益增长的需求，为中国企业出海提供了机遇。

金峰集团　蔡熙、刘登峰

2020年智能仓储发展与未来展望

智能仓储指的是综合应用物联网、云计算、大数据和人工智能等新一代信息技术，实现仓储活动的状态感知、实时分析、智能决策和精准控制，进而达到自主决策和学习提升，拥有一定智慧能力的现代仓储系统。

智能仓储产业链主要分为上、中、下游三个部分。上游为设备提供商和软件提供商，分别提供硬件设备（输送机、分拣机、AGV、堆垛机、穿梭车、叉车等）和相应的软件系统（WMS、WCS系统等）；中游是智能仓储系统集成商，根据行业的应用特点使用多种设备和软件，设计建造智能仓储物流系统；下游是应用智能仓储系统的各个行业，包括烟草、医药、汽车、零售、电商等诸多行业。

从现有理论和实践经验来看，自动化、智能化和智慧化是有明确界限。

自动化主要用于处理结构化数据，就相当于给人装上机械手臂来完成工作，需要工人根据商品的特性，操作不同的设备来满足仓储需要。

智能化处理半结构化数据。智能化是将知识数字化，通过编码和自动化感应技术，指导机器设备处理部分非常规性工作，使物流系统能模仿人的智能，具有思维、感知、学习、推理判断和自行解决物流中某些问题的能力。

智慧化是可以处理非结构化数据，处理一些未被编码的非常规性状况。智慧化是在智能化的基础之上，通过智能硬件、物联网、大数据等智慧化技术与手段，提高物流系统分析决策和智能执行的能力，并能根据原有处理流程和业务的逻辑，自我推断和处理新状况，提升整个物流系统的智能化、自动化水平。

一、2020年智能仓储发展情况

（一）智能仓储发展规模

近年来，随着物流行业的快速发展，我国智能仓储市场规模一直保持稳定增长态势。根据头豹研究院发布的数据显示，2019年中国智能仓储市场规模969.8亿元，同比增长21.57%，2015-2019年智能仓储市场规模年均复合增长率24%。2020年因新冠肺炎疫情影响，增速有所放缓，但仍保持15%以上的增速。

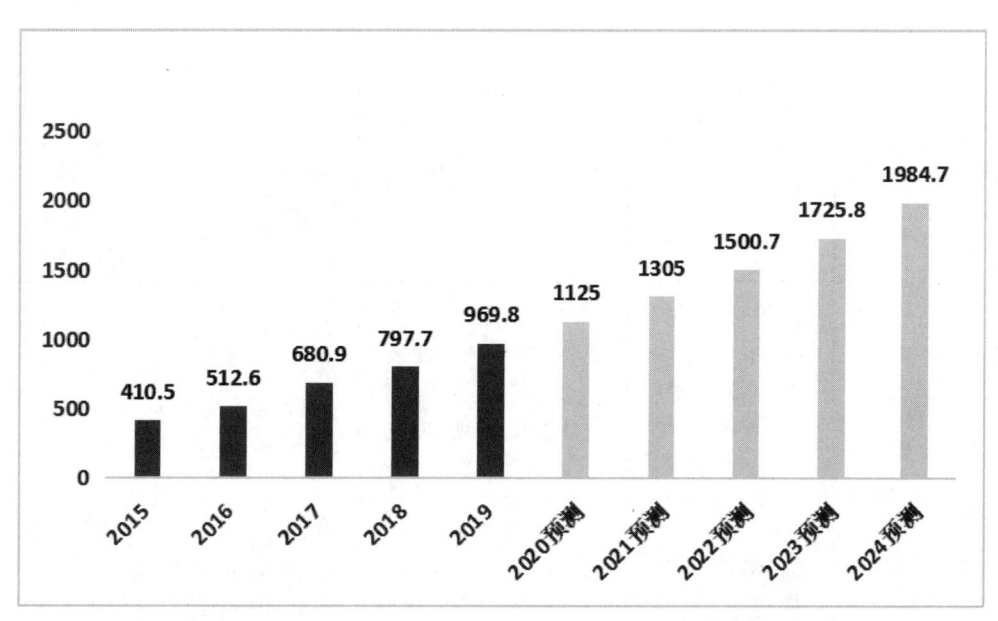

图1 中国智能仓储市场规模（亿元）

资料来源：头豹研究院

（二）智能仓储的国家政策支持

2014年，国务院印发《物流业发展中长期规划（2014—2020年）》，将物流业定位为"支撑国民经济发展的基础性、战略性产业"，进一步提升各级政府对物流业发展的关注度，于是逐步形成了自上而下的国家级、省级和市级物流业发展的政策支持体系。

自2016年起，国家密集出台相关政策，从两个层面支持智能物流产业发展。一是国家对于促进物流行业降本增效的强调，这与智能物流产业的发展目的相一致；二是国家鼓励运用相关科技手段促进物流行业优化升级，这其中涵盖了国家对于发展物流科技的肯定与鼓励。

分类	时间	发布部门	政策名称	政策相关内容
仓储物流行业政策要点：推进物流行业降本增效，减半征收符合规定的仓储土地使用税；完善物流用地考核，不再增收土地价款。推进无人仓储建设，鼓励新技术应用。				
仓储行业政策	2020-8	交通运输部	《关于推动交通运输领域新型基础设施建设的指导意见》	推广邮政快递转运中心自动化分拣设施、机械化装卸设备。推动无人仓储建设。打造无人配送快递网络。建设智能冷库、智能运输和快递配送等冷链基础设施。
	2020-7	国家发展改革委、网信办、工业和信息化部等十三个部门	《关于支持新业态新模式健康发展激活消费市场带动扩大就业的意见》	发展基于新技术的"无人经济"，支持建设自动驾驶、自动装卸堆存、无人配送等技术应用基础设施。
	2020-7	国家发展改革委、工业和信息化部、财政部、人民银行	《关于做好2020年降成本重点工作的通知》	推进物流降本增效。减半征收物流企业大宗商品仓储设施用地城镇土地使用税。鼓励5G、物联网、大数据等新技术在物流领域应用，促进物流业和制造、金融、旅游、商务等产业融合发展。

仓储行业政策	2020-5	国家发展改革委、交通运输部	《关于进一步降低物流成本的实施意见》	完善物流用地考核。在符合规划、不改变用途的前提下，对提高自有工业用地或仓储用地利用率、容积率并用于仓储、分拨转运等物流设施建设的，不再增收土地价款。 加快发展智慧物流。推进新兴技术和智能化设备应用，提高仓储、运输、分拨配送等物流环节的自动化、智慧化水平。
下游行业与仓储物流协同发展政策	2020-7	商务部办公厅、财政部办公厅等	《关于开展小店经济推进行动的通知》	支持物流企业为小店开展统仓、共配、冷链、托盘和周转箱循环共用等供应链服务，降低物流成本。
	2020-5	财政部办公厅、商务部办公厅、国务院扶贫办综合司	《关于做好2020年电子商务进农村综合示范工作的通知》	在日用消费品。农资下乡基础上搭载电商快递，逐步推动商流物流统仓共配，提升物流效率，降低物流成本。鼓励有条件地区合理规划，在区域节点建设仓储物流配送中心，发展智慧物流。
	2020-4	商务部办公厅、国家邮政局办公室	《关于深入推进电子商务与快递物流协同发展工作的通知》	深化先进信息技术在电商和快递物流领域应用。 指导电商企业与快递物流企业加强业务联动和精准对接，加强大数据、云计算、机器人等现代信息技术和装备应用。
	2020-2	国家邮政局、工业和信息化部	《关于促进快递业与制造业深度融合发展的意见》	支持制造企业联合快递企业研发智能立体仓库、智能物流机器人等技术装备，加快推进制造业物流技术装备智慧化。到2025年，快递业服务制造业范围持续拓展，培育出100个深度融合典型项目和20个深度融合发展先行区。

（三）智能仓储市场竞争格局分析

目前，我国智能仓储处于在竞争中不断发展的态势。国内外智能仓储供应商陆续推出具有自主知识产权的自动化物流产品，国内企业凭借在性价比以及本土化后市场服务上明显优势，在一些中低端项目中具备了较强的竞争优势，并成功进入高端项目领域。从应用行业领域看，在烟草、医药、电力系统、服装和食品等行业国内企业均具有一定的竞争优势，在汽车与机械制造行业国内外物流系统集成商各自为营，在电商、机场等领域外资企业目前占据明显优势。

新冠肺炎疫情的暴发，催生多种电商新业态，进一步推动了线上消费的发展，加速国内供应商总包集成能力的提升，使得国内企业不断成长为本行业的领头羊。从技术层面上看，我国受市场需求变化和技术成熟度等多因素驱动，行业竞争已经开始由"技术和产品"之争逐步延伸到"应用与服务"之争。各企业之间的比拼以综合实力为主，涉及到顶层创新设计能力、市场渠道、客户结构、服务质量以及品牌力等各方面。

大型成熟企业正持续推动机器人或操作系统产品的标准化，为产业链上其他企业赋能，给新的创业者带来更多便利，使其更专注于具体研究和方案设计，从而提升整个行业的技术与服务水平。小型企业则专注于垂直领域研发降本增效的单位经济模型，纵向深挖成本价值，专注于某类特定场景需求，为客户提供有价值的专业服务，从而建立稳固的业务壁垒。下图为我国典型仓储自动化厂商基于自身能力和市场需求，为客户提供了不同的解决方案。

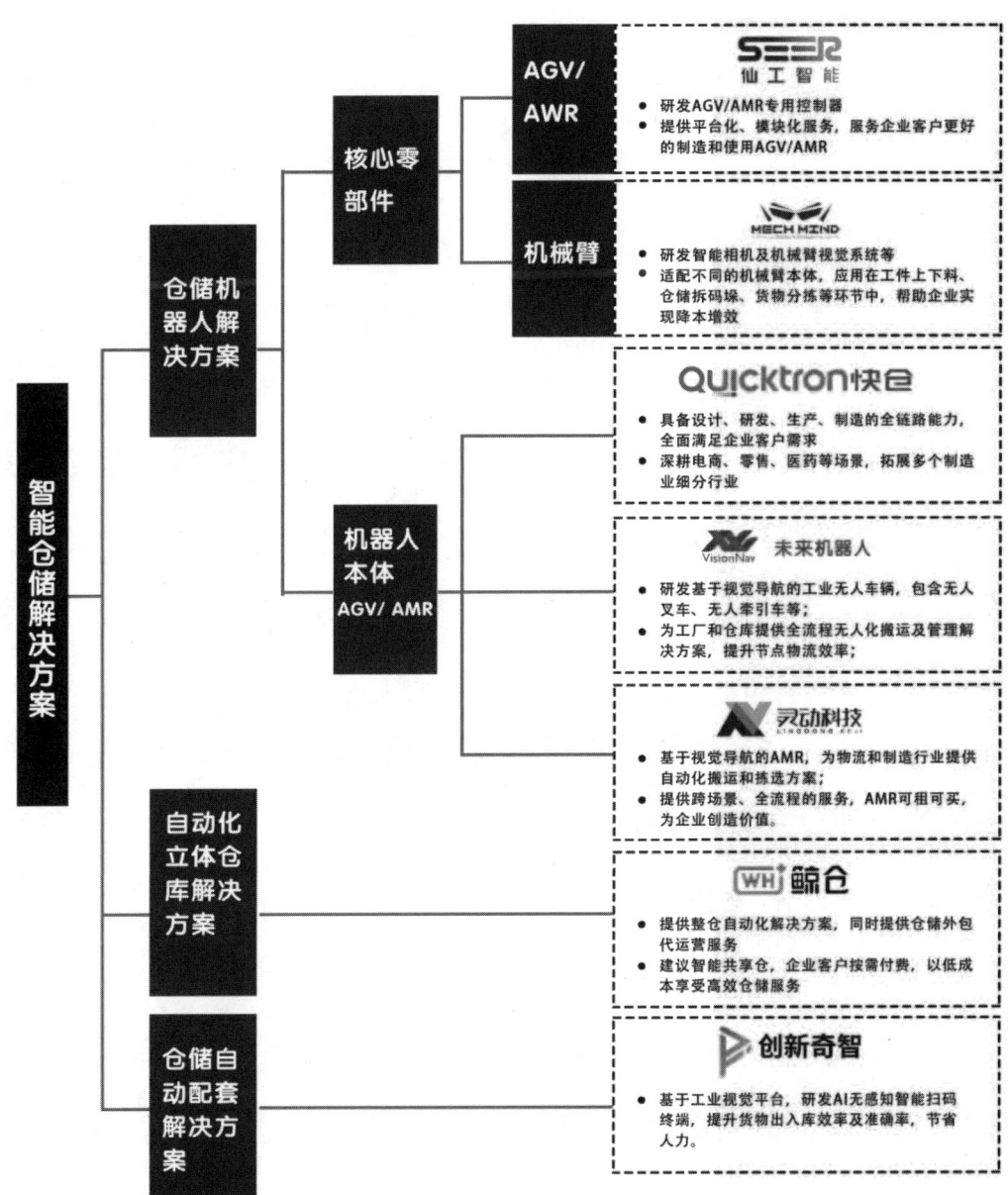

资料来源：前瞻产业研究院

二、2020年智能仓储供需情况

（一）智能仓储的需求分析

智能仓储的客户，目前主要是在大中型企业，这类客户数量呈急剧增长的趋势，除此之外，国内仍旧有非常庞大的中小电商企业群体亟须智能化解决物流效率低、成本高等问题。

目前，仓储、配送一体化已经成为商贸物流、电商仓储的发展趋势，随着各大物流快递企业陆续登陆资本市场，纷纷加大科技信息化投入、提升智能仓储运营能力。

此外，在人力成本上升、土地资源有限、转型升级等背景下，许多制造业企业开始以物流端为切入点进行智能化转型升级。在产品多样化、个性化的趋势下，智能仓储承担着提升作业效率、提升客户体验、提升企业核心竞争力的重任，随着大数据、物联网、机器人、传感器等技术的不断进步，智能仓储作为以上技术的载体，有望迎来高速发展。

虽然新冠肺炎疫情对全球经济发展和贸易增长造成了冲击，但是中国经济的持续健康发展和物流业的崛起为仓储业的发展提供了巨大的市场需求，加上制造业、商贸流通业外包需求的释放和仓储业战略地位的加强，相较于当前的"需求"，未来智能仓储具有更大的市场空间，预计到2024年，智能仓储市场规模有望达1985亿元。

（二）智能仓储的供给分析

我国智能仓储中，主要有四类参与者在其中扮演着重要角色，分别为研发智能设备的科技公司（创造者）、研发智能软件的科技公司（管理者）、物流地产公司或金融公司（持有者）以及仓储第三方运营公司（运营者）。

从技术层面上看，智能仓储是一个涉及技术和应用众多的高度集成化的综合系统，需要云计算、物联网、机械臂、仓储机器人等各领域企业共同合作为客户提供智慧物流整体解决方案和服务，以便更好地互相帮助和赋能技术合作伙伴，促进相关技术的快速发展和迭代。仓储自动化领域的竞争日趋激烈，新型仓储自动化厂商面临来自多方的竞争压力，除了传统竞争者外，工业制造厂商和其他科技厂商都具备进入本行业的技术条件和市场优势。

资料来源：GGII

（三）国内主要企业概况

1. 南京音飞

南京音飞是国内先进的物流仓储设备制造商和物流自动化系统集成商，主要从事仓储机器人，是集智能物流机器人研发制造、高精密货架制造安装、软件开发应用、系统集成、运营服务以及售后服务为一体的综合物流服务企业，提供多样化、多层次的产品与服务，满足客户"一站式"需求。面向智能制造、冷链、医疗医药、陶瓷、家居家具、汽车零部件、电子商务、食品饮料以及衣服鞋帽等行业，提供物流系统产品、应用解决方案和运营服务。该企业的核心产品是穿梭车系统，其开发的可变叉式穿梭车、轿厢式托盘提升机和箱式穿梭车换层提升机等产品和四向车系统（iGCS）、输送线系统（iHTCS）、看板系统（iEBCS）、小仓控制程序（iHCS）等多项软件系统，获得CMMI3 认证和 10 项软著证书，使其拥有的穿梭车技术在国内同业中保持领先。

2020 年该企业新增订单额超 11 亿元，相比上年增长 56.09%，订单增长主要来源是智能制造系统集成商、物流系统集成商、中小规模的渠道商以及冷链物流、陶瓷行业的终端客户。

2.康拓红外

康拓红外隶属于中国航天科技集团有限公司下属中国空间技术研究院。2019 年，公司收购轩宇空间 100% 股权和轩宇智能 100% 股权后，紧密围绕控制技术，重点聚焦轨道交通、航天航空、核工业三大国家战略性行业领域，形成了铁路车辆运行安全检测及检修和智能仓储系统、智能测试仿真系统和微系统与控制部组件、核工业自动化装备三大业务板块的产业格局。在铁路车辆运行安全检测及检修和智能仓储，公司秉承"源于航天，服务铁路"的理念，将应用于卫星姿态控制的红外线探测技术引入我国铁路车辆运行安全检测领域，始终致力于提供一流的铁路安全产品和领先的解决方案，是中国铁路检测及检修和智能仓储领域重要的解决方案提供商。其核心产品为特殊作业机器人，包括：智能精密装配系统、热室自动化平台、手套箱自动化平台，耐辐射关键器件（摄像头、控制器、驱动器）、探测机器人系统。 在2019 年企业重组完成后，企业总体业务规模扩大，盈利能力进一步增强，营业收入较上一年同期增长了 19.17%。

3. 晶盛机电

晶盛机电是一家典型的智能仓储的上游企业，专注于提供"先进材料、先进装备"，主营产品包括智能化加工设备（单晶硅截断机、单晶硅棒切磨复合加工一体机、多晶硅块研磨一体机、切片机、抛光机、研磨机、外延设备、叠瓦组件设备、自动化生产线等）、半导体辅材耗材（坩埚、抛光液、磁流体、阀门管件等）、蓝宝石材料等。公司产品主要应用于太阳能光伏、集成电路、LED、工业4.0等具有较好市场前景的新兴产业。其年报中指出，在智能化加工设备方面的营业收入同比增加81.97%，获得了明显增长，这反映了智能仓储的下游企业的市场扩张速度和业务需求量较大。

4. 诺力智能

诺力智能是全球范围内为数不多的能够同时提供物料搬运设备、智能立体仓库、智能输送分拣系统、无人搬运机器人AGV及其系统、供应链综合系统软件等整体解决方案的公司，经过多年发展，该企业已实现从"传统物料搬运设备制造商"到"全领域智能内部物流系统综合解决方案提供商和服务商"的战略布局。诺力智能通过自主研发制造，为顾客提供定制化、完整的物流系统解决方案，不仅包括仓储环节的定制化，还能帮助企业实现生产和配送环境的定制化。

诺力智能拥有20年的仓储物流搬运车辆研发和生产经验，已连续多年占据全球轻小型工业车辆首位；电动工业车辆居于国内同行领先地位，在国内制造商中2019年度排名领先。由此可见，我国自动化仓储企业已形成了以自身核心产品为轴心的产业群，行业上游、中游和下游企业均在技术优势的基础上，深耕行业场景，满足客户的个性化需求。

5. 普罗劳格

普罗劳格是一家立足物流行业、精耕仓储的高速成长型高科技企业，拥有供应链咨询规划、物流信息系统与云平台物流解决方案、自动化设备调度算法与集成总包、第三方物流运营辅导等新型智能仓储建设的综合能力及业务板块，赋能新物流时代下智能仓储建设发展实际需求。该公司秉承"客户为中心、服务为宗旨"，分布在全国分公司的服务团队为客户提供及时的服务响应；全国五大核心地区的物流中心，构筑了通达全国的物流网络，为客户提供覆盖全国的精益化仓配服务。通过"技术+服务"的无缝对接，使得成熟的仓储解决方案与前沿技术的验证场景互融互通，帮众多客户实现方案落地并转化为物流生产力，致力于成为"智慧物流价值领导者"。

普罗劳格遵循"规划是基础、系统是核心、设备是关键、运营是保障"的"螺旋进化"业务发展理念，发力"大健康、新零售、精益制造"三大行业领域。经过近10年的努力，目前拥有项目总包、信息化平台、智能物联、智仓运营、生态服务、实学教育等综合能力及业务板块，服务客户包括国药、上药、华润、菜鸟、唯品会、良品铺子、法雷奥、途虎等行业头部企业。10余家分子公司、5大物流运营中心、2所科研基地，遍布全国的服务网络为客户提供及时的服务响应。

三、智能仓储发展存在的问题

（一）竞争加剧了行业动荡

为尽快扩大规模，部分企业用价格战来打开市场，价格竞争一度非常激烈。目前，国内市场上主要具备一定规模的物流系统集成服务商有20多家，在下游不同的应用领域均有各自的优势。为争取到更多用户，低价策略确实是一个方式，但如果一味地用价格来竞争反而让行业忽视实际的技术投入。一些供应商不顾设备和方案的实际状况，为拿单轻易承诺客户，最终却无法交付，影响行业整体信誉。而企业客户大多有较长的账期，如果因无法交付导致客户拒绝验收，收不到尾款的企业也将陷入困境。这种竞争方式不利于行业的健康稳定发展，企业未来的核心仍然是技术的较量。

（二）技术水平有待提高和优化

机器人作为智能仓储系统的主体设备，在智能仓储系统中扮演着重要的角色。而在智能仓储系统中，AGV是比较常见的设备。销量虽然实现了较快增长，但主营收入和效益并不乐观，主要原因是关键技术和核心零部件的缺失。据了解，AGV机器人主要有驱动、系统和导引三部分组成，其中，在驱动控制器、系统以及激光导航传感器等核心部件上，依然是国外品牌主导，虽然外资企业无法实现对我国AGV市场的直接垄断，但却能利用关键技术及核心零部件上的优势，来对我国企业形成掣肘和牵制。此外，机器人根据不同的应用需求，在选择AGV的时候要考虑其运载方式、导航方式，并根据货物的尺寸、机器人的使用频率、运行节拍以及车间使用AGV的密度等来确定产品的功能和性能。目前，大部分智能仓储企业只解决了机器人单体的问题，更深度的系统还有待研发，智能技术还不够成熟。智能自动化仓储需要应用互联网、物联网、云计算、大数据、人工智能、RFID、GPS等技术的支撑，但目前来看这些技术的深挖还有很大的增长空间。

四、智能仓储前景展望

随着政府相继出台各种政策来鼓励和支持物流行业高质量发展，同时新一代信息技术与制造业深度融合的智能制造作为大的国家发展战略，智能仓储行业已经迎来了发展的黄金期。

1. 高标仓成为行业未来发展趋势之一

高标仓与传统仓的比较优势分析

空间利用	选址优势	自动化水平	合规属性
高标仓的规划容积率较高,部分项目的容积率达到2.5～3,空间使用效率是传统仓储的3倍左右,可大幅降低土地成本。	高标仓选址靠近公路、机场、港口等交通枢纽地段,交通便捷,其辐射区域更加广泛,能够降低运输成本。	高标仓可实现作业高机械化和自动化,既提高了运行效率,又减少了人工需求,降低了综合管理成本。	高标仓项目所有权属清晰、土地性质明确,可避免投资开发和运营管理中产生纠纷,保证仓储项目的顺利推进。

2. 制造业领域市场空间可期

尽管目前智能物流解决方案在商业配送领域的应用较为广泛,但从长期发展来看,未来制造业领域的市场需求会急速增长。据资料显示,在一个产品的生产周期中,在生产时间方面大约仅有5%的时间用于产品的加工与制造,而其余95%的时间都用于物流周转;同时在生产成本方面物流环节占据了约40%的比例。因此,制造业领域的生产物流环节痛点明显,成本与效率均有待提升,对于智能物流设备及解决方案在其中的创新应用存在极大需求。

3. 商业配送领域的中小客户需求潜力大

对于物流企业,除京东、苏宁等电商头部企业以及顺丰、四通一达等快递大企业对于智能物流设备的大力投入,国内传统仓储物流企业中也存在很大的市场空间。这些物流企业一般都拥有长期的行业积累和专业的资源储备,智能物流设备如AGV、机械臂等则可以助力转型升级。同时中小微企业的第三方仓储也会是行业参与者们未来的重要发力点。第三方仓储行业中，中小客户占据了大比例的市场。中小客户更注重成本的降低，因此对于系统的效率及可靠性会有更高的要求。

普罗格学院研学中心主任　易兵

2020年通用仓储市场发展及2021年展望

一、2020年通用仓储市场宏观环境

（一）2020年主要经济指标运行情况

社会消费品零售方面：据国家统计局数据显示，2020年，全国社会消费品零售总额累计391,980.60亿元，同比降低3.9%。其中网上零售总额累计117,601.30亿元，累计增长10.9%，表现亮眼。受新冠肺炎疫情影响，2020年社会消费品零售总额有所下降，但网上零售迎来新机遇，增长明显，仓储作为网络零售供应链的重要一环，相关租赁需求增长较快。

指标（亿元）	2020年	累计增长（%）
社会消费品零售总额	391,980.60	-3.9
网上零售总额	117,601.30	10.9

数据来源：国家统计局

通用仓库亦称"普通仓库"，指除冷藏冷冻物品、危险物品等具有特殊要求的物品外，能够满足一般储存要求的仓库。目前通用仓库按照仓库等级可分为高标库、非高标库。高标库（立体库）要求：取得四星及以上中国星级仓库称号。或者证件齐全（消防验收证"丙二类及以上"、土地证、房产证等）；具备消防栓、灭火器、火灾报警装置、自动喷淋系统；屋面梁下净高≥9米；地坪硬化，荷载≥3T/平方米（2层及以上多层库，具备连接行车坡道）；立柱间距≥8米；具有作业平台（高1~1.3米；外置时，宽度≥4米）及可升降平台。非高标库：指除高标库以外的其他通用仓库。

固定资产投资方面：2020年，交通运输、仓储和邮政业固定资产投资比上年增长1.4%。其中，仓储业（含装卸搬运）固定资产投资额为6864亿元，同比增长9.9%，增速远高于物流业其他细分领域，为支撑仓储行业配送时效起到了重要作用。

快递业务量方面：2020年，全国快递业务量累计完成833.6亿件，同比增长31.2%。数据表明我国快递行业运行情况良好，同时，也表明快递行业存在巨大的仓储需求，对仓储行业发展有一定促进作用。

（二）2020年仓储行业政策情况

2020年，作为物流中重要一环的仓储行业，多部门从仓储用地、仓储基础设施建设、降本增效等多方面提供了政策利好。

时间	政策导向	政策	内容概要
2020年6月	服务能力	工业和信息化部、国家发展和改革委员会等联合发布《关于进一步促进服务型制造发展的指导意见》	鼓励制造业企业开放专业人才、仓储物流、数据分析等服务能力，完善共享制造发展生态。
2020年5月	降本增效	财政部办公厅、商务部办公厅、国务院扶贫办综合司发布《关于做好2020年电子商务进农村综合示范工作的通知》	逐步推动商流物流统仓共配，提升物流效率，降低物流成本。鼓励有条件地区合理规划，在区域节点建设仓储物流配送中心，发展智慧物流。
2020年3月		财政部、税务总局发布《关于继续实施物流企业大宗商品仓储设施用地城镇土地使用税优惠政策的公告》	自2020年1月1日起至2022年12月31日止，对物流企业自有或承租的大宗商品仓储设施用地，减按所属土地等级适用税额标准的50%计征城镇土地使用税。

时间	类别	政策	主要内容
2020年4月	基础建设	农业农村部《关于加快农产品仓储保鲜冷链设施建设的实施意见》	进一步推进农产品仓储保鲜冷链设施建设工作，规范过程管理，加大政策支持，注重监督管理，优化指导服务，最大限度发挥政策效益。
2020年8月		国家发展改革委、工业和信息化部等14部门发布《推动物流业制造业深度融合创新发展实施方案》	支持大型工业园区新建或改扩建铁路专用线、仓储、配送等基础设施，吸引第三方物流企业进驻并提供专业化物流服务。
2020年6月	降低税费	国务院办公厅转发国家发展改革委交通运输部《关于进一步降低物流成本的实施意见》	在符合规划、不改变用途的前提下，对提高自有工业用地或仓储用地利用率、容积率并用于仓储、分拨转运等物流设施建设的，不再增收土地价款。
2020年5月	信贷支持	国家发展改革委、公安部、财政部等部门联合发布《关于进一步优化发展环境促进生鲜农产品流通的实施意见》	鼓励银行业金融机构对包括民营企业在内的各类企业投资新建扩建农产品批发市场、物流园区、加工配送中心等大型农产品流通骨干基础设施，在风险可控的前提下提供信贷支持。

二、2020年通用仓储市场供应分析

（一）全国通用仓库概况

1. 高标库占比增加但仍有不足

据物联云仓平台数据显示，2020年全国通用仓储总面积为3.16亿平方米，同比增长10.61%。其中，高标库占29.98%，同比增加12.34%；非高标库约占70.02%。尽管2020年高标库占比加快，但整体来说，高标库市场供给仍然不足，在新冠肺炎疫情影响之下，衍

生了更多的高标库需求,供需缺口仍较大。

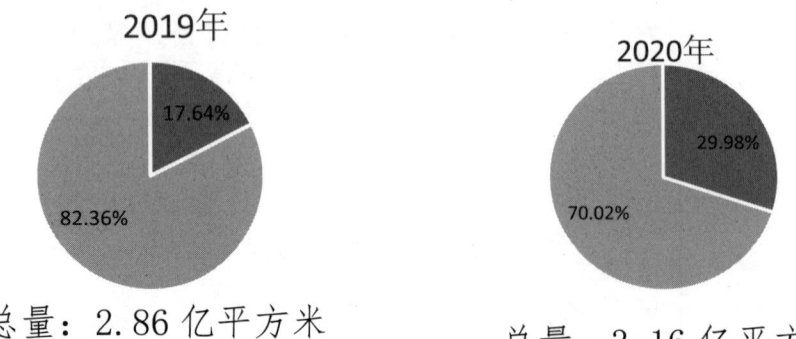

图1 2019-2020年全国通用仓储面积

数据来源:物联云仓平台

2.仓库供给主要集中在东部地区

从区域分布来看,截至2020年底,通用仓库资源分布排序为东部地区(46.27%)、西部地区(22.49%)、中部地区(19.84%)、东北地区(11.39%)。从城市分布来看,仓储资源排名前三的城市为成都(2,039万平方米)、上海(1,775万平方米)、郑州(1,685万平方米)。

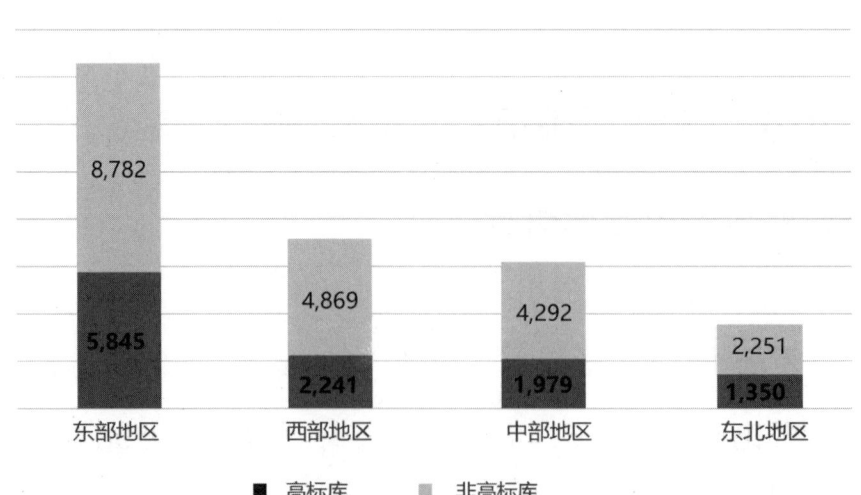

图2 2020年通用仓库区域分布情况(单位:万平方米)

数据来源:物联云仓平台

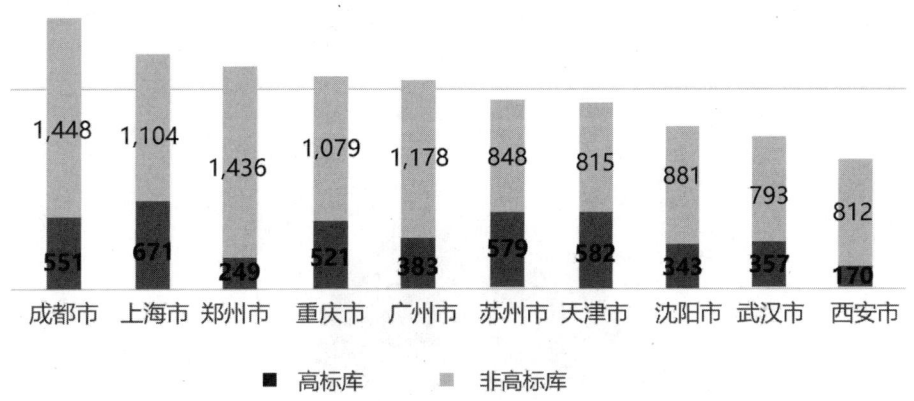

图3　2020年通用仓库资源排名前十城市（单位：万平方米）

数据来源：物联云仓平台

（二）通用仓库新增供应分布

从布局看，新增仓储供应集中分布在东部地区，东北地区较少。据物联云仓跟踪调查，2020年我国新建成通用仓储面积2,513.68万平方米，其中高标库约占90%以上。新增供应主要集中在东部地区（1,373.13万平方米），其次为西部地区（667.28万平方米）、中部地区（390.00万平方米），东北地区（83.25万平方米）新增通用仓储资源较少，不足100万平方米。

从省市看，2020年全国通用仓储资源较多的省份（直辖市）前五分别是浙江、江苏、四川、广东、重庆，新增供应面积均超过120万平方米，浙江省以（369.10万平方米）位居第一。

从建设主体看，专业物流地产成供应主力军，商贸企业占比增加。2020年，新增供应主力主要来自三个方面，一是专业物流地产

（54.10%），如普洛斯、万纬、宝湾等；二是商贸企业（17.65%），如京东、苏宁、唯品会等；三是基金机构（10.75%），如网银物联、光大等。其中商贸企业中，电商板块发展迅速，2020年新增自建仓储增加，供应占比有所增加。

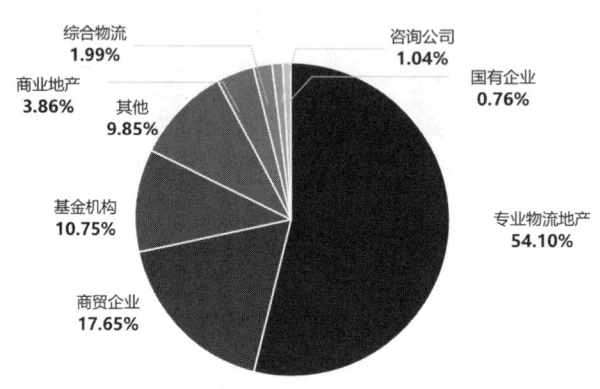

图4　2020年全国通用仓库建设主体行业分布

数据来源：物联云仓平台

从时间节点看，2020年第一、二季度仓储供应较少，第四季度为供应高峰。2020年初受新冠肺炎疫情影响，第一季度大部分仓储项目停工，随着国内疫情得到控制，第一季度后期及第二季度新增通用仓储逐渐增多，第三、四季度则逐渐步入正轨，尤其是四季度成为全年通用仓储新增供应高峰期。

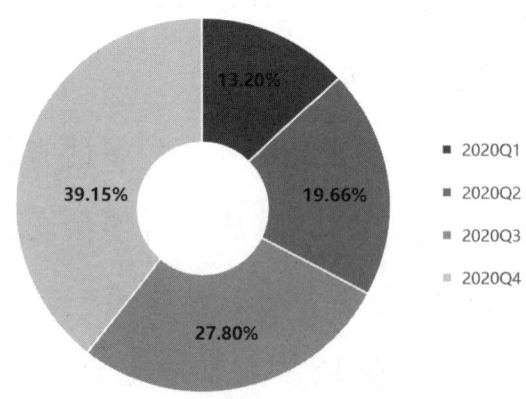

图5　2020年全国通用仓库建成季分布

数据来源：物联云仓平台

三、2020年全国通用仓储市场需求情况

（一）通用仓库需求情况

1. 仓配一体化等服务能力需求所有上升

2020年，据物联云仓平台数据显示，我国通用仓储需求有84.49%为仓库租赁需求，13%为仓配一体需求，2.51%为仓库代管需求。电商、物流企业为提升客户体验，增强企业竞争力，实现降本增效，加大仓配一体化服务投入，简化货物流通过程中的中转环节、缩短配送周期、提高物流效率。

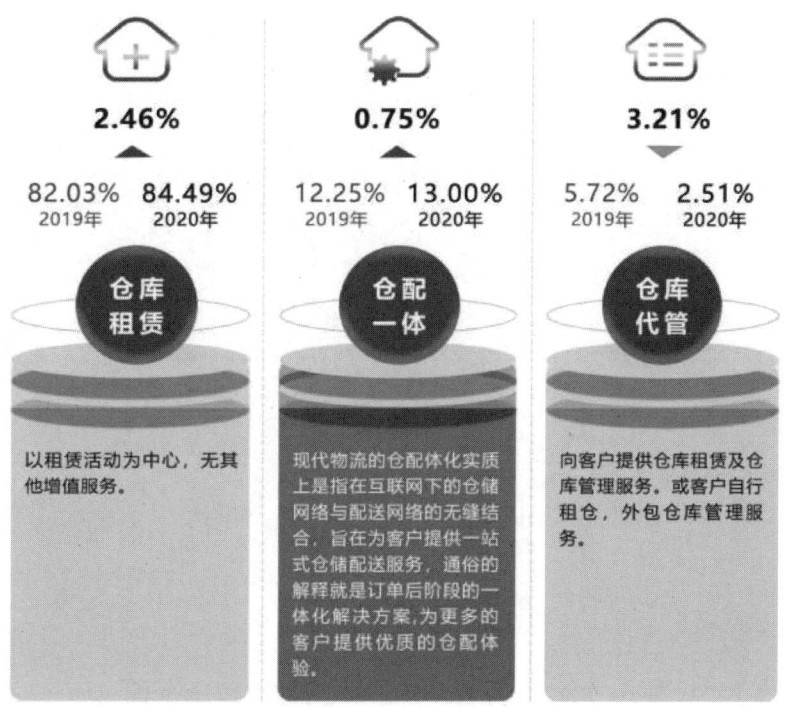

图片来源：物联云仓数据研究院

2. 仓储需求区域化明显，广东省位居首位

据物联云仓平台数据显示，2020年，我国通用仓储租赁需求主要

集中在交通与经济双向发达的东部地区,占需求总量的51.99%。其中,广东省仓储需求位于全国首位,占需求总量的10.66%,一方面,在"粤港澳大湾区"带动下,经济与产业发展快速,仓储需求增加旺盛;另一方面,国内外疫情严重,广东地区进出口贸易受到波及,无法出口,导致货物堆积、用仓需求增多,使之成为全国仓储市场最为活跃地区之一。

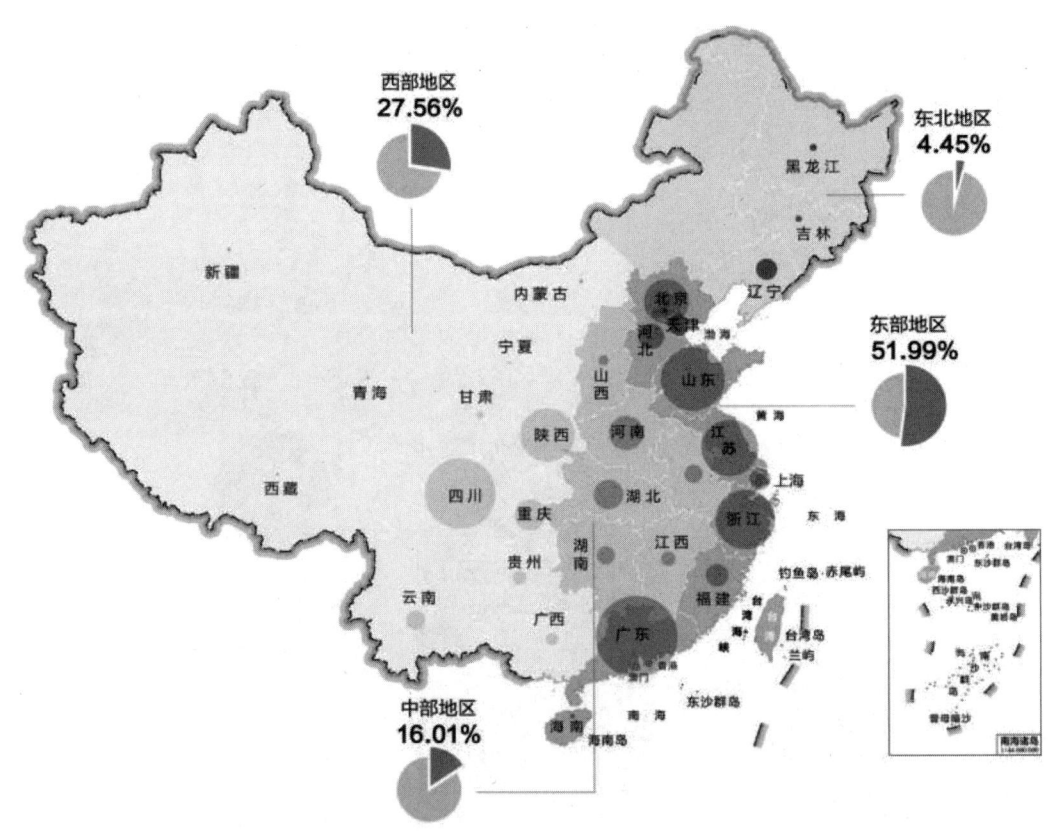

图6 2020年全国通用仓储需求分布图

图片来源:物联云仓数据研究院

3. 仓库需求热度排名变化明显,成都成仓储需求热度较高城市

据物联云仓平台数据显示,2020年,成都一跃成为需求热度排名第一的城市,西安同比上年需求热度排名有所下降。在需求热度排名

中，天津市排名上升较快，上升8名；武汉排名下降较多，下降7名。成都仓储需求主要集中在双流区、龙泉驿区和新都区，其中，双流区、龙泉驿区主要仓储需求来源于生鲜电商类客户，同时随着美团、青桔等企业加大布局共享电动车业务，增加了部分租仓需求。新都区主要仓储需求来源于干线物流、大件货物周转等。

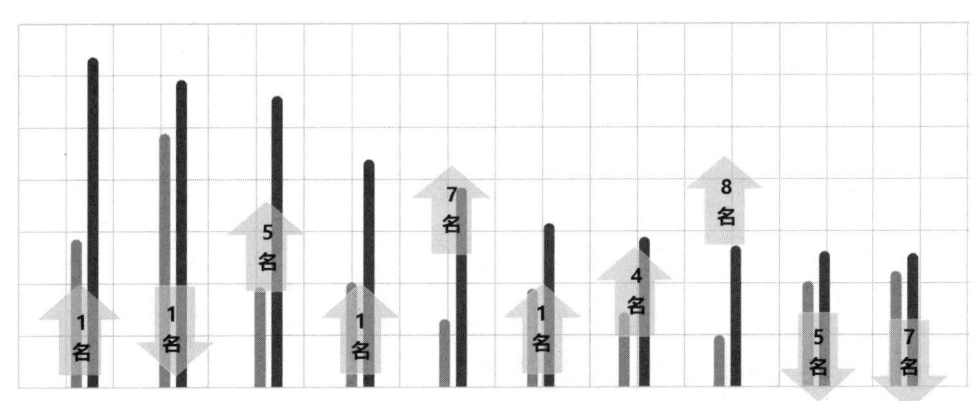

图7　2019-2020年全国通用仓库需求热度城市前十

数据来源：物联云仓平台

4. 仓储需求时间分布波动较大，3月达到需求峰值

据物联云仓平台数据显示，2020年上半年通用仓储需求波动起伏较大，其中，1-2月受新冠肺炎疫情影响，通用仓储需求较低，随着复工复产有序进行，释放出部分积压仓储需求；3月通用仓储需求达到峰值。下半年随着疫情防控逐渐稳定，通用仓储需求也较为稳定。

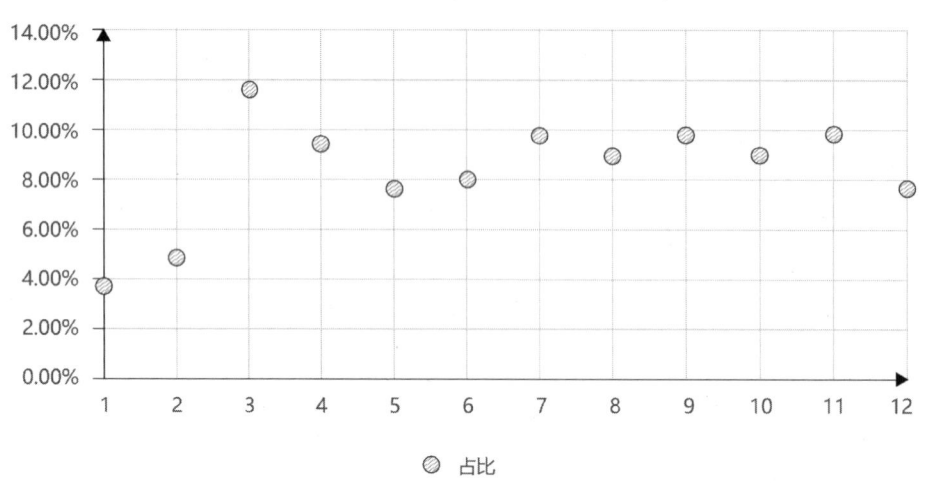

图 8　2020 年全国通用仓库需求月度分布

数据来源：物联云仓平台

（二）重点仓库需求客户情况

2020 年，我国通用仓储主要客户群体主要分为三大类：一是快递物流企业，如顺丰快递、德邦快运、京东物流等；二是社区电商企业，如美团买菜、橙心优选、多多买菜等；三是汽车企业，如长安汽车、一汽物流等。其中快递物流企业租赁需求最大；社区电商需求随着下沉布局，租赁需求表现良好。

按区域划分，东北地区仓库租户主要以电商、汽车、医药行业为主；东部地区仓库租户主要以物流、电商、汽配、供应链为主，其中，电商行业中电器类居多；中部地区仓库租户主要以食品、商贸批发、电商为主；西部地区仓库租户主要以快递、第三方物流、商贸、快运为主。

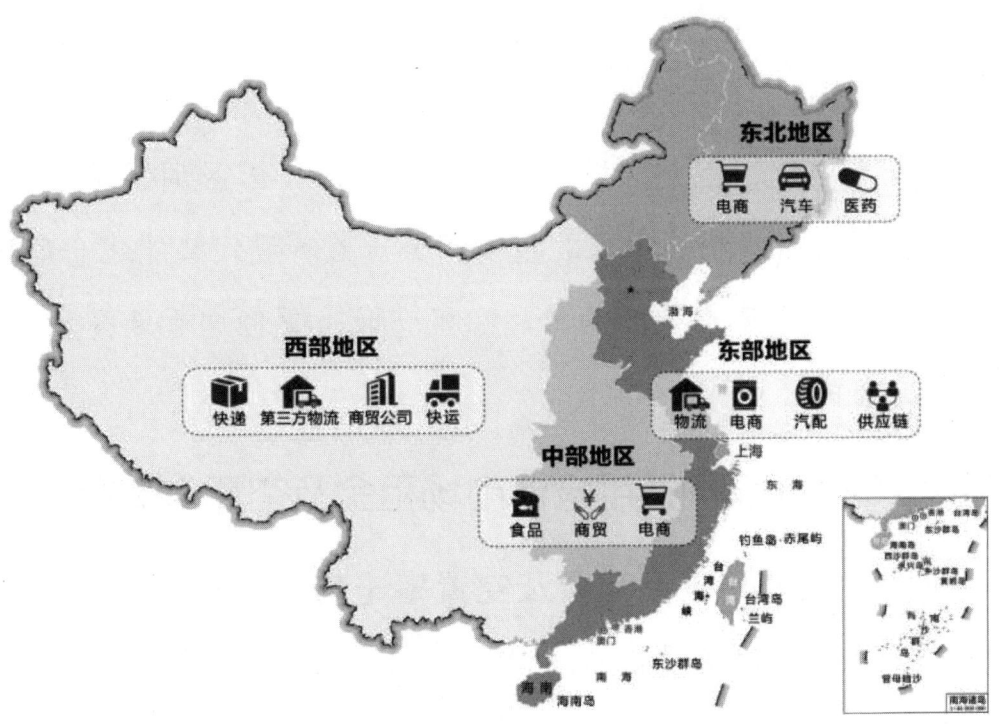

图片来源：物联云仓数据研究院

（三）重点租户需求共性

1. 位置与价格仍为首选标准

据调研分析，2020年客户在选择仓储项目时，持续以地理位置与价格为导向。地理位置方面，主要从交通便利、是否限行、周边配套设施等方面考虑；租金方面，受到世界贸易摩擦的冲击，经济整体下行情形下影响，客户租赁活动表现尤为谨慎。

2. 更注重仓库消防标准

根据应急管理部消防救援局数据显示，2020年我国仓储场所发生火灾4161起，全国各地政府加强对仓库消防检查，对不合规仓库整改拆除。客户在租仓时，对消防安全意识逐步提升，将仓库的消防标准是否符合货物存放要求也划入重要考虑范畴之内。

3. 园区生活配套设施成为重要考虑因素

一般情况下，仓储物流园区周围缺乏生活配套设施，给企业招聘人才带来一定难度，因此，租户在租仓考虑时，园区周围是否具备生活配套设施成为租户租仓考虑的重要因素。随着现代智能化仓库推行，大型企业对于人才需求更加强烈，在租仓时，更倾向于选择周围生活配套设施完善的园区。

四、2020年全国通用仓储市场租金及空置率情况

（一）全国通用仓储租金及空置率走势

据物联云仓平台数据显示，2020年，全国通用仓库租金平均水平为27.66元/平方米·月，平均空置率为13.79%。从租金走势看，受国内新冠肺炎疫情和经济形势等因素影响，租金上涨承压，租金水平呈下降趋势。从空置率走势看，上半年呈上升趋势，下半年国内经济逐渐复苏，仓储需求阶段性增加，空置率出现小范围波动，但整体呈下降趋势。

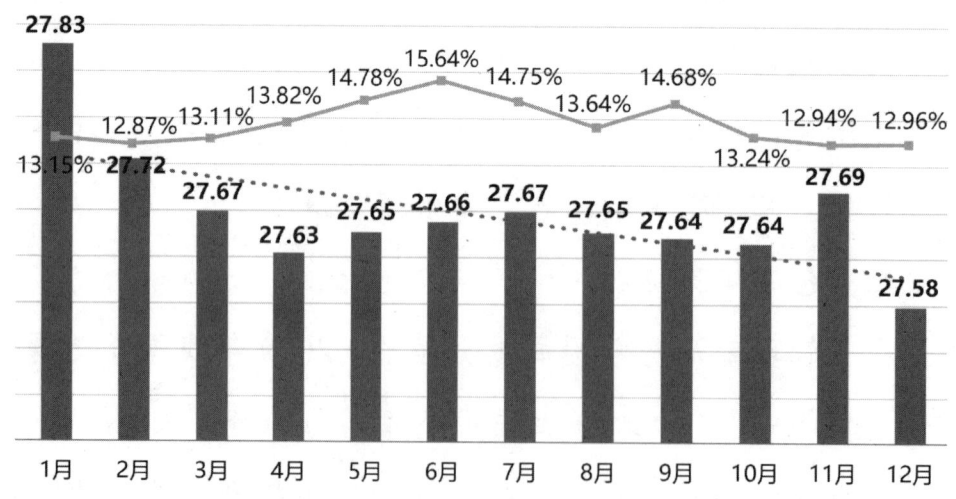

图9　2020年全国通用仓储租金（元/平方米·月）及空置率情况

数据来源：物联云仓平台

（二）东北地区主要物流节点城市仓库租金及空置率

据物联云仓平台数据显示，2020年，东北地区通用仓平均租金为20.08元/平方米·月，其中，高标库平均租金为22.71元/平方米·月，非高标库平均租金为19.25元/平方米·月。东北地区通用仓空置率为15.93%，其中，高标库空置率为16.81%，非高标库空置率为15.49%。

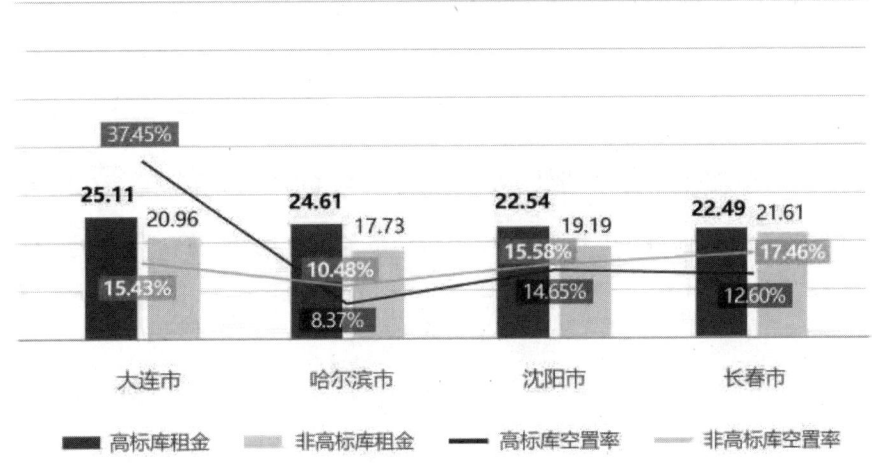

图10 2020年东北地区通用仓储租金（元/平方米·月）及空置率情况
数据来源：物联云仓平台

（三）东部地区主要物流节点城市仓库租金及空置率

据物联云仓平台数据显示，2020年，东部地区通用仓平均租金为29.71元/平方米·月，其中，高标库平均租金为35.46元/平方米·月，非高标库平均租金为27.96元/平方米·月。东部地区通用仓库空置率为11.29%，其中，高标库空置率为10.12%，非高标库空置率为12.05%。

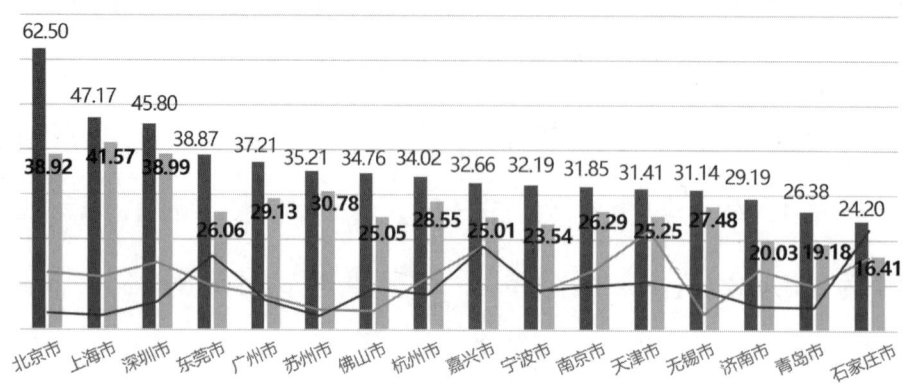

图 11　2020 年东部地区通用仓储租金（元/平方米·月）及空置率情况

数据来源：物联云仓平台

（四）中部地区主要物流节点城市仓库租金及空置率

据物联云仓平台数据显示，2020 年，中部地区通用仓库平均租金为 20.64 元/平方米·月，其中，高标库平均租金为 25.58 元/平方米·月，非高标库平均租金为 19.59 元/平方米·月。中部地区通用仓库空置率为 12.72%，其中，高标库空置率为 14.14%，非高标空置率为 12.21%。

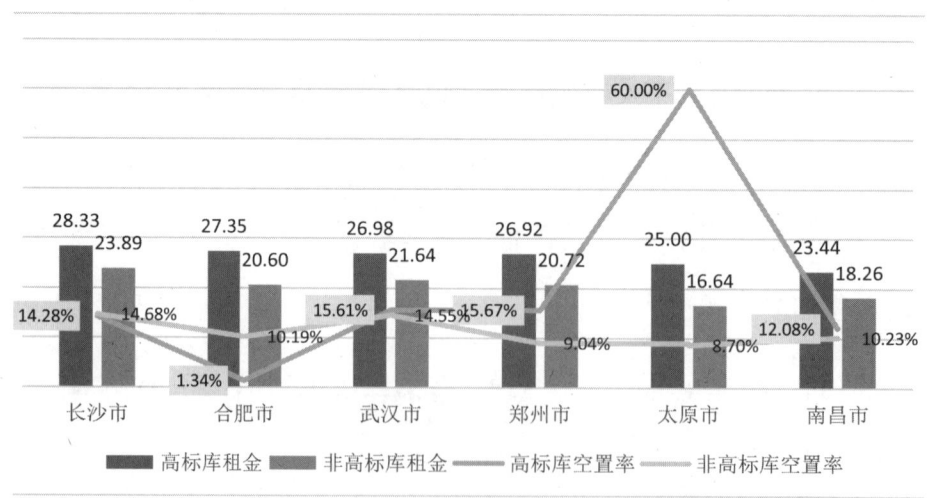

图 12　2020 年中部地区通用仓储租金（元/平方米·月）及空置率情况

数据来源：物联云仓平台

（五）西部地区主要物流节点城市仓库租金及空置率

据物联云仓平台数据显示，2020年，西部地区通用仓库平均租金为20.50元/平方米·月，其中，高标库平均租金为25.15元/平方米·月，非高标库平均租金为19.56元/平方米·月。西部地区通用仓库空置率为16.06%，其中，高标库空置率为24.85%，非高标库空置率为11.76%。

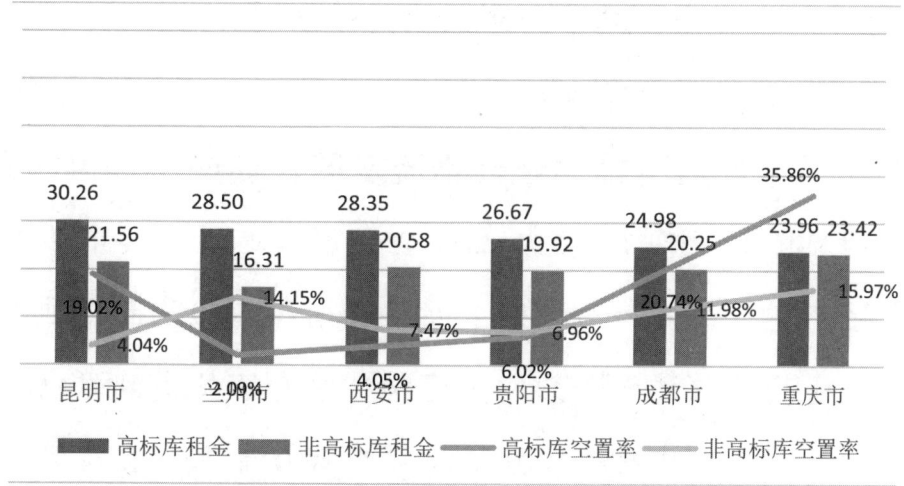

图13　2020年西部地区通用仓储租金（元/平方米·月）及空置率情况

数据来源：物联云仓平台

五、2021年通用仓储市场展望

（一）区域供需仍存在较大差异

东部地区供需长期处于紧张状态，2021年地区仓储需求回升，将持续供不应求态势；中部地区供应市场相对充足，受经济、产业等发展等因素影响，仓储租赁需求有限，2021年仓储需求将持续表现为供大于求；西部地区供需格局略有不同，成都、重庆供需关系表现为供大于求，昆明、贵阳高标库则表现为供不应求；东北地区供需关系表现将持续供大于求。

（二）新增仓储向西部地区倾斜

近年来，东部地区部分一二线城市地方政府对于仓储用地要求趋严，如投资强度、税收回报、就业指数等，导致拿地难度持续增大。2021年部分物流地产企业将战略瞄向仓储供应用地较多、地价较为优惠的西部地区。据物联云仓数据显示，2021年在建仓储项目约99个，面积约1034万平方米，其中，西部地区较多（46.01%），其次为东部地区（34.41%），中部地区（12.51%），东北地区（7.07%）。

（三）"十四五"推动现代物流发展，促进市场供给升级

2020年11月，党的十九届五中全会审议通过的《中共中央关于制定国民经济和社会发展第十四个五年规划和二〇三五年远景目标的建议》（以下简称《建议》）。《建议》中有四处提到"物流"：在加快发展现代服务业中提到"加快发展现代物流"；在统筹推进基础设施建设中提到"加快建设交通强国，完善综合运输大通道、综合交通枢纽和物流网络"；在促进国内国际双循环中提到"构建现代物流体系"；在实施乡村建设行动中提到"完善乡村物流等基础设施"。这一系列建议将要求加快国家物流枢纽布局和建设，促进示范物流园区提档升级，推动物流园区、配送网点智能化改造、数智化升级、网络化运行，推进市场供给持续升级。

物联云仓数据研究院

行业研究探索

如何解读"十四五"规划中对现代物流的相关论述

"十四五"规划是站在国家全局的宏观性、战略性规划，并不是物流的规划，如果仅仅是罗列"十四五"规划中涉及"物流"关键词的相关条文，再就这些零散的文字展开分析，不免感觉条文零碎，难以把握重点及体系脉络。此外，现代物流行业是与国民经济紧密融合的基础性现代服务业，虽然"十四五"规划的很多地方并没有提及物流，但也与物流发展密切相关。

如何全局性地把握与分析"十四五"规划中对现代物流的相关论述？笔者认为需要从"十四五"规划中的物流发展背景、物流发展蓝图、物流发展重点等几个角度展开深入分析。

一、"十四五"规划中物流发展的大背景

"十四五"规划开宗明义指出："十四五"时期是我国全面建成小康社会、实现第一个百年奋斗目标之后，乘势而上开启全面建设社会主义现代化国家新征程、向第二个百年奋斗目标进军的第一个五年。强调我国已转向高质量发展阶段，发展不平衡、不充分问题仍然突出，重点领域关键环节改革任务仍然艰巨，创新能力不适应高质量发展要求，农业基础还不稳固，城乡区域发展和收入分配差距较大，生态环保任重道远，民生保障存在短板，社会治理还有弱项。

"十四五"期间现代物流行业要进入高质量发展阶段，要由降成本、降费用和价格竞争，向补短板、重质量、提质增效方向转变；要由仅满足最基本送达的物流服务功能，向提升物流服务体验的高质量服务模式转变。现代物流从业者必须要深刻认识到这一根本性的转变。

通观"十四五"规划，关于物流行业降成本仅有一处提及，强调的还是降低物流领域的外部收费带来的成本费用，即规范和降低港口航运、公路铁路运输等物流收费。

"十四五"规划其他所有提及物流的地方，重点强调的都是现代物流对流通体系的支撑作用、物流服务于高质量发展、建设现代物流体系、推进城乡物流发展等内容。

"十四五"规划战略导向："十四五"时期推动高质量发展，必须立足新发展阶段、贯彻新发展理念、构建新发展格局。这"三新"战略导向与现代物流行业发展息息相关，物流人也必须引起关注。

三新战略导向必然要求现代物流行业也要立足于新发展阶段，贯彻新发展理念，支撑国家新发展格局。

进入新发展阶段，现代物流行业必须适应新发展阶段的历史要求，转变发展理念，实现物流高质量发展，推动现代物流体系建设，立足国内面向世界建设完善的物流体系，支撑中国现代化建设，让中国由物流大国进入物流强国。这也是物流从大到强的历史发展阶段大变革时代。

贯彻新发展理念，一是大力推动现代物流技术创新，大力发展智慧物流；二是推动物流与制造业、商贸流通业、农业融合，推动产业链供应链协调发展；三是大力发展绿色物流，实现节能降耗、绿色发展；四是大力推动物流走出去，补国际物流短板，坚持开放理念，建设中国的国际现代物流体系，推动物流开放式发展；五是大力发展共享物流，推动共享物流模式创新等。

构建新发展格局，需要突出现代物流行业对经济大循环、国内国外双循环的保障作用，强化现代物流对现代流通体系的支撑作用。

通观"十四五"规划，归纳分析涉及物流与供应链的内容，全面体现了推动现代物流行业高质量发展，推动创新、协调、绿色、开放、共享的新发展理念。

"十四五"规划中，尤其是关于现代物流对现代流通体系的支撑作用，更是"十四五"规划最着力的地方，是"十四五"规划论述现代物流发展的最集中的篇章。

此外，"十四五"规划重点强调坚持创新驱动，坚持把发展经济着力点放在实体经济上，推进制造强国等发展重点，也是"十四五"期间现代物流发展的重要背景。

二、"十四五"规划中物流的发展蓝图

"十四五"规划中物流关键词出现20次，与物流相关的供应链关键词出现10余次，根据这些章节对物流与供应链相关论述的梳理，可以看到"十四五"规划为现代物流行业的发展画了一个发展蓝图，确定了"十四五"期间现代物流发展的基本框架，具体体现在以下4个方面。

（一）突出现代物流的核心功能：流通体系的支撑作用

这是"十四五"规划中关于现代物流发展的亮点、焦点，也是

"十四五"规划中论述物流最集中的篇章。

"十四五"规划指出:"强化流通体系支撑作用,需要建设现代物流体系,加快发展冷链物流,统筹物流枢纽设施、骨干线路、区域分拨中心和末端配送节点建设,完善国家物流枢纽、骨干冷链物流基地设施条件,健全县乡村三级物流配送体系,发展高铁快运等铁路快捷货运产品,加强国际航空货运能力建设,提升国际海运竞争力。优化国际物流通道,加快形成内外联通、安全高效的物流网络。完善现代商贸流通体系,培育一批具有全球竞争力的现代流通企业,支持便利店、农贸市场等商贸流通设施改造升级,发展无接触交易服务,加强商贸流通标准化建设和绿色发展。加快建立储备充足、反应迅速、抗冲击能力强的应急物流体系。"

这一段,物流从业者应该多看,反复看,甚至背下来。

(二)深化国家关于物流"基础设施"的战略定位

在"十四五"规划中,关于物流基础设施战略定位已经不是以前的泛泛的简单描述,而是深入各个章节,结合具体领域,进行全面深化与具体部署。如关于现代物流行业对流通体系的支撑作用,强调的就是现代物流行业是现代流通体系的基础设施,流通基础设施支撑现代物流体系建立。

此外,在关于乡村振兴相关章节,"十四五"规划把现代物流作为乡村振兴的重要基础设施,提出加强农产品仓储保鲜和冷链物流设施建设;在完善大中城市宜居宜业功能章节,提出因地制宜建设先进制造业基地、商贸物流中心和区域专业服务中心,突出的也都是物流基础支撑作用。

在"十四五"规划中关于新基础设施建设论述中,提出大力推进融合型基础设施建设。其中现代物流就是重要的融合型基础设施。之前发布的国家关于"十四五"规划要点,也在基础设施章节强调了现代物流体系建设。

总之,虽然"十四五"规划中关于现代物流基础设施定位没有集中论述,但已经将现代物流基础设施定位这一理念,完全融合于各个章节之中进行深化,并作出了具体部署。

(三)强调回归现代物流服务业本质

"十四五"规划中处处体现了现代物流的服务属性,服务乡村振兴,发展冷链物流;现代服务业与制造业融合,发展供应链产业链,推动实体经济发展;支撑商贸流通,服务经济大循环。

物流行业回归服务属性,就必然突出服务体验,必然需要高质量发展。过去的物流服务,为了降低成本,只重视基本功能,送到即可,有物流没服务,经常出现时间延误、货损增加、包装毁坏、出现差错、态度恶劣等问题。

(四)强化供应链的风险预警与供应链的保障作用

"十四五"规划中涉及产业链与供应链的相关内容,强调了尽量确保实体经济供应链产业链留在国内、国际供应链融合与合作、供应链保障作用、供应链的风险预警等。

三、从"十四五"规划看现代物流发展重点

通观"十四五"规划,现代物流发展的重点体现在如下6个方面。

一是商贸物流:"十四五"规划提到物流的地方,大部分都与商

贸流通直接相关，是"十四五"规划文本中物流关键词最集中的领域。这预示着商贸物流，尤其是涉及衣食住行的民生物流将是"十四五"期间现代物流的发展重点。

二是城乡物流：在"十四五"规划中，涉及城乡物流发展的物流关键词很多，这与全面建成小康社会后，在面向现代化社会主义建设新阶段时，乡村振兴已成为最重要的工作息息相关。如何推动乡村振兴，需要现代物流的基础支撑，需要加快建设乡村物流基础设施，大力发展冷链物流等措施。此外，城乡对接实现一体化发展，城市物流体系也需要转型升级。对于超大特大城市中心城区，强调要"有序疏解中心城区一般性制造业、区域性物流基地、专业市场等功能和设施"；对于大中城市，强调要"立足特色资源和产业基础，确立制造业差异化定位，推动制造业规模化集群化发展，因地制宜建设先进制造业基地、商贸物流中心和区域专业服务中心"。总之，就是要求各地结合城市发展特点和具体问题，实事求是地规划物流发展内容。目前，城乡物流网络衔接等是现代物流的发展重点，也是物流发展的短板，其中，社区团购等生鲜食品物流也属于乡村物流相关的热点。

三是制造业物流："十四五"规划强调制造业与现代服务业融合，其重点是制造业与现代物流的融合，这是发展制造业产业链供应链的基础。"十四五"期间推进制造业与物流业融合，推动制造业与消费者之间的供应链短链直连，推动制造业服务化、推动制造业的供应链创新，这也将是现代物流业发展重点。

四是智慧物流：智慧物流是现代物流业技术创新的重点，"十四五"

规划在建设数字中国，加快推动数字产业化相关章节中，两次提及智慧物流，体现了"十四五"规划对智慧物流的重视。智慧物流是大数据、云计算、物联网、移动互联网、区块链、人工智能、硬件自动化等最广阔的应用场景，也是数字产业最重要领域。这些先进技术在物流行业的应用，同时也会促进技术的创新与发展。

五是绿色物流：新发展理念的一个重要方面就是绿色发展，"十四五"规划关于绿色发展可以说是浓墨重彩，绿色关键词在"十四五"规划全文中出现了50次，很多关于绿色发展的论述中也均与绿色物流相关。

"十四五"规划中直接提出的绿色物流措施有加快大宗货物和中长途货物运输"公转铁""公转水"，推动城市公交和物流配送车辆电动化、绿色产品与技术认证、绿色基础设施等。

六是军事物流与应急物流："十四五"规划中对军事物流与应急物流的发展给予了重点关注，提出了加快建立储备充足、反应迅速、抗冲击能力强的应急物流体系和加快建设现代军事物流体系，促进国防实力和经济实力同步提升等具体措施。

"十四五"规划毕竟不是现代物流规划，其搭建的仅仅是现代物流发展的基本框架，并结合国民经济发展提出了现代物流发展方向，为现代物流发展确立了战略定位，强化了核心功能，并提出了发展要求。这些内容仅仅是"十四五"期间物流发展纲要，要全面布局"十四五"物流发展，我们希望看到更详细的"十四五"物流专项规划的发布。

中国仓储与配送协会副会长　　王继祥

智慧物流的新基建：一单、一码、一单元

一、智慧物流发展路径：单元化、数字化、网络化、智慧化

新时代物流需要架构在智慧型基础设施之上。智慧物流的发展路径首先是单元化，其次是数字化，然后是网络化，最后才能实现智慧化。

（一）单元化是现代物流的基础和起点

物流的作业对象是货物单元，不管是大单元、中单元、小单元，还是标准单元、非标准单元，物流作业都是对物流单元的操作，单元化是现代物流的基础与起点。如果对货物单元进行标准化规范，是单元化物流的起点。

单元化物流是指物流系统中从发货地将物品单元整合为规格化、标准化的货物基本单元，并通过基本单元的组合与拆分来完成在供应链各个环节的物流作业，保持货物基本单元的状态一直送达最终受货点的物流形态。其本质是强调单元化技术在物流全系统的集成应用，贯穿物流链的全过程，会带来物流系统中物品的单品设计、制造与包装、储存与搬运、车辆与运输，分拣与配送等一系列变革。

单元化物流理念延伸到技术装备领域，针对物流作业系统，最小的独立作业物流设备，也可以按单元化物流理念进行模块化归类，形成智能硬件单元，再通过系统化组合形成物流系统，最后通过网络

化平台实现指挥调度与管理。

物流单元的标准化，物流设施设备与作业流程的模块化，是发展单元化物流的关键。

（二）数字化是智慧物流的基础与起点，是单元化物流的虚拟化与信息化

智慧物流的发展方向首先就是虚实融合，打通物流网络全链路数据信息联通，实现一切流程数字化，一切数字流程化，建立物流系统的虚拟数字世界孪生系统。

数字化首先要建立在单元化物流基础之上，先把物流单元进行数字化，才能有全链路物流的数字化。而要实现物流单元数字化，必须给物流单元通过赋码，设立一个物流单元的"数字身份证"。

（三）网络化是智慧物流的关键与核心，是物流数字化的延伸与发展

物流互联网需要借助"互联网+物联网"，实现物流系统的数字化，打通物流链，建立虚实结合的物流网，而虚实一体的物流网络化可以激发物流系统智能化。

人工智能有三大发展路径：行为主义、链接主义和逻辑主义。在20世纪70年代末，整个神经元网络模型有突飞猛进的成绩。近年来，随着互联网、物联网、大数据、云计算发展和计算机硬件技术进步，连接在不断地进化，卷积神经网络模型与参数训练技巧也在不断进步，机器深度学习取得突破，人工智能进入第三次浪潮，核心还是基于神经网络的连接主义，可以说是连接的网络产生了智慧，这也是物流网

络化推动智慧物流的理论基础。

网络化的关键是物流系统的状态感知、互联互通、数据共享、实现物流系统网络化的物理空间与信息空间中人、机、物、环境、信息等要素相互映射、适时交互、高效协同,实现网络内资源配置和运行的按需响应、快速迭代、动态优化。

物流互联网与信息互联网以中央处理为核心的大一统的全面互联互通模式不同,物流互联网连接物流实体网络,每个实体网络都由不同的市场主体所主导,都由明确的利益边界所区分,形成的是一个并行的网络集群。如一个包裹在物流全链路配送中,就可能需要分别接入生产网络、电商网络、快递网络、干线运输企业网络、快递智能终端网络等。

物流单元需要随时通过智能感知接入一个或多个并行的网络群的应用系统。网络群的每一个独立网络都具有相对的独立性、私密性和专业性。物流的"物"在并行的网络群中既需要畅通无阻、互联互通,又不影响各个独立网络的专业性与私密性。

要达到上述目的,实现"物流单元"在并行的物流网络群的大系统中互联互通并确保各自独立网络私密性,需要给"物流单元"发一个"数字通行证",让物流单元在并行网络的群中畅通无阻,既可以按照数字通行证提取自己在物流并行网络群中的一切流程数据信息,又保持了网络群中各个网络主体的独立性。

二、智慧物流的新基建:一单、一码、一单元

什么是支撑智慧物流大厦的基础?什么是智慧物流新基建的抓手?什么是推动智慧物流发展中的市场核心要素?我认为大力推动

"一单、一码、一单元"就是最好的回答!

(一) 一单

一单指的是标准化的电子货单,是在物流互联网时代,可以实现物流单元信息在并行的各个物流网络集群中畅通无阻的"数字通行证"。

由于需要实现物流在各个网络集群中互联互通,就需要统一连接并行网络群的标准数字通行证。因此,需要通过大力推进电子货单标准化,在此基础上推动电子货单贯穿多式联运、仓储分拨、分拣配送全物流链路,同时并行连接生产制造商、流通批发商、品牌商、最终用户网络,全面实现物流全链路"一单到底"。如果仅依靠市场自由竞争,每个产业互联网主体都有自己的利益诉求与数据边界,都不会愿意把自有数据与竞争对手完全共享,这必然带来信息孤岛、链路不通、网络阻塞等问题,因此必须通过政府积极推动建立"电子货单"国家标准,制定出"物流数字通行证"标准规范与体系,打通具有独立市场主体的各个产业互联网,把并行的产业互联网集群连接起来。

电子货单标准在电子商务物流领域已经先行一步,通过制定电子商务物流的"数字通行证",即电子面单标准化,从电商平台开始按标准规则形成电子面单,并在快递物流全链路实现一单到底,直到送达终端客户。这个措施直接推动了快递物流的智慧化发展,甚至推动了快递物流企业组织模式变革。

借鉴电子商务物流这一成功经验,把电子面单标准化推广到所有物流领域。推动中国物流电子货单标准研发制定,是实现物流智慧化发展的重要基础支撑。

（二）一码

一码指的是对每一个物流独立运作单元的信息赋码，即为物流实体单元编发"数字身份证"。通过这个数字身份证实现物理世界与虚拟世界的连接，实现物流与信息流连接，实现数字化物流与实体物流的信息融合。一码是物流信息感知系统的接口。

目前中国编码标准体系还不统一，在重要产品领域为了追踪、追溯，各行业还分别制定了自己的编码标准，就像一个国家分别颁发了不同类别的"身份证"一样，带来的只能是身份混乱。

根据中国国家编码标准，建议"一码"选择GS1编码，通过大力推进GS1编码标准的应用和实施，逐步统一中国物流的编码标准。

编码标准也不能依靠市场竞争来决定，那样的结果只能带来标准混乱。政府的作用是制定市场规则，应该积极制定统一的编码标准规则，因为这也是物流领域数字化最基础的标准。

（三）一单元

一单元指的是物流单元，所有物流作业都是按物流单元操作，物流单元有大单元、中单元、小单元；每个单元配一个编码和一个电子货单，可以实现物流与信息流融合，物流感知网络信息入口互联互通，物流全链路并行网络群的信息互联互通，推动物流实现一切流程数字化，一切数字流程化，最后实现数字化物流，形成数字化、网络化物流，为智慧物流奠定基础。

推动物流单元化作业效率，需要的是物流单元的标准化与模块化。从物流货物单元角度，需要从物流包装开始，实现按标准化模数设计物流包装，进一步推动物流载具托盘、物流箱、集装箱、货架货位单元、车厢等物流单元的标准化,以及集装与组合形成的大单元的标准化;从物流作业流程与技术装备方面,需要根据模块化思想对物流作业系统进行单元化划分,形成智能硬件单元、微型作业系统单元、大型物流作业系统单元,实现一切硬件虚拟化,管理过程可编程,从而推动物流柔性化、智能化到智慧化的晋级。以托盘标准化为抓手是推动物流单元化的起点和关键。

通过实体物流系统的单元化,规范"物"的标准,把物流单元作为物流系统的数据单元、计量单元、作业单元等。在此基础上按物流单元赋码颁发"数字身份证",打通实体物流与数字物流的感知入口,实现一切流程数字化,完善"流"的标准。进一步给每一个单元颁发"数字通行证",实现电子货单标准化,打通物流网络接口,实现物流在并行的各个网络群中畅通无阻与数字联通,实现一切流程数字化、一切数字网络化,推动物流"链路"标准化,就打下了智慧物流的基础,形成了发展智慧物流的新基础设施。企业在此基础上就可以结合企业实际,全面推进智慧物流发展了。

综上所述,笔者认为推动智慧物流新基建:一单、一码、一单元的标准化建设刻不容缓,建议"十四五"期间国家应该把"一单、一码、一单元"作为智慧物流新基建,积极有为,全面推进!

中国仓储与配送协会副会长　王继祥

物流技术概览及发展趋势

我国物流技术的发展，走过了三个主要阶段：20世纪70年代，以自动化立体库和自动分拣系统作为标志，其主要应用在化工、汽车制造等有限的领域，物流的概念还未得到推广，物流在经济活动中的作用还未引起重视；从90年代中后期，随着引进技术在烟草等领域的应用，物流技术有了质的飞跃，尤其是计算机技术、网络技术和数据库技术的发展和应用，以及PLC技术在控制领域的应用，物流技术呈现出系统化、信息化的态势，各种技术得以逐渐完善；从2005年开始，物流技术发展进入了一个新时代，这个时代的标志是多领域的全面应用，尤其是电子商务的兴起，市场对于物流技术的需求呈现井喷的态势，每年的发展速度达到30%以上。到2020年，全国快递包裹达到833亿个，这是前所未有的突破。在技术方面，移动互联网技术、大数据技术、云计算技术的全面应用，使物流技术摆脱了传统意义上的简单、重复和劳动密集型产业面貌，转而快速进入IT与高科技产业行列，拆零技术获得了前所未有的发展。以kiva为代表的"货到人"拣选技术，催生出一大批新型企业，物流行业已经成为国民经济的支柱产业。

CeMAT ASIA上海展览历来被看作评估物流技术发展的风向标。2020年11月3日到6日，有来自国内外600多家企业参加展览，展出了各自的最新技术以及对未来物流的理解和预测。本次展会是新冠肺炎疫情暴发以来全球首次举办的大型国际性物流技术展，虽然受疫情影响，许多外国企业未能如愿参展，但展览规模并未因此而缩减，反而有所扩大，并将机器人独立设馆展览。参观人数因为疫情影响而有所减少，但总体上还是非常热闹、超出预期。纵观本次展览，智慧物流技术已成为主流概念。从硬件到软件，几乎所有企业都在围绕"智能"与"智慧"做文章，这是本次展览的一大特色。

一、智能化从概念走向实用

什么是智能化物流技术？本次展览最大的亮点就在于"智能化"技术已经出现实用化的趋势。无论是"货到人"自动拣选，还是"智慧云"的应用，都在朝着实用化的方向发展。

物流智能化的"智能"，主要体现在自动识别、自主学习、自主决策、自动执行等方面，而这些方面均有实用的技术得到突破。如3D图像识别应用于自动拣选、自动码垛、自动拆垛、自动装车、自动卸车等方面，已经达到"准实用"化水平；又如SLAM自然导航技术的应用，使AGV突破了传统导航的桎梏，将自动驾驶技术全面应用到物流系统之中，由于仓库现场的规范性，使自动驾驶的难度大大降低，从而为实用性开辟了一条道路。

3D图像识别技术在几年前已经有所应用，但无论是速度、准确性还是适应性都很难符合使用要求。在本次展览中，多家企业同时展示3D图像识别技术在物流系统中的应用，在大幅度提升速度的同时，准确性也大大提升。这一进步，一方面是系统图像处理速度的提升，另一方面更是软件处理技术和AI技术的全面应用。可以预测，随着3D

图像识别技术的全面应用，必将对智能物流技术的应用向前推进一大步。

二、人工智能逐渐显示其巨大威力

人工智能发展已经有半个多世纪，现在看来，存在于人工智能认知方面的问题，已经得到了更加全面的解决。一方面，是得益于计算机技术的快速发展，尤其是计算速度、图像处理速度、存储速度、通信速度的快速提升，使得人工智能的水平得到快速提升。另一方面，则是在人工智能的研究和探索中，人们逐渐认识到经典人工智能理论的价值和局限性，符号主义、连接主义、行为主义都有其合理性和应用价值，但都具有很大的局限性。人工智能的真谛在于不断升级算法，这从根本上依赖于计算机的速度，可以预见的是，量子计算将会是一次重大突破，但现在还处于研究探索阶段。

人工智能应用于物流，是所有物流工作者的梦想，也是物流技术发展的必然趋势。随着人工智能技术的不断演变和进化，其对物流技术将产生全局性和革命性的影响，比如物流效率，将提升1倍甚至数倍。目前的应用虽然只是在局部，但已经取得了巨大进步。如多机器人的路径优化算法就是典型的人工智能应用，又如模糊图像的处理（如箱子边界识别）、模糊文字识别（订单识别）和语音识别等，均可以看到人工智能的影子。本次展会可以看到人工智能定义的堆垛机，将3D图像识别应用于三维托盘尺寸识别、巷道障碍物识别、设备故障识别等，均是具有实用性的创新成果，使堆垛机的安全性有了重新的定义。

三、软件和算法越来越重要

软件和算法在物流技术中将会得到空前的重视，也将发挥更大的作用。在智能物流时代，软件和算法将越来越重要，也是最有价值的部分，而硬件的重要性往往需要通过软件和算法才能体现出来。

已经无须对软件的巨大作用再做任何渲染，一个物流系统可以简单地描述成由硬件和软件构成，硬件包括建筑物和物流设备，软件则包括各种计算机系统。在一个智能物流系统中（其实在一般的物流系统中也是如此），软件的作用一方面是不可或缺的，事实上，软件系统是现代物流的基石；另一方面，软件的投入产出比远远大于硬件。物流技术的发展，未来主要在于软件技术的发展，关于这一点，将彻底颠覆人们对物流的传统观念。

软件已经在许多方面大幅度提升了物流系统的效率，不同的系统所取得的效果不同，有的甚至大相径庭，这是区别软件价值的地方。如在供应链中，软件系统可以对物流量做出精确预测，从而减少不必要的生产和移动；在仓储环节，软件系统可以提供透明化的库存管理，从而防止货物短缺或积压，充分利用库存能力、优化库内路线、优化订单结构，从而提升存储和作业效率，并有效减少装备的投入；在拣选环节，通过优化库存策略、优化作业流程，可以大幅度减少自动化设备的投入；在运输环节，软件系统可以优化路线，尽可能地使运输路线更加合理，减少车辆的空载率，从而减少车辆投入和运费。目前火热的云计算、云存储技术、大数据技术以及人工智能技术，无一不是通过软件来展示的。

智能物流的基础是软件系统，无论是规划、管理，还是自动识别、自动控制与自主决策，都离不开软件的支持。

四、虚拟现实走向实用化

提出"数字孪生"的概念是最近十年的事情，其实在提出这一概念之前，有关虚拟现实的研究与应用已经开展了很长时间，但当时局限于计算机技术，尤其是图像处理技术，其应用十分有限。

对物流系统而言，无论是在设计阶段还是在运行阶段，数字孪生技术都可以发挥巨大的作用，越是复杂的系统，其作用越得以凸显。在设计阶段，通过虚拟实现技术可以对未来的系统能力和运营过程进行仿真，以便提升系统设计的质量，避免犯重大错误；在运行阶段，数字孪生技术更是可以在远程观察到系统的运营情况，可以事先预警并提前排除潜在的故障，这是非常重要的应用。

可以期望的是，未来的研究将会在"人工智能＋数字孪生"方面取得重要成果。德国的研究表明，利用数字孪生和人工智能技术，可以通过远程实时监控数以千计的自动化物流系统的运行，这为提升售后服务能力和为用户创造价值提供了新的方法。

五、拆零技术的重大突破

拆零作业在现代物流系统中占据非常重要的地位，尤其在B2C业务中，其比重更是传统业务的数倍。如果要做一个量化评估，在B2B业务中，如医药物流，虽然拆零作业占所有拣选业务总量（仅仅指数量）的10%～20%，但其占据的作业空间会达到50%以上，作业量（指工作量或占用的人力资源）将达到80%以上。而在B2C业务中，拆零量的占比通常都在95%以上。拆零作业对系统设计的影响更是如此，拆零引发的系统问题、软件问题，基本决定了整个系统的复杂程度和系统的投资水平和运营成本。解决拆零问题，成为物流仓储系统中需要首先解决的问题。

拆零技术经历了人工纸单拣选、RF拣选、电子标签拣选、自动拣选等阶段。近几年，"货到人"拣选大行其道，大幅度提升了拆零拣选的效率和准确性。下一阶段，"货到机器人"自动拣选将成为未来破解拆零拣选难题的最新技术。

"货到机器人"拣选要解决的主要问题，包括快速存取技术和机器人自动拣选技术，这两方面的问题正逐步得到解决。在快速存取技术方面，传统的KIVA机器人已经从平面进化到立体，并在存取效率方面取得重大突破，而四向穿梭车和多层穿梭车技术已逐渐成熟，将成为未来主流的存取技术；在自动拣选技术方面，基于3D图像识别的自动识别技术已经可以适用于大部分场合，其精度和效率完全可以适用于实际应用要求，机器人主要解决的是抓取准确性和稳定性的问题，通过不同物体采用不同的夹具来作业。"货到机器人"自动拣选系统，已完全可以应用于医药、电商等大多数场景。

未来的拆零作业，采用全自动化是必然趋势。相对于"人到货"拣选，"货到人"技术效率会更高，尤其对于机器人自动拣选来说，其实现的难度也会更低。其他如A字架等自动拣选技术，由于其效率非常高，也会有一定的适用场景。

六、物流技术发展的未来之路

（一）硬件方面

从市场需求看，应关注以下5个方面。

1. 高密度的存储技术：如超高的堆垛机、四向穿梭车、穿梭板、子母车的应用，尤其是在冷链物流方面，密集存储技术的需求将尤为突出。

2. 自动叉车技术：基于自然导航技术的自动叉车、AGV等将会得到快速发展。自动叉车概念的提出，本身是无人化概念的自然延伸，作为物流仓储系统中应用最广泛的设备，叉车的无人化和自动化是最容易引起革命性变革的物流技术。

3. 自动拣选技术：经过几十年的努力，自动拣选所面临的问题正逐步得到解决，现在的问题主要是机械手夹具的实用性和可靠性，存储问题、速度问题、识别问题、成本问题都已经基本解决。

4. 快速分拣技术：这是物流系统中的常规技术和成熟技术，其应用市场仍然巨大。

5. 所有其他的自动化技术：包括自动存储、自动输送、自动包装、自动装/卸车、自动贴标、自动识别等，都将是未来发展的方向。

（二）软件方面

软件方面要关注的重点是人工智能的应用，以及与之相关的算法、路径优化、库存管理、远程维护、设备调度、任务管理、过程控制等。此外，数字化将是一个长期过程，数字孪生技术将大放异彩。

（三）基础设施

主要是物流基础设施的标准化，这一点还未引起足够重视，包括制定有关的国家标准，尤其是强制性标准的修订。

1. 关于物流场地的标准化问题，由于对物流的认知不同，很多问题没有形成一致的意见。

2. 关于自动化和智能化条件下的物流消防规范的修订，已经迫在眉睫。

3. 物流单元化问题，尤其是单元化的标准问题，与此相关的如车辆标准化问题、设备标准化问题、单元器具的标准化问题等。

过去20年，物流技术有一条清晰的发展道路，即从机械化逐步到自动化、信息化，再到智能化；从平面逐步到立体化；从批量作业逐步到拆零作业，这是社会进步的要求，更是技术进步在物流系统中的反映。智慧物流从概念提出到部分实施，只经历了短短10年时间，当然，我们距离全面的智慧物流还有很长的路要走，人工智能的奇点还远没有到来，但我们已经跨出了决定性的一步，并且已经感受到了智慧物流的巨大作用和强大的生命力。

这是一个快速迭代的时代，人工智能从概念提出到今天，已经走过了60多年，从弱人工智能时代到强人工智能时代，也许道路会很漫长，但也许就在一夜之间。随着计算机技术的快速发展，智慧物流必将暴发出无与伦比的潜能，彻底改变我们对物流的认知。

"不识庐山真面目，只缘身在此山中。"智慧物流技术并非高高在上，不食人间烟火，其实它就在我们身边，只是我们暂时还不认识罢了。科学家已经意识到，人工智能并非一味地模仿人的智能，更不是人的智能的反映，而是一种计算机技术的应用。从这一点看，我们今天熟知的汽车自动导航技术、3D图像自动识别技术、语音自动翻译和自动识别技术、模糊图像处理技术和边界识别、RFID技术，以及我们天天使用的智能手机导航技术，都是人工智能的具体表现。而这些技术在物流系统中的应用，即构成了当前智能物流的技术基础。

科学发展没有止境，物流技术的发展也没有止境。人类在长期与自然斗争的发展过程中，学会了与自然的和谐相处，并学会要遵循自然规律。物流技术的发展，也要遵循自然规律，不断完善、不断创新，其目的就是如何降低成本和提升效率，把以前属于梦想的东西变成现实，把不可能变成可能，这应该就是物流技术发展的方向。在今天，越来越多的技术，如AGV技术、机器人技术、无人机技术、大数据技术、区块链技术等已经耳熟能详，这是以前我们想都不敢想的东西。展望未来，智能物流是一个大的趋势，但智能物流的具体表现形式是什么，估计还无从准确预测。但有一点是肯定的，那就是技术的多样性的融合，以及不断的并且是越来越快的迭代过程。

北京伍强科技有限公司董事长　尹军琪

中国物流机器人行业研究报告

一、物流机器人发展概述

据《机器人与机器人装备 词汇》（GB/T 12643-2013/ISO 8373:2012）对机器人的定义，是指具有两个或两个以上可编程的轴，以及一定程度的自主能力，可在其环境内运动以执行预期任务的执行机构。物流机器人，顾名思义，是应用在物流领域的机器人，目前行业内还没有明确的定义。有些厂家将自主移动机器人AMR（Autonomous Mobile Robot）或自动导引车AGV（Automated Guided Vehicle）定义为物流机器人，这是以偏概全的说法，不能全面表现出物流机器人的范围、功能和价值。行业内急需一个完整、准确的物流机器人的定义。

笔者结合行业内物流机器人的普遍应用现状，提出物流机器人MHR（Material Handling Robot）的概念，对物流机器人进行探索性的定义，即物流机器人是指具有两个或两个以上可编程的轴，以及一定程度的自主能力，主要应用于仓库、分拣中心以及运输等场景，完成装卸、搬运、存储、分拣和运输等相关工作的执行机构。

在过去的几十年中，物流作业经历了从人工到机械化，再从机械化到自动化，最后到如今的智能化的多级跳跃。伴随着技术升级及应用实践，第一代机器人在仓储物流中应用的形式主要是传送带等机械设备，推动了仓储物流由人工劳动向自动化作业模式的转变。经过一定的技术升级后，以自动导引车为代表的第二代智能机器人在仓储物流中发挥了重要作用，自动导引车通过电磁或者光学自动导引装置，可以按照规定的路径行驶完成搬运作业，效率大大提升，但货物分拣等工作还需要人工操作完成。在电子商务、新零售等新兴商业模式创新发展需求的拉动下，在智能制造、智慧物流等发展理念引领下，在人工智能、物联网、大数据等新技术驱动下，以智能化为核心的第三代机器人走进了物流行业，逐渐在自动化仓库整体解决方案中扮演着越来越重要的角色，使整个行业焕发出新的活力。

2020 年，我国智能物流的市场规模突破 5000 亿元，物流机器人作为推动智慧物流发展必不可少的重要技术装备，正借助智慧物流发展的东风，乘势而上。近五年来，物流机器人年均增速超 20%，物流机器人企业吸引的主要投融资事件占机器人领域的 22%，显示了物流机器人研发与应用的巨大活力。

二、物流机器人分类及技术特点

根据应用场景和功能的不同，初步将物流机器人分为仓储机器人 SRR、穿梭机器人 MSR、移动机器人 AMR、拣选机器人 OPR、拆码垛机器人 PDR、包装机器人 PR、装卸车机器人 LUR 等。根据未来物流场景和功能的拓展，预计会产生更多新类型的物流机器人。

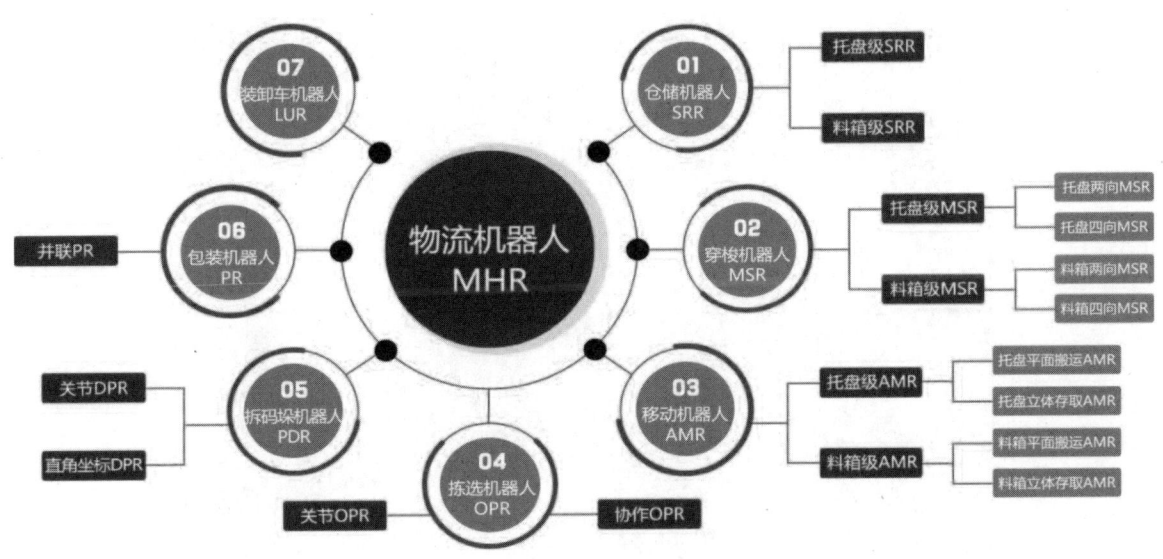

图1 物流机器人分类

（一）仓储机器人 SRR（Storage & Retrieval Robot）

仓储机器人是自动化立体库的核心设备，主要以托盘或料箱为存取单元实现高密度存储下的自动化出入库作业，其负载重量不等，工作形式有单深位／双深位、单工位／双工位之分，适用于SKU数量较大场景下的货物存取。

仓储机器人主要由机架、水平行走机构、提升机构、载货台、货叉、电气控制系统及保护装置等基本部分构成。由行走电机通过驱动轴带动车轮在下导轨上做水平行走，由提升电机通过链条、钢丝绳、皮带带动载货台做垂直升降运动，由载货台上的货叉做伸缩运动。行走认址器用于控制堆垛机水平行走位置，提升认址器用于控制载货台升降位置。通过认址器和光电识别，以及通讯信号的转化，实现计算机控制，亦可通过控制盘实现自动、半自动和手动控制。

图 2　兰剑智能托盘堆垛机

图 3　凯乐士箱式堆垛机

（二）拣选机器人 OPR（Order Picking Robot）

拣选机器人具备传感器、物镜和电子光学系统，可以实现对货物拣取、运输、置放等操作，实现拣选效率 2～3 倍的提升。上位计算机通过无线网络下达指令，机器人移动到拣货区使用视觉识别并定位货物，拣取后放置在自身缓存盒，行走到放货区域，通过视觉定位，将货物置放在指定位置。拣选机器人具有自动适应来料的误差与变化、多种导引形式适应不同环境、信息全程监控确保数据安全可靠等性能优势。

图 4 极智嘉复合型机器人

图 5 今天国际拣选机器人

（三）移动机器人 AMR（Autonomous Mobile Robot）

移动机器人主要应用在工业及物流领域中，配有导航装置，由车载控制系统控制，以轮式为特征，自带动力或动力转换装置的机器人。移动机器人主要由车体、驱动装置、执行机构、安全防护装置、控制系统、电源装置、导航装置、通信装置、人机交互系统及其他系统组成，具备丰富的环境感知能力、基于现场的动态路径规划能力、灵活避障能力、全局定位能力等。

图6　兰剑智能全向前移AGV

图7　极智嘉平衡重型智能叉车

（四）穿梭机器人MSR（Multi-Shuttle Robot）

穿梭机器人主要基于自动化仓储系统，通过自动搬运至指定端口，实现货物快速上架等操作。可以编程，并可与上位机或WMS系统进行通信，结合RFID、条码等识别技术，实现自动化识别、存取等功能。穿梭机器人具有技术程度高、速度快、定位精度高等优点，可以最大限度地提高存储空间利用率，降低综合成本投入。

图8　凯乐士四向穿梭车

图9　兰剑智能第四代物联网穿梭车

（五）拆码垛机器人PDR（Palletizing & Depalletizing Robot）

拆码垛机器人一般位于流水线末端，辅以托盘，将流水线上下来的包装物整齐码放，然后由叉车将货物运往其他环节。拆码垛机器人的结构简单、故障率低、易于保养及维修，且拆码垛能力比人工拆码垛都要高得多，1台拆码垛机器人至少可以替代4位工人的工作量。

图10　德马泰克拆码垛机器人

图 11　新松拆码垛机器人

（六）包装机器人 PR（Packaging Robot）

包装机器人是自动化程度高、灵活性和可靠性强的包装机械，具有视觉识别技术和云管理技术，视觉识别技术能根据不同的货物选择合适的包装材料，云管理技术可以把货物信息上传到云端进行汇总、分析。包装机器人具有智能捕捉定位、人机界面智能调节、简捷高效、稳定可靠等性能优势。

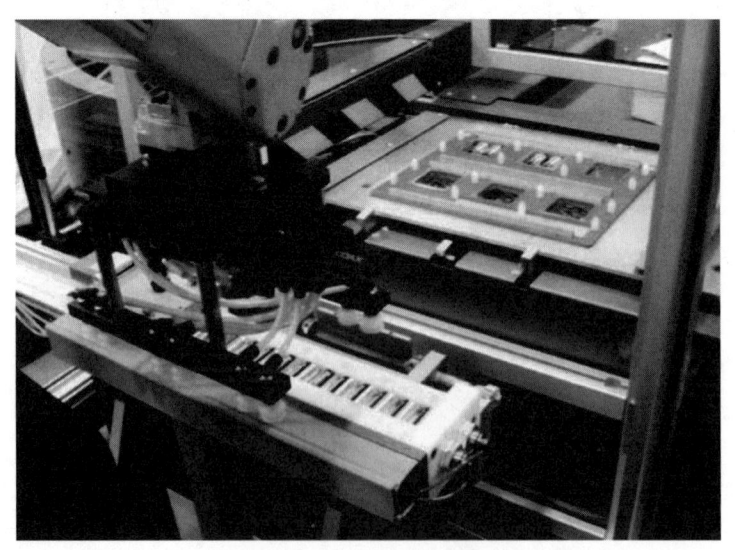

图 12　欣志包装机器人

（七）装卸车机器人 LUR（Loading & Unloading Robot）

装卸车机器人灵活、快速、符合人体工程学，能直接连接集装箱车和输送分线，可以在仓库或码头快速完成各种尺寸和重量的纸箱的装卸，实现多方位、多形式的码垛装车要求。配置智能检测定位和识别系统，能够自动检测并在车厢内形成位置坐标，自动识别物料状态，将纸箱或纸袋根据预设模式码放在车厢指定位置。

图 13　海柔创新 HAIPORT 自动装卸机

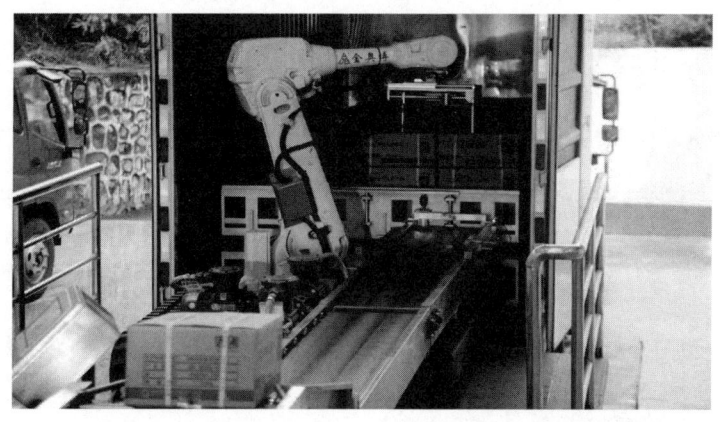

图 14　金奥博 JWL-LZROBOT 型履带式装卸机器人系统

三、物流机器人发展现状

（一）方兴未艾，前景广阔

1. 技术创新是第一要义

物流机器人技术是机器人技术针对物流行业的典型需求（如装卸搬运、抓取、拣选、包装、配送等）进行特定研发和创新，物流作业场景的复杂性，对机器人的柔性化、智能化和协作能力要求更高。对于物流机器人来说，技术是第一生产力，其涉及的关键技术主要包括导航定位技术、运动控制技术、自动驾驶技术以及多机器人集群控制技术等。在同等储存能力的条件下，使用机器人技术至少可以节省70%以上的土地和80%以上的劳动力。

近年来，我国物流机器人技术的研发十分火爆，与物流技术装备相关的专业展览会上每年都有新的物流机器人产品推出，例如德马泰克的窄巷道前移式AGV、极智嘉的分拣机器人S100C、兰剑智能的第四代物联网穿梭车、快仓的鸿鹄C36A存取一体料箱机器人等，都是行业内极具代表性的物流机器人产品。科技部也连续发布科技专项，支持物流机器人的研发和应用，比如港口重载AGV的研发、电商仓储物流机器人等。另外，国内高校也积极地开展相应的基础研究工作，一些高校先后设立了物流机器人研发/研究中心，开展物流机器人技术的前沿研究，从学术和产业应用等多个视角关注物流机器人的技术发展。如武汉理工大学物流工程学院的"物流与机器人技术实验室"，便是针对物流领域的机器人发展设立起来的。

如今，物流机器人的应用越来越广泛，深入仓储、分拣、配送等各环节。随着经济增长而产生的更大货物量的存储与配送需求，也推动着物流机器人技术向更稳定、更快速、更灵活的方向发展。

2. 拓展细分市场，挖掘新领域

制造业的物流量大约占据整个物流市场总量的80%，电子商务是物流机器人大展身手的重要舞台。然而，当参与者越来越多、同质化竞争越来越严重，如何开拓增量市场和新的应用领域成为企业出奇制胜的关键。一些企业已经认准时机，在深入了解行业特点和实际需求的基础上，开始向更多细分市场进一步挖掘。

停车机器人目前是大热市场，相对于传统AGV，停车机器人的单价和利润率较高。据新战略机器人产业研究所的不完全统计，目前有9家企业已经或正在布局停车机器人产品或项目，如怡丰机器人、海康机器人、东杰智能等都已在这一领域取得明显成效。

末端配送也是一个重要应用领域。物流配送需求在极速暴发，有专家分析，预计不久之后我国每天将产生10亿个配送订单，而末端配送是物流体系中成本较高、问题较多的环节。这种情况下，末端无人配送物流车将成为一项重要选择。阿里巴巴、京东、苏宁等电商巨头都推出了不同性能的无人配送物流车，引领行业新风向。

3. 探索创新商业模式

目前，我国物流机器人行业面临着激烈的市场竞争，为了占据有利发展态势，一些企业除了销售机器人与解决方案，还在尝试RaaS(Robot as a Service)代运营服务、融资租赁、机器人共享平台等商业模式，以寻找更适合自己的发展路径。

RaaS代运营服务是21世纪初兴起的一种创新的机器人应用模式，以租赁代替购买，按物品的仓储和订单的作业量来向客户收费。

该模式对物流机器人厂家的整体实力要求较高，当前国内市场上只有极智嘉、兰剑智能、快仓等少量企业涉足这一领域。

融资租赁的争议比较大，据了解，大多数物流机器人企业目前还不愿意接受这种业务模式，只有极个别项目在实施。有专家表示，物流机器人目前还没有达到租赁业务的易用性与通用性水平，还不具备融资租赁的属性。不过专家也认为，未来物流机器人租赁市场一定会大幅放量，机器人供应商需努力提高产品的易用性与通用性，以方便集成商、合作伙伴、客户等可自行调试机器人，但技术发展需要一个过程，短时间内还难以突破。

随着共享经济的发展，国内出现了基于共享理念的物流机器人平台，典型代表是定位于机器人产业的垂直整合者的"海神智享机器人云平台"，通过费舍尔自主建立的中央云平台智能管控机器人，采用物联网智链芯片赋能链接，为客户提供全球最优质的物流机器人融资租赁服务。目前，包括旷视、木蚁、康力优蓝、瓦瑞等十几家机器人公司都已加入了"海神智享机器人云平台"。

4. 加大融资力度，抢滩海外市场

物流机器人行业因柔性自动化优势突出、发展潜力巨大而备受资本青睐，蚂蚁金服、元和控股、科大讯飞、中兴创投等明星资本纷纷入场物流机器人领域。吸引投融资也成为物流机器人企业提升自身实力、扩大企业规模、抢夺市场份额的重要手段。据企查查数据显示，已有近百家物流机器人企业获得资本助力。据不完全统计，大部分企业处于天使轮到A+轮融资阶段，获天使/种子轮投资的企业与获得Pre-A轮至A+轮投资的企业占比相当，均占32%。

海外市场正成为中国物流机器人企业的重要拓展方向。物流机器人产品近年来技术水平迅速提升，且相比国外的机器人产品有着突出的价格优势，深受海外客户青睐。新松、昆船、海康机器人、兰剑、国自、木牛流马等纷纷向海外市场进军，目前，国内物流机器人企业的业务范围已经遍布欧美、日韩和东南亚地区。

（二）火热背后，问题思考

1. 核心技术落后

尽管我国在物流机器人技术上已取得了巨大进步，但与发达国家相比，在技术成熟度、应用适应性等方面还有着较大差距。对于我国的机器人产业来说，核心关键技术受制于人成为产业升级的瓶颈。我们必须认识到中国物流机器人产业技术仍然较为薄弱，不少关键部件仍依赖进口。以占机器人硬件成本比例最高的减速器为例，有75%的精密减速器从日本进口；在伺服电机方面，日系公司约占全球市场份额的40%，西门子、博世、施耐德等德系品牌约占30%，而国内公司整体份额仅占10%左右；在驱动器方面，国内80%的驱动器从欧美和日本进口。

2. 无序化竞争严重

市场上的无序竞争，成为制约行业健康和可持续发展的重要因素之一。企业间互相排斥、互相打压，陷入低价竞争的怪圈。曾有报道指出，一些AGV企业为了抢占市场份额、扩大影响力而大打价格战，甚至将产品价格压缩到原有价格的一半甚至更低，这将直接影响产品和后续服务质量。长此以往，伤害的是整个行业的未来。

3. 产品标准化程度低

我国物流机器人行业之所以还没有完全成长起来，鱼龙混杂、产品标准滞后是痛点。虽然国家已出台有关标准，但只是推荐性标准，不是强制性标准，推进落实难度大。此外，标准化体系不完善为市场规范发展带来阻碍。

4. 专业人才匮乏

人才匮乏是制约我国物流机器人技术发展的重要因素之一。随着技术进步和产业转型升级的加快，传统的产业工人的职业技能越来越多地融入了新的知识结构、技术技能、工艺方法，集约型增长方式下要求由大量技术工人来操作先进设备。但与发达国家相比，目前我国高技能人才总量短缺、高端领军人才匮乏、培养投入总体不足等突出问题依然存在。

四、物流机器人发展展望

（一）把握数字化发展机遇期

据 Logistics IQ 最新报告显示，2026 年全球仓储自动化市场预计达到 300 亿美元，2020 年至 2026 年的复合年增长率约为 14%。根据这样的增长态势，数字化、智能化将成为仓储行业发展的核心需求。

与此同时，数字零售时代驱动着物流系统的发展，从传统的仓储为中心转变为以仓配系统为中心。其中，物流机器人作为仓配中心的核心设备，价值量占比高达 36%，成为整个物流系统效率的关键因素。

据 DHL 的研究，仓储 4.0 的许多智能化技术仍处于开发阶段，目前大多数企业仍处于部署的初始阶段，但不少企业已经在对数字化、智能化和智慧化进行提前转型及部署，未来市场可能迎来一波集中式的暴发。

（二）产业链融合共生

对于物流机器人的未来发展，目前行业内重要的举措是产业链融合共生。机器人产业链分为上中下游：上游是关键零部件生产厂商，主要是减速器、控制系统和伺服系统；中游是机器人本体，即机座和执行机构，是机器人的机械传动和支撑基础；下游是系统集成商根据不同的应用场景进行有针对性的系统集成和软件二次开发。产业链的特别之处在于融合，用技术和应用把元器件与人工智能、大数据等软件结合成一体，充分调动资源，推动行业高效发展。

除了机器人初创企业、物流系统集成商，如今有越来越多的电商企业、物流企业、科技创新企业、投融资机构等开始涉及物流机器人领域，这些企业的入局也对产业链的融合起到了推动作用。

（三）政策规划利好

"工业4.0"、智能制造掀起了新一轮科技改革热潮，得益于《中国制造2025》《机器人产业发展规划》《"互联网+"高效物流实施意见》《国家邮政局关于加快推进邮政业供给侧结构性改革的意见》等国家政策的引导，机器人在制造领域的物流环节将大展身手。

这些政策都强调物流企业要加速推广应用云计算、大数据、物联网等信息技术，加大数据信息集成应用，推动物流业务实现平台一体化发展。这些政策文件是国家鼓励物流企业积极采用机器人、无人机、无人车等先进技术装备，实现快件自动分拨和快速转运，全面提升仓储、运输、配送等环节的作业效率的重要表现形式。

（四）标准体系日益完善

人工智能、物联网和机器人等技术的日趋成熟，促进仓储、运输、配送等环节逐步智能化。物流机器人技术的发展，让智慧物流从理念走向了实际应用，也使物流行业由劳动密集向技术密集转型。

有专家表示，目前物流机器人还处于初期发展阶段，物流机器人行业的可持续发展，避免多方争夺下导致行业出现无序发展，行业的标准制定就变得尤为重要。全国自动化系统与集成标准化技术委员会机器人与机器人装备分技术委员会物流机器人工作组的成立，也显示出国家对物流机器人行业标准问题的重视。相关标准正逐渐落地，完善的物流机器人产业标准体系指日可待。

浅谈乡村振兴战略背景下
产地仓储的增值服务创新挑战

2017年12月，中央农村工作会议确立了乡村振兴"产业兴旺、生态宜居、乡风文明、治理有效、生活富裕"的总体要求，其中"产业兴旺"是乡村振兴的核心，也是我国经济建设的核心。2019年3月，农业农村部印发的《2019年乡村产业工作要点》中提出了7大类22个重点乡村产业政策项目。随后农业农村部党组副书记、副部长韩俊在2019年4月公开表示：经初步测算，要实现乡村振兴战略五年规划的目标，至少要投资7万亿元。2020年4月，农业农村部发布《关于加快农产品仓储保鲜冷链设施建设的实施意见》，指出加大对新型农业经营主体农产品仓储保鲜冷链设施建设的支持，是现代农业重大牵引性工程和促进产业消费"双升级"的重要内容。

2021年2月25日，"国务院扶贫开发领导小组"的牌子永久性摘下，"国家乡村振兴局"的牌子正式挂上，标志着我国"三农"工作重心的历史性转移——脱贫攻坚取得胜利后，全面推进乡村振兴。在全面推进乡村振兴的路上，各行各业都面临前所未有的高位挑战，究竟如何整合资源，将工作落在实处是关键也是最大的难点。本案例以印度马哈拉施特拉邦仓储公司为代表，分析了产地仓储系统的价值。

一、产地仓储系统重构对乡村振兴战略实现具有重大意义

纵观改革开放40多年物流业的成就，供应链源头农产品产地仓

储系统的建设与其他领域相比，建设标准和运行效率都相差较大。"物流先行"理念一直没有在源头物流基础网络构建中得到重视并落实，物流已成为阻碍农产品上行、影响农民收入提升的重要因素。

根据国家实施乡村振兴战略，需三步实现乡村全面振兴，即农业强、农村美、农民富。

表1 国家实施乡村振兴战略"三步走"时间表

到 2020 年	到 2035 年	到 2050 年
乡村振兴取得重要进展，制度框架和政策体系基本形成	乡村振兴取得决定性进展，农业农村现代化基本实现	乡村全面振兴，农业强、农村美、农民富全面实现

农产品产地仓储系统的重构，在乡村振兴过程中能够发挥什么作用呢？产地仓储系统是一个国家产业生态圈的重要组成部分，是面向乡村的基础产业，因此该系统一定应以适合农民自身发展为目标，脱离农民自身条件和农村实际需求都是难以持续发展的。农产品产地仓储系统重构对乡村振兴的战略意义归纳为以下三方面。

一是通过农产品产地仓储系统的建设，把乡村建成真正的国之重"仓"，打造成为"调丰补欠"的战略储备基础，发挥其应有的国家"储备与均衡"稳定器作用。

二是依托产地仓储系统建设带动相关高科技产业的发展，不再一股脑把农户都搬进城、搬上楼，而是立足乡村战略价值的开发，在保持原有地质、地形不变的情况下，建设高科技的智慧农村，吸引更多的高水平人才返乡、下乡。

三是充分发挥我国农产品产地 GIS 的无限价值，乡镇田头仓储冷链物流设施和村级仓储保鲜设施、骨干冷链物流基地、区域性产地仓储冷链物流设施等对国家粮食和食品安全来说更具有非凡的战略意义，其在农业资源战略信息化的基础工作方面有大量的工作要做，例如各地的水土资源数据的采集与更新、气象监测等。产地仓储系统重构时的基础功能和可增值功能见表 2。

表 2 产地仓储系统基础功能和可增值功能

序号	名称	数量（个）	基础功能及重构增值功能
1	村级仓储保鲜设施	10000	收储、预加工、GIS 大数据采集（与田间生产作业相关的水土、气象、虫害等）
2	乡镇田头仓储冷链物流设施	2000	集货、分级、包装（地理标志品牌创新）农产品品质改进
3	区域性产地仓储冷链物流设施	300	集货、大规模储存（价格调节及仓单质押等金融服务）
4	骨干冷链物流基地	100	分拨、转运、配送

二、产地仓储系统在农产品供应链中的经济增值挑战

目前，各省、自治区都在制定对应的系统重构规划方案。如上所述，农产品产地仓储系统主要由村级仓储保鲜设施、乡镇田头仓储冷链物流设施和区域性产地仓储冷链物流设施构成，受产地的区位、道路条件、种植规模、种植品种、收获季节等各种因素影响，产地仓储系统由各种类型的仓库构成，从功能上看这些仓库可以是储调中心、集货中心、分货中心、转运中心、加工中心、配送中心和物流中心。其中，储调是其最基础的功能，这一功能在经济增加值模型中占有重要地位。

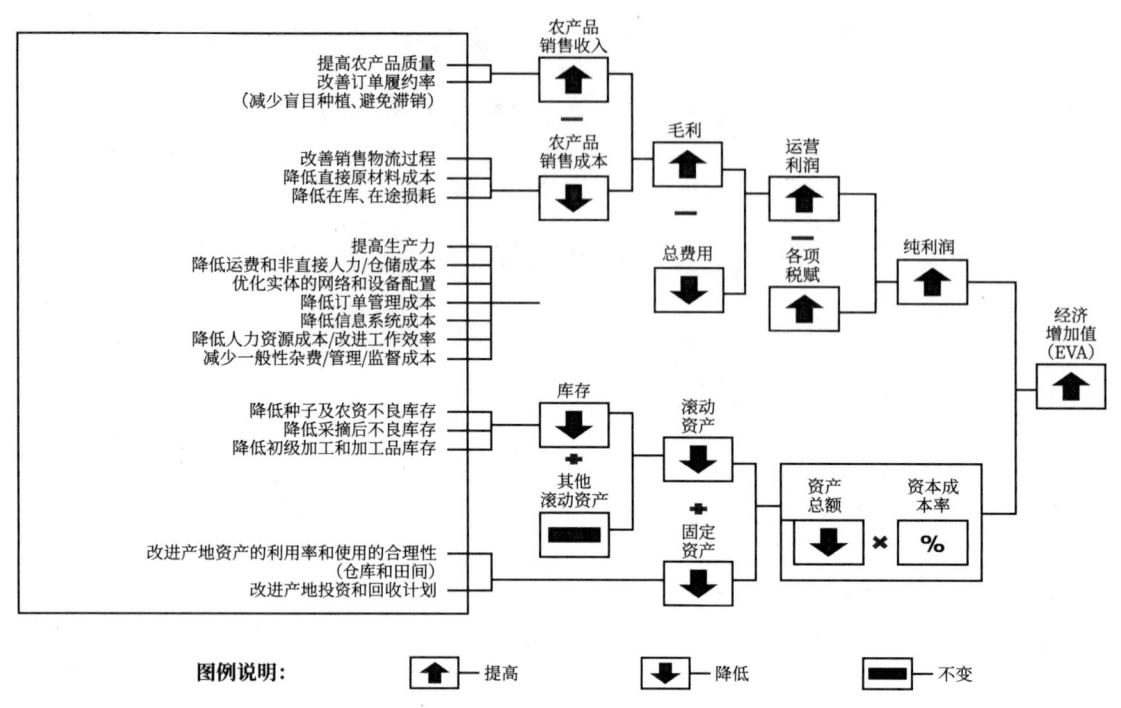

图 1　农产品储调经济增加值模型

此外，现代商业管理中最显著的变化是单个企业不再以单独的、自主经营的实体形式进行竞争，而是以其所在的供应链形式竞争，农产品也不例外。成功的供应链管理需要核心企业由管理一个单独的职能部门到将整个活动整合到供应链流程中的转变，我国目前具有一定供应链特征的三种模式为：以合作社为核心的模式、以农业产业化龙头企业为核心的模式、以"平台+物流"企业为核心的模式。而核心企业的业绩提升关键在于流程、合作伙伴。

下文以印度马哈拉施特拉邦仓储公司为例，从核心企业、业绩、流程、合作伙伴四个维度为国内农产品仓储的革新提供一种参考。该公司把仓库建设成为商品现货交易设施，是典型的产地仓储系统经济增加值模型案例。

三、产地仓储系统增值案例——印度马哈拉施特拉邦仓储公司

根据全球冷链联盟的《2020全球冷库容量报告》数据显示,印度冷库容量达到1.5亿立方米,城市居民人均冷库保有量为0.328立方米,印度冷链产业的复合年增长率约为10%,预计到2022年达到4720亿卢比。

马哈拉施特拉邦仓储公司(Maharashtra State Warehousing Corporation,简称MSWC),是印度历史最悠久的国家仓储公司之一,成立于1957年8月8日,根据印度1956年颁布的《农业生产(发展和仓储)法案》成立。根据此法案,MSWC有两个股东,一个是马哈拉施特拉邦政府,另一个是拥有50%股份的中央仓储公司(Central Warehousing Corporation,简称CWC)。董事会由马哈拉施特拉邦政府提名的5名董事和由CWC任命的5名董事以及由马哈拉施特拉邦政府任命的主席和常务董事组成。该公司最初拥有三个仓储中心,截止到2019年3月31日,已发展到200个仓储中心,总库容达到1760万吨。

(一)基础设施

(1)服务群体:仓库面对个人和组织开放

(2)覆盖范围:在印度所有邦中最广泛的仓储网络,共计拥有900多个货仓

(3)仓库平均利用率:81%

(4)出口仓库:占地面积3600平方米

(5)进口仓库:占地面积2525平方米

（6）公共保税仓库：总面积 3333 平方米

（7）冷链服务主要产品：水果、蔬菜、乳制品、冷冻食品、药品等

（8）冷库容量：5000 吨

（9）冷藏库温度：0～4℃

（10）冷冻库温度：-25℃

（二）提供服务

马哈拉施特拉邦仓储公司致力于冷库的建设，通过收购政府或私人土地，建立和优化公共配送系统，以促进农产品生产及流通以及出口。同时整合由政府机构、市场营销委员会和私营机构共同参与的存储与配送的风险项目。通过建立粮食储存和配送仓储设施，达成与印度食品公司、中央仓储公司的协作，从而落实法案权利制度。该公司通过信息技术为所有仓库提供在线连接，实现对农产品、肥料、种子、工具、投入品和商品的科学存储，并为仓库中存储的商品提供全额保险。

除上述基础服务功能外，依托仓储设施创新商品现货交易服务惠及农民，该增值服务流程如图 2 所示。

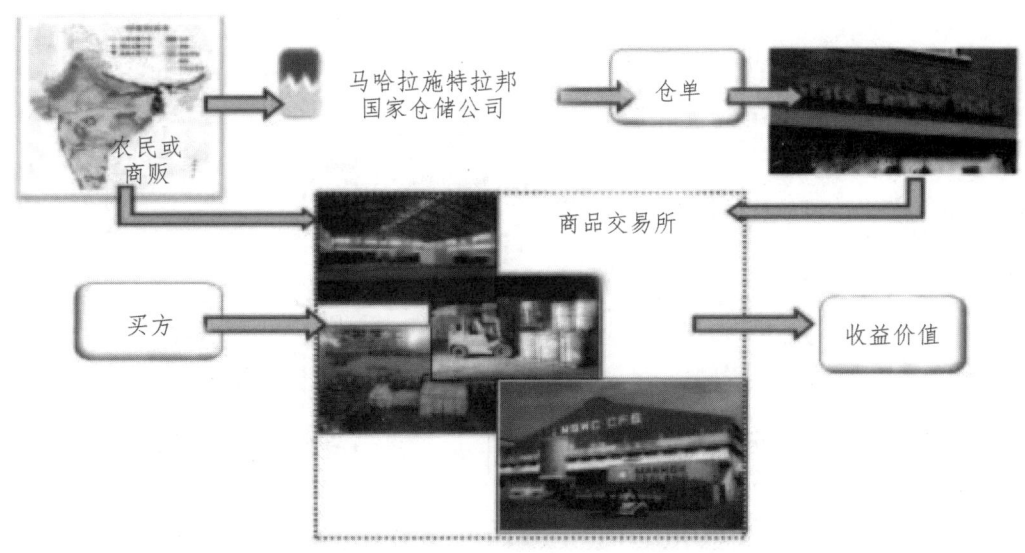

图2 MSWC仓储中心的商品现货交易增值服务流程

MSWC的仓库中心为农户提供清洁和分级设施,提高了农产品质量,最终可在市场上获得更高的价格。更具价值的是与全国商品及衍生品交易所达成协议,向农民、贸易商和工业储户提供全国市场。全国商品及衍生品交易所(The National Commodity & Derivatives Exchange,(NCDEX))成立于2003年,总部设在孟买。印度许多主要的金融机构都在NCDEX中持有股份。截至2019年9月,主要股东包括印度人寿保险公司(LIC)、印度国家证券交易所有限公司(NSE)和国家农业和农村发展银行(NABARD)。

北京物资学院物流管理系 刘俐

行业典型案例

罗滨逊云仓"前云后仓"模式，
重塑直播电商供应链

—— 阿帕数字技术有限公司

一、企业情况

（一）企业简介

阿帕数字技术有限公司（以下简称"阿帕"）是专业的数字供应链解决方案服务商，也是我国最早实践"互联网+物流"的企业之一。阿帕秉承"软件定义物流，数字改变生活"的理念，推动供应链实现标准化、数字化和智能化，目前已发展成为拥有数字技术、智慧云仓、数码托盘等三大业务板块的智慧物流全产业链服务商，帮助数十万货车司机及物流从业人员降低劳动强度、增加劳动收入，助力近万家客户优化供应链，实现提质增效和降本增效。

作为区域智慧物流领军企业，阿帕与华为开展战略合作，打造"华为&阿帕智慧物流云"，通过新一代信息技术应用，开发完成40余套智慧物流管理数字化产品。阿帕投入巨资研发的具有独立知识产权的Enzo Mesa数字中台（阿帕数字物流开放平台）以大中台、小前台为框架思维，使用松耦合的微服务架构，利用模块化系统自主适配业务场景，实现前台应用的快速迭代。同时，基于Enzo Mesa云原生设施为客户提供供应链执行层的OMS、TMS、WMS等共32款SaaS化软件应用，同时为客户输出网络货运、工业物流、智慧园区、仓配一体等 16 款解决方案，其中物联网终端快托数码托盘、彩虹糖智慧屏、阿帕图无人值守系统等产品已经达到国际领先水平。"物流大数据分析与应用平台"获批工信部 2020 年大数据产业发展试点示范项目。

（二）发展优势

阿帕始终将创新作为企业发展的第一动力，将技术作为企业的核心竞争力，将人才作为企业发展的核心支撑，努力促进新一代信息技术在现代物流领域中的应用。

阿帕将新一代信息技术与现代物流相结合，加强新一代信息技术中智能算法、数据分析、人工智能、区块链以及先进软件架构等技术研发，将最新技术成果应用物流管理领域，形成智慧物流管理软件、平台产品，面向全国进行推广应用。通过多年的技术创新，已累计申请 1 项 PCT 国际专利，受理 7 项国家发明专利，授权 6 项实用新型专利、4 项外观设计专利、51 项软件著作权。通过不断的技术创新和成果转化应用，阿帕始终保持技术和产品的先进性，累计承担科技部"科技助力经济 2020"重点专项项目 1 项，获批山东省技术创新项目 4 项、山东省中小微企业创新竞技行动计划项目 1 项，获得第六届中国创新创业大赛优秀企业、山东省中小企业"专精特新"企业、山东省优质品牌、山东省优秀大数据产品、山东省首版次高端软件等荣誉。

公司不断强化人才引进和培养，建立集咨询规划、技术开发、项目实施、运营辅导为一体的数字供应链全流程服务团队。拥有山东省重点扶持区域引进急需紧缺人才 1 名、临沂市创新创业领军人才 1 名、全职印度籍计算机应用硕士 2 名，兼职引进信息技术、物流管理领域专家教授 3 名，人才队伍综合素质、研发实力较强。公司的研发团队由来自美国、印度的多位博士专家组成，目前已获得省级"一企一技术"研发中心、省级新型研发机构、市级重点实验室和软件技术中心等荣誉。

二、项目情况——罗滨逊云仓"前云后仓"模式

（一）项目背景

临沂市作为北方重要的市场集群和商品集散中心，拥有 13 个专业批发市场，涵盖 27 个大类 6 万个品种。小商品发达，价格远低于市场零售价，使临沂在电商直播中更具竞争力。2019 年以来，临沂市电商直播产业进入暴发增长期，成为与杭州、广州齐名的直播电商之都。根据临沂商城管理委员会数据显示，临沂市的带货主播有 5000 余人，100 万粉丝以上的主播 20 人，月 GMV 超 2000 万元的主播 10 余人，每天直播带货 150 万单以上，直播带货 GMV 超 100 亿元。

电商直播不同于传统电商和零售业，电商直播的货物种类多、瞬时商品交易流量大、配送时效要求高、对供应链要求极高。而临沂本地仓储物流产业虽然规模较大，但整体数字化水平不高、货物周转率低、货差、货损高、配送匹配度低，已无法满足电商直播发展需求，转型升级迫在眉睫。

为推动临沂物流转型升级，满足电商直播产业发展需求，阿帕下属企业山东罗滨逊物流有限公司依托阿帕数字研发能力和数字技术积累，建设罗滨逊云仓。罗滨逊云仓以数字技术和智能仓储为依托重塑电商供应链，建立消费端和供给端高速对接通道，助力临沂电商直播

产业高速发展。2020年罗滨逊云仓获评全国数字化仓库试点。

（二）项目概况

罗滨逊云仓占地100亩，其中仓储作业区占地65亩，生活办公区占地35亩，共建有三个智能立体仓库，总建筑面积1.8万平方米。主要从事城市物流配送和直播电商仓配业务，目前合作商户上百家，年发送订单量1000万单以上。

图1　罗滨逊云仓

（三）项目做法和经验

罗滨逊云仓以数字产业化、产业数字化为发展目标，以"智慧物流，绿色共享"为指导思想，以5G、大数据、云计算、人工智能等新一代信息技术为底层支撑，坚持"软件定义物流，数字改变生活"的新发展理念，强化智能化、自动化仓储设备的应用，打造国内标准化、数字化、智能化水平一流的电商直播仓储，重塑电商供应链。

在罗滨逊云仓建设过程中，阿帕成立专业技术人员和行业解决方案专家项目组，充分调研临沂市区域仓储物流发展现状和电商直播产业规模，了解区域电商直播供应链痛点、难点，通过对问题难点研究，找出原因，从技术、装备、模式、业态等方面进行全方位的探索、创新，通过技术装备提升实际作业效率，通过新模式、新业态的探索、推广、落地，促进供应链的整体协同，为电商直播创业者提供管家式、一体户、全方位的存、拣、配服务。具体做法如下。

一是数字技术赋能传统产业。罗滨逊云仓以数字技术作为项目建设底层支撑，建设有5G基站，实现5G信号的全覆盖，依托5G网络实现数据信息的高速、稳定、安全传输。并通过物流大数据进行数据建模、数据分析，实现云仓货物运输路径优化、库位智能推荐、货物智能分拣，大幅提升仓储作业效率。

二是智能化装备打造高端电商仓储。基于电商直播波动大、多样化、时效短等特点，罗滨逊云仓在建设之初便摒弃传统仓储建设方法，以高标准智能仓储为目标，应用AGV搬运机器人、RGV穿梭车、智能分拣小车、立体货架、自动分拣线、RFID等大量自动化、智能化仓储技术设备，通过数字化仓配管理系统，并根据订单进行自适应协同调度，将仓库的自动化率提升至80%以上，作业效率提升5倍以上。此外，通过应用阿帕快托数码托盘，实现供应链货物一贯化带托运输，提高货物装准率25%以上。

图2　自动化立体仓库

三是"前云后仓"重塑电商供应链。为了打通消费端到供给端，减少中间环节，提升供应链效率，罗滨逊云仓基于 EnzoMesa 数字中台链接京东、淘宝、拼多多等传统电商和快手、抖音等电商直播平台，将消费端订单数据与云仓管理系统同步，消费者前端一键下单，云仓一站包装、出库、发货。通过中台与后端供应商系统对接，基于大数据对电商主播销售订单预测，及时进行库存备货。依托罗滨逊云仓和数字中台，实现对传统电商供应链的改造、重塑，形成"前云后仓"新模式，为电商直播创业提供货物一站式存、拣、配全托管服务，促进供应链线上、线下融合，助推区域电商直播产业进一步发展。

（四）项目创新点

新业态。基于罗滨逊云仓建设，以云生态为主导，吸引电商直播网红播主、电商企业、商贸企业等供应链上下游企业入驻云仓，帮助传统商贸业、现代物流业、电商直播产业实现业务"上线、上云、上楼"和产业集聚，形成"共生、共荣、共享"的智慧物流新业态，打造区域数字经济发展共同体，助推国民经济又好又快发展。

新模式。罗滨逊云仓依托智能仓储中心和数字化管理系统将本地物流资源、配送资源整合集聚打造仓配一体化运作模式，同时通过应用阿帕快托数码托盘，形成托盘循环共用模式，有力提升供应链协同效率和货物周转率。此外，基于临沂市庞大的商贸物流产业，罗滨逊云仓抓住直播电商兴起机遇，创新推出"前云后仓"发展模式，打造直播电商供应链，促进区域流通产业线上线下融合发展。

新技术。罗滨逊云仓率先运用云计算、大数据、人工智能、5G等新一代信息技术，综合采用立体货架、堆垛机、AGV分拣机器人、视觉系统等智能仓储设备，比传统仓储更安全、更智能、更高效、低成本，全仓自动化率将超过80%，可提高分拣效率50%以上，降低货损率46%以上，出库准确率达到100%，每天可实现处理电商订单5万单以上，是普通仓储的10倍以上。

三、项目借鉴意义

（一）以新技术、新装备为支撑，改造传统产业

在罗滨逊云仓项目规划建设中，阿帕充分认识到先进技术、装备运用的重要性，通过新一代信息技术的运用和智能化、自动化仓储物流装备的大量运用，实现智能仓储自动化分拣、配送线路优化、即时需求反馈、精准绩效管理、供应链协同调度等功能。项目推动新一代信息技术、人工智能技术、自动化技术以及大数据技术在商贸流通产业中的应用，为行业数字化改造、智能化运营提供了成功的案例。

（二）以新模式、新业态优化供应链运营

罗滨逊云仓项目基于数字化仓库的特点和优势，结合传统商贸流通产业资源和直播电商等新兴产业形态，在实际运营中探索创新的仓配一体化运作模式和"前云后仓"业务模式成功落地应用，产生较好的社会效益和经济效益。一方面有效整合了供应链上下游各类资源，提升了资源的利用效率和协同效率；另一方面，通过直播电商引入和"电商仓"的运营，构建数字化电商供应链，实现线上线下融合发展。

（三）集聚产业资源，促进产业融合

罗滨逊云仓通过建设企业总部、供应链管理中心、标准化循环共用服务中心、物流金融服务中心，集聚商贸流通企业、金融服务企业、

保险服务企业、物流设备租赁服务商以及高校创新资源,形成智慧物流生态圈,有效推动多产业融合化发展。

UPCloud 一体化云平台
助力柔性仓配数字化转型

—— 湖北普罗劳格科技股份有限公司

一、企业情况

（一）企业简介

普罗劳格科技股份有限公司（以下简称"普罗劳格"）是立足物流行业、精耕仓储的一家高速成长型高科技企业，具备项目总包、信息化平台、智能物联、智能仓储运营、生态服务、实学教育等综合能力，深耕领域及服务客户覆盖广泛，拥有10余家分公司、5大物流运营中心、2所科研基地，在物流技术上持续投入、不断创新，拥有多项软件自主知识产权，通过"技术+服务"的无缝对接，让成熟的仓储解决方案与前沿技术的验证场景互融互通。

多年来，普罗劳格一直秉持以客户需求为驱动的"CARE"服务理念；"COST"考虑整体成本，包括建设成本、运作成本；"AUTOMATION"实现自动化、信息化智能调度，提升效率及准确率；"RATIONAL"根据经营业态匹配最合理的物流模式；"ENERGY"注重节能与省力化设计，降低物流消耗。

普罗劳格致力于成为"智慧物流价值领导者"，遍布全国的服务网络和成熟完善的技术体系，可为客户提供及时的服务响应，帮助众多客户实现方案落地并转化为物流生产力，更好地满足新时代下智慧物流建设发展实际需求。利用行业领先的技术优化供应链，通过使用业界一流的产品和软件，最大限度提高运营效率，为各行业带来新的增长机会。

（二）产品与服务优势

普罗劳格遵循"规划是基础、系统是核心、设备是关键、运营是保障"的"螺旋进化"业务发展理念，各个业务板块之间互融互促。

项目总包方面，深耕大健康、新零售、智能制造三大行业，以深厚的行业经验积淀，提供从规划到运营落地的物流集成总包、整体交钥匙服务。

信息化平台方面，以软件定义硬件，提供一体化信息解决方案。在 WMS、TMS、OMS 等物流系统全产品线基础上，推出面向未来的新一代云平台 UPCloud，迎合新物流场景下柔性供应链发展趋势。

智能物联方面，研发基于人工智能算法、物联网技术的柔性智能装备，以控制中台为核心，由智能物流控制中台调度各项物流活动，融合不同物流硬件终端功能，发挥最大的设备协同。

智能仓储运营方面，自营仓储遍布全国五大区域，运营数十家品牌，并与头部电商合作，仓储提效显著。

生态服务方面，联合生态伙伴资源，为客户提供更优质的服务，实现产品服务化、服务平台化。

实学教育方面，普罗格学院积极服务高校、产业、社会，力争打造科技物流人才的"黄埔军校"。

二、UPCloud 一体化云平台

（一）平台建设背景

新零售的发展带来了订单规模、订单结构、履约时效等多方面的高要求，物流订单的处理难度与复杂度都与日俱增。对于仓储与配送端而言，需要面对不确定的市场订单变化，给客户提供高确定性的物流服务质量。与此同时，伴随着人工智能、大数据、云计算、物联网、机器学习等技术在物流行业的应用深入，如何将智能物流技术转化成为物流产出与高可靠性的物流服务质量，成为当前的发展难题。在这种背景下，柔性调度与自治优化已成为新物流时代下的仓配建设特点。

在仓配柔性化发展的今天，对软件系统的需求体现出以下四个新趋势。

一是去产品化。服务场景的多样化与快变化，使客户需要的不仅仅是一个产品，而是需要一个整体解决方案来满足快应变的服务场景。

二是中台化。不同功能的软件都要依托在一个可提供扩展支持的中台，中台作为软件引擎，功能应用作为体验触角。

三是服务化。软件由功能工具变为服务平台，伴随客户发展不断衍生服务场景、不断精进需求，系统上线只是服务的开始。

四是生态化。丰富的应用场景不再要求一个平台的产品满足所有的功能，一个主流软件平台集成其他服务生态的产品的能力越发关键。

从仓配物流系统的发展来看，一体化是发展的必然。从过去的单一功能性系统（如仓储管理系统、订单管理系统、计费管理系统等），到综合性功能物流系统（如仓配一体化系统、综合物流管理系统等），再到现在的一体化解决方案,都是由少到多、由点到线、由线到面的一个过程。

作为兼具以上趋势特点的"新软件平台代表",普罗劳格创新研发的UPCloud一体化云平台应运而生。UPCloud一体化云平台采用大平台、小应用的设计理念,是一个应用集合,基于多行业应用场景的积累,研发出了订单、仓储、配送等相关产品应用,可以很好地进行模块化插拔式升级和替换,客户可根据自己行业的特点和实际的业务需求按需配置。一体化的设计可以满足客户"以小应用组织实现大系统的价值",产品升级和行业的发展同步升级,为客户业务发展提供强有力的保障。UPCloud 一体化云平台是基于在多行业、多系统、多年实践积累上建立的业务模型,使用开源成熟的互联网、物联网技术,打造的一款企业级智慧供应链服务中台。

(二)平台应用架构与特点

1. 平台承载相关应用

产品名称	产品功能	主要应用领域
仓储管理软件	平台主数据、基础数据、策略管理、收货预约、质检、入库、上架、波次、拣货、库存、增值服务等管理	医药、制造、零售、物流园区、港口物流等领域
配送管理软件	车辆管理、预约、运单、智能调度、运输调度、在途跟踪、客户评价、计费等管理	各行业的运输管理
订单管理软件	预约、入库订单、出库订单、医药GSP、订单轨迹、订单策略(出入库订单分仓算法及路由)、预警、绩效、计费、证件等管理	医药、制造、零售、物流园区、港口物流等领域

接口集成平台	HTTP 服务网关、Web 服务网关、身份认证及鉴权、配置管理、状态管理，开发套件 SDK、数据库组件、网关组件、JS 组件、日志跟踪、调度服务、动态数据源、数据转换、数据分发、组件自定义、组件知识库等	物流行业各类应用、人工智能方向等软件集成

2. 平台技术架构

基于当前物流信息系统研发成本高、代码重复率高、需求变更困难、无法满足新业务快速扩展和敏捷交付等痛点，UPCloud 一体化云平台创新使用微服务架构部署，实现模块插件式创建、更新，连接人、物、场景。

面向服务的信息架构，更容易连接人、物、场景

个性化：供应商/货主/物流商… AS/RS/箱体库/分拣机… 大健康/商贸流通/精益制造…
PC　App　IoT App　业务场景化

模块化：
TMS 配送服务　WMS 仓储服务　VAS 增值服务　SCV 可视化服务　RS 报表服务
IOT 物联网服务　OMS 订单服务　MWO 工单服务　DCS 数据计算服务　PS 流程服务
EIS 设备调度服务　BMS 计费服务　AS 归档服务　　　　　　　　　VS 视频服务
WCS 设备执行服务　EWBS 面单服务　　　　　　　　　　　　　　PPS 打印服务
　　　　　　　　　　　　　　　　　　　　　　　　　　　　　　FS 文件服务
业务标准化

一体化：菠菜云技术平台　阿普云产品平台

微服务架构以服务为中心，每项服务针对单一业务进行封装，保证功能完整性和职责单一性，将业务化整为零，分散压力。架构简单灵活，可独立部署、水平扩展，实现快速扩容。微服务架构与语言工具无关，且选择更自由。

微服务架构因高扩展性，可让系统资产复用，无限扩展，实现"乐

高式"快速组装，尤其能支持业务多元化、集团化，适用于业务发展快、代码规模暴发、业务峰值期、订单暴发式增长等场景，以满足当下及未来的需求。

一般的物流软件产品是一体化，技术的更新与迭代比较复杂，牵一发而动全身。UPCloud 一体化云平台通过微服务架构，化整为零、松耦合的链接方式，解决了更新与迭代问题，让产品使用更简单、更稳定，更好地解决了存储与效率两者兼得的问题。

3. 平台功能特点

（1）多渠道：多渠道是企业发展的必然趋势，能够支持电商订单、普通订单、调拨订单、逆向订单、加工订单、直通订单等诸多业务订单要求，承接更多业务。

（2）配置化：能够实现多仓、多货主不同流程、策略的设定，使得仓库管理更加简单、便捷。配置包含参数策略、上架策略、下架策略、任务策略、波次策略、组装策略、补货策略、移库策略、盘点策略等。

（3）集团化（多组织、多仓、多货主）：系统提供集团化多组织、多仓、多货主的业务功能、数据权限等方面的支持，实现集团化业务的统一管控，包括统一权限、统一组织机构、统一基础数据、统一用户管理、统一数据管理等。

（4）多模式：支持纸单、RF 作业，包含常用的摘果式、总拣分拨等模式；也可以对物流作业设备进行对接支持，如 DPS、AGV、AS/RS 等。

（5）统一化：主要是对主数据（如产品资料、贸易伙伴等）、应用服务、权限等进行统一管理。

（6）服务化：业务场景全面服务化，按业务场景组合或者更新服务，使产品功能更符合客户需求。

（三）平台优势

1. 深度上的优势

UPCloud 一体化云平台具有丰富的、场景化的算法资源库，如路径优化算法、调度排车算法等，通过细分行业的场景化解决方案深度植入，配合场景化算法、策略规则及调度，进行精细化预测及行为控制。面向健康、商贸流通、精益制造三大行业，挖掘行业特点与痛点，形成对应的场景化解决方案，如商贸流通行业涵盖"直通+存储"模式，大健康行业支持GMP/GSP政策要求，精益制造行业支持BOM、工单、VIM、JIT等多种模式。

2. 宽度上的优势

UPCloud 一体化云平台是自主研发的集开发、测试、运维、部署一体化的技术平台赋能软件产品，集成了WMS、TMS、OMS系统，一套云平台满足企业的各种物流信息系统需求，无缝切换。平台具有优秀的软硬件集成能力，在设备物联方面，可实现与机械手、箱式立库、托盘立库、穿梭车、子母车、电子标签、分拣机、AGV、翻盖分拣、语音设备等的对接。此外，平台业务代码开源，兼容并蓄，可与客户共建生态软件平台。

三、UPCloud 一体化云平台应用案例

（一）零售行业案例

1. 项目背景

随着新零售的崛起，商超便利店经营模式不断演变，促使线上线下融合经营，全面满足消费需求。但如何实现全渠道库存共享，给企业物流带来了更大的挑战。本案例的应用方是一家连锁商超企业，经营品类主要是进口商品，覆盖冷冻、冷藏、恒温、常温4个温区，后期会侧重生鲜品类，涉及中央大厨房等。除了实体门店外，应用方也开辟了在线商城和第三方平台。

应用方仓库规划为全国5大仓，各仓之间存在网络交叉。为了更好地支持线上线下业务的融合，更好地支持包括即将发展的便利店在内的全渠道业务的发展，应用方决定引入普罗劳格WMS云解决方案，管理其商超以及各门店的仓储、配送业务，打造商超物流服务统一平台，以支持全渠道业务发展。

2. 解决方案

针对应用方出库量大、产品周转快、订单复杂程度高等特点，仓配商品分为存储型和直通型的商品物流属性，普罗劳格对其业务需求及建设思路进行了详细的调研与分析，提出符合其特性的物流规划及信息系统建设方案。

普罗劳格将系统整体设计思路明确为：加快收货周转速度、优化作业环、降低作业难度、预留拓展窗口。

第一阶段，导入完整的WMS云，实现与ERP系统、证照系统、SCM等系统的集成，并优化现有收货、分货、拣选、复核、出库作业流程，

提高整体作业效率。

第二阶段，实现全国5大仓互动互联，库存统一调度，满足线上线下订单履行、仓储、物流配送、费用结算一体化，实现高效地流转全国各仓库货物，同时支持生鲜、计费结算等企业其他各业务渠道的发展。

3. 应用效果

此次数字化升级从物流规划、物流系统及物流管控等三个方面开展，分期实施，最终打造物流服务统一平台。支持全国目前已营业门店有50余家，支持未来3年内将达到100家以上大门店及600～800家高端社区便利店的发展需求。通过数据驱动库存信息全渠道共享，进一步优化多区、多门店经营管理，为客户提供更卓越的消费体验。

（二）制造行业案例

1. 项目背景

本案例的应用方是一家成立30余年的外商独资企业，主要生产不锈钢紧固件及不锈钢线材。本项目实施之前，应用方仓储从原材料到产成品皆有痛点：原材料仓主要采用手工录入，容易造成信息偏差失误，浪费人力成本；其ERP系统只能管理单个库存，无法实现所有零部件统一管理；成品仓线材入库称重系统无法与系统作数据交互，人工录入数据易出错；生产成品存储未做精细化货位管理，出库按订单整个区域进行拣货，拣货路径长。自动化仓主要存在系统对接难点，体现在系统、设备、接口的基本功能上，自动化立库与WMS系统对接要考虑今后业务的发展形势，确保接口功能的完善性及稳定性。

该项目的目标是通过合理布局规划、流程设计及WMS系统应用，使物料管理更加精细，作业流程更加顺畅、更高效；通过条码管理系统将原料、辅料、备件、成品流动过程进行准确管理，消除物流管理死角；系统满足线上线下业务共同作业需求；项目部署的系统要能满足未来物流整体管理的需求，为后续的物流要求的提高打下基础。

结合当下"中国制造2025"的发展趋势，以及自身多区、多仓数字化升级的战略发展规划，应用方引入普罗劳格基于UPCloud一体化云平台的WMS云解决方案，旨在提高企业反馈速度并缩短交货周期，提高产销存效率，建立竞争优势。

2. 解决方案

本项目共涉及应用方原材料仓、生产自动化仓、内销仓与成品仓四种类型仓库的改造，覆盖原料出入库、生产物流、成品出入库全链条物流信息管理。通过实施仓储管理系统，并结合先进的物流控制自动化立库系统，可快速进行产品的查询及出入库管理，一日可达1800次高效运行。同时实现原材料、半成品、紧固件物流全过程可视化跟踪管理，提高了物流作业效率及仓库管理水平。

在项目中，基于WMS云与其先期引进的ERP系统及其他平台无缝对接，实现物流数据与业务数据同步。同时通过RF的全流程操作及多仓看板管理，实现库内数据报表的精细化及作业流程的智能优化，提升自动化物流中心的运作效率，助力应用方完善库存与配套，由点到线、由线到面，全面提升网络协同、技术赋能，为其遍布全国的销售网络提供更加便捷完善的支持。

WMS云满足了物流作业的自动化需求；多处物流中心的统一对接，实现了多仓联动设想；设置不同区域索取权限，合理安排作业人员；

RF等设备的应用，有效地减少人员工作量。柔性化的管理模式，综合考虑了未来业务发展多样性，使信息系统从各个方面都能满足作业效率，从而满足客户需求，增加供应链强度，实现降本增效的发展目标。

项目上线后，仓储整体运营按照规划设计思路进行，在上线及后期使用过程中不断地优化改进。新冠肺炎疫情期间，新版本系统在应用方成功无接触远程上线，通过系统云端配置与系统的自助式实施完成了部署。多仓模式下，应用方自己能独立运用系统开仓，也充分体现了普罗劳格UPCloud一体化云平台系统的便捷性与友好性。

易流科技仓配一体数字化透明管理案例

—— 深圳市易流科技股份有限公司

当今市场的复杂性,已经注定了任何企业不能够再基于历史经验和片面数据去优化运营,企业必须站在全供应链链路的角度,创造一个可识别、可追溯、可分析和可互动的供应链场景。放眼全球各行各业,优秀的企业都有着卓越的供应链管理能力,这种能力已成为决定企业竞争力的重要因素。与此同时,在数字时代的今天,企业如何打造供应链的数字化能力已成为核心竞争力。

一、企业情况

深圳市易流科技股份有限公司(以下简称"易流科技"),是我国领先的供应链物流数字化服务运营商,致力于构建供应链物流行业数字化(IoT)的基础设施,助推物流产业数字化转型。作为物流透明理论的提出者和践行者、物流透明服务专家,易流科技已为全国40000多家物流企业和3000多家货主企业提供物流透明服务。总部位于深圳,研发中心在西安,在北京、上海、广州、沈阳、青岛、太原、杭州、南京、郑州、成都、东莞等地设有办事处和服务中心,业务覆盖全国及周边亚洲国家、欧美部分国家和地区。

易流云平台目前拥有160多万车辆、170多万司机用户,在制造、冷链、快递、新零售、餐饮、商超等多个细分领域占据行业重要地位,其中在冷链领域已连接超过5万辆冷链运输车辆,全国覆盖率达30%

以上，拥有领先的市场地位。

易流科技可通过"软硬一体"实现物流基础设施的物联网化，供应链全链条的数字化和物流全场景的智能化三个层级，从而打造物流透明生态体系，为物流和供应链领域内的企业实现安全、效率、低成本的价值提升。

二、项目案例

全球某著名日用消费品企业，在全球80多个国家设有工厂及分公司，雇员近10万，经营织物及家居护理、美发美容、婴儿及家庭护理、健康护理、食品及饮料、医药、个人清洁用品等300多个品牌，产品畅销160多个国家和地区。为迅速适应供应链变革，该企业秉承"数据是生产力"的经营理念，在全世界建立数字供应链创新中心，并与多家企业合作，不断提高自己的数字化供应链能力。

下面我们就以典型物流场景为例，来说说该企业是如何借助数字化手段来提升自己的供应链服务能力的。从2019年开始，该企业就与易流科技合作，通过接受易流科技提供的"物流透明服务"提升整个物流过程的数字化服务能力。目前，该企业从供应链整体架构的搭建、基础业务目标设定、供应链流程优化和"端到端"的供应链运作，都融入了数字化理念，并已经延伸到供应商的计划、采购、库存设置、生产运作等每个环节。

易流科技提供的"物流透明服务"总体思路是使用各种智能设备，采集物流各个操作环节和流程的数据，通过互联网把这些数据"透明"给利益相关方，同时通过构建不同算法模型，不断验证和优化物流操作流程，提升整个物流供应链过程的数字化处理能力。本案例列举了易流科技为该企业提供的四个典型应用场景解决方案：物流园区的智能预约管理、在途货物的安全智能追踪、对末端配送过程的智能追溯、全供应链风险的一站式"看板"管理。

（一）物流园区智能预约

实现物流园区智能化管理是所有物流园区企业的目标。现实中，物流园区多从停车场、物流场站等发展演变而来，信息化基础大多比较薄弱，很大一部分物流园区的管理手段还停留在"电话沟通，纸笔记录"的阶段，管理思路也多是"头痛医头，脚痛医脚"的被动应激式管理。这样的管理手段在应对传统、简单业务时还可勉强应付，而一旦业务多变、需求复杂时，管理就会出现"力不从心"，将严重影响园区的发展潜力。这是大多数物流园区生存发展的常态。

近几年，随着数字技术在物流领域的普及，物流园区的数字化升级如火如荼。物流数字化在解决物流园区发展问题的过程中，也发挥着越来越重要的作用。该企业通过引入易流科技"物流透明服务"等数字技术方案，核心解决园区管理过程中的三个突出问题：第一是车辆拥堵，因为缺乏承运商、司机及园区三方的有效沟通手段，时常会出现承运车辆"扎堆"进入园区，造成园区出入口拥堵现象；第二是作业等待，对于已经进入园区的车辆，因缺乏与园区有效的信息共享，导致车辆与月台无法快速匹配装卸作业，造成车辆和月台的无故等待；第三是管理手段缺乏科学支撑，因长期以来缺乏数据管理意识和数据采集工具，企业做出的决策、制定的指标是否有效、是否科学，无从验证，物流园区的各业务流程运行如何不得而知，自然也就无法提供更有针对性的管理优化思路和方法。

针对以上现实问题，易流科技提出"园区智能预约"解决方案，不仅提供整个园区业务操作手段的数字化工具，打通承运商、司机、园区、物流企业等各方的信息壁垒，实现全链条数据的实时共享。同时，通过构建智能预约算法模型，不断验证企业园区已有管理规则的有效性和科学性，寻找可以优化和提升的改进点，最终建立科学的园区管理指标体系。

针对园区"拥堵"问题，易流科技分析发现，造成拥堵的核心原因是同时进入厂区的车辆过多，超过厂区处理能力。所以，解决的思路是对将要进出厂区的车辆通过"提前预约"的方式来提前"分流"，确保每个时间段园区月台作业量饱和即可，达到资源的最大利用。为实现以上目标，易流科技为其提供了"预约下发、时间窗预约、库房协调、月台分配、入厂检查"等系统功能，来彻底解决园区的拥堵问题。

货主企业仓库向承运企业下单，通知运输需求，注明承运的货物类型、收货地址、承运要求等。

承运商收到运输业务后，根据当前车辆的实际情况选择适合的业务类型，并预约承运时间窗口。

承运商提交待运输信息后，对应园区仓库收到的各个垛口时间作业计划，统筹协调，并及时与库房信息系统数据共享，及时安排仓库配合做好货物待进出库准备。

仓库按照实际情况，为每个承运车辆和业务提前分配好指定装卸月台，最后把装卸信息同步到承运商和对应司机。

司机同步收到承运信息，可以清楚看到自己的承运信息和指定垛口。司机可凭此信息进入园区，进行装卸货作业。

司机在进入园区时，易流科技的系统会自动识别司机进入园区的时间，并自动关联园区进出管理系统，完成对进入车辆的身份核验。

在实现了车辆预约进出后，限制了进入的车辆，基本上解决了拥堵问题。再结合司机手机端的预约垛口信息和园区的"预约看板"，司机可以清楚地知道自己的排队信息，及时掌握前车装卸进度，合理安排车辆进入指定垛口的时间，避免无故的车辆和垛口等待。

基于以上预约过程，解决了园区拥堵问题，很好地平衡了园区的承载能力，既最大限度地提高了园区的处理能力，又避免了闲置。据统计，引入易流科技的"智能车辆进出预约系统"后，车辆进入园区等待的时间从6小时压缩到1小时，效率提升了5倍。相同时间，园区进出库业务的处理量提升了2.5倍。

（二）在途货物的安全智能追踪

在未使用易流科技提供的服务之前，按照常规，一趟从广州到上海的运输业务交货完毕大约需要170个小时。但实际上，车辆的行驶时间只有30个小时，多余出来的140个小时都用在了上海仓库进场的等待和入库的货物检验上。

易流科技为上海库房同样实施了"物流园区智能预约系统"，压缩了由于拥堵造成的进场等待时间。对于进场验货作业，通过与上海库房负责人沟通后发现，库房之所以会进行严格的货物拆箱验货，也是不得已的行为，在以往的交货审验过程中，偶尔会出现假货或明显被调换的货物，为杜绝假货流入，入库时不得不对每一单货物进行审验或者严格的抽查。

为什么会发现假货？假货是从哪个环节流入？如何杜绝假货流

入？针对这些问题，易流科技提供了全流程的透明化解决方案。首先，要求所有承运车辆必须是箱式封闭货车，每辆车上加装数据采集设备。例如，在车辆尾门和侧门位置分别安装具有定位功能的电子门锁，该门锁只有特定的人用动态密码才可以打开，且每次开关门的个人和位置信息都会被远程上传到服务器进行备案。

同时还可以再加装视频摄像头，与车辆开门行为实现联动，只要发现车门被打开，摄像头即触发拍照，记录当前开门的行为人和货物装卸场景，后续可以作为审核的佐证。

库房相关负责人只要在系统中调集车辆行驶过程中的行为数据，重点审核有无非固定位置的开关门操作，如果全程都没有违规开关门操作，仓库就可以默认该趟运输在途是没有安全风险的，可以简化审验流程，甚至直接走"绿色通道"。这样，就可以压缩车辆因为库房验货造成的等待，大大地缩短了整个供应链的时间。

自从实施易流科技提供的方案后，经核算，同样的运输线路，一趟业务的时间已经压缩到40个小时，相比之前的170个小时，足足压缩了130个小时，供应链效率提升了300%。以上是对干线运输过程的风险管理，收到了很好的效果，承运企业和库房管理方都十分满意。

（三）对末端配送过程的智能追溯

在末端配送业务中，承运商同时要配送多家商超门店，每个门店可能都会进行新产品的补充和旧产品的回收，既有卸货又有装货，时常出现错货或串货的情况（如把本该给甲超市的货物错误配送给了乙超市，或者本该配送两件货物，但只配送了一件）。易流科技研发了一种可随货物货箱一同放置的智能追踪装置，机身小巧、便于隐藏，确保在装卸现场第一时间能够发现错误，及时纠正。

系统检测到智能追踪装置出现轨迹异常时，系统会自动记录当前轨迹异常发生时的位置，并追踪装置编号，可以快速定位到是哪辆车、哪批货物出现了问题，便于及时追溯，降低追溯难度和风险。

该智能追踪装置的一大优点是可以随取随用，自带定位功能，可以全程记录货物的实际轨迹信息，这对于没有安装车载定位终端的外协车辆的管理极为方便，不需要安装，也免维护，非常适合物流企业对外协车辆的日常管理。同时造价合理，可以大量应用到日常配送业务中。据统计，在使用后，车辆交接货物过程中发生的货物错货、串货次数下降了70%，并极大地提升了对外协车辆的管理效能。

（四）全供应链风险的一站式"看板"管理

易流科技站在企业经营视角，为企业管理者打造一站式的"看板"管理功能，实现管理者对企业经营状况的及时掌控，及时控制运行风险，提前预判运行趋势，帮助决策层降低管理难度，提升管理效能和管理效益。

例如，为便于该企业及时掌握和衡量各承运商的可靠性和灵活性，易流科技开发"供应商服务看板"，每天跟踪承运商运输业绩关键指标，追溯不同供应商造成的货物损坏率，以及衡量运输不及时造成的客户订单损失，并利用统计模型分析不同类型产品的运输调货频率，进行最优化设计，找到库存、车辆利用率和满载率的平衡点。

通过该一站式"看板"，极大地提高了企业管理的针对性和科学性，便于顺利定位和追溯造成问题的原因，便于负责人更加系统、全面地了解企业经营状况，更加全面精准地进行决策，提高决策的科学性。

物资配送计费"最优化",助力降本增效

—— 中国移动通信集团广西有限公司

中国移动通信集团广西有限公司(以下简称"广西移动")是中国移动通信集团有限公司的子公司,服务于广西的移动通信主导运营企业。主要经营业务包括通信、IP电话和互联网等网络的设计、投资和建设,设施的安装、工程施工和维修等。主要存储配送工程物资及备品备件物资,240余种。

广西移动积极落实"一切成本皆可控"的理念,深入推进降本增效工作的要求,并围绕推进嵌入式廉洁风险防控机制的建设,从物资配送管理入手,应用信息化手段计算运费,通过对比不同配送方式的运费,选取最优配送方式,压降物资运输费用,提升物资配送运费嵌入式廉洁风险防控能力。

一、项目背景

传统的物流承运商配送采用按"重量×公里数×单价"的方式、人工计算运费,存在不同物资均按重量计算运费。一方面,对于体积大、重量轻的物资运费结算存在争议,影响物流承运商满意度和公平性;另一方面,核算人为因素较多,容易造成多结算或少结算的运费问题,且运费清单不透明,存在一定廉洁风险。

二、解决方案

（一）建立科学运费计价方式

研究不同物资在体积、重量两个维度下计算运费的偏差度，经过现场调研、协同物流承运商、物资供应商等多方沟通讨论，决定根据物资品类对物资进行重货和轻抛物的区分计算运费，将体积较大、重量较轻（即体积重量大于实际重量）的天线、组合式开关电源、空调、配电屏、综合柜、综合箱、接头盒等物资按轻抛物体积折算相应的吨位，其他重货物资采用物资包装上的重量换算吨位，统一采用"吨×公里"的计费基准计算运费。

（二）以信息化手段核算运费，杜绝风险隐患

广西移动采购供应部联合信息技术管理部经过认真调研，多次沟通讨论，明确系统需求及系统框架，经公司领导决策后，开发线上仓储系统计划配送管理模块的运费管理功能，并与供应链系统进行对接。

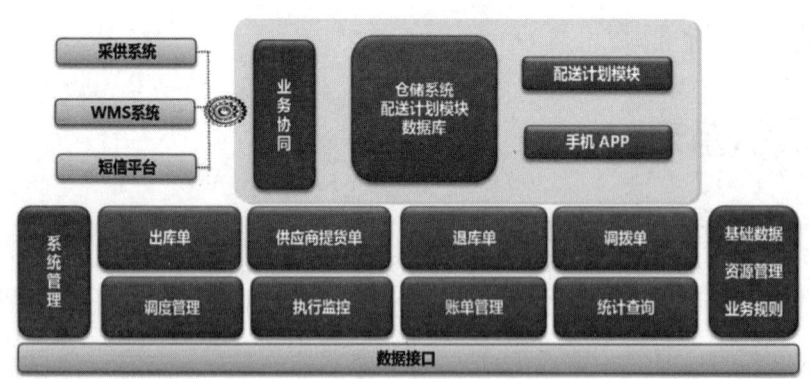

图1 仓储系统配送计划管理模块功能图示

1. 基础数据的收集固化

（1）物资吨位：按建立的运费计价方式原则，收集在库物资吨

位数并录入系统，新购物资则在物资入库时完成系统内物资吨位维护。

（2）运输距离：物流承运商的运输里程表作为省内配送运距，省外配送运距采用与合作供应商计算运保费的运输距离。

（3）运费单价：物流承运商的物资配送单价、供应商配送运保费单价。

（4）运费计算：物流承运商自提运费＝物资吨位×公里数×物流承运商配送单价，供应商配送运费＝供应商配送运保费单价×采购数量。

2. 择优配送，减少成本

物资采购订单下达后，如何选择物资配送方式（即物流承运商自提或供应商配送），两者中如何选择才能实现运输成本最低。

在物流专员创建订货通知单时，供应链系统同步获取配送计划管理模块的运费计算基础数据，按照运费计算公式分别核算出物流承运商自提运费与供应商配送运费，供物流专员选择最优的配送方式运输物资，节省物资运输成本。物资配送方式运费对比示例如下图所示：

物资配送方式运费对比示例			
采购订单	APO303310200100752	发货通知单	YX-VDN202001200010
物资编码	10392909	物资名称	金属光缆分纤箱\壁挂\340×265×120mm\24芯\FC
供应商	中天宽带技术有限公司	公里数（南宁-江苏）	2345
订货数量	3000	物资总吨位（吨）	14.7
物流承运商配送单价（元）	0.65	供应商配送运保费单价（元）	14.5544
物流承运商自提运费	22406.475 注：物资吨位*公里数*物流承运商配送单价	供应商配送运费	43663.2 注：供应商配送运保费单价*采购数量
物流承运商自提运费＜供应商配送运费，选物流承运商自提			

图 2　物资配送方式运费对比示例

三、实施成效

（一）建立科学运费计价方式，降低了物资运费计算的偏差度，实现更精准的物资配送运费费用结算，提升物流承运商的满意度。

（二）通过系统对物资配送运费进行规范管理，运费清单可查、可视、可管，同时有效杜绝了人为多计配送费的廉洁风险隐患，做到了风险拦得住、行不通、做不成。

（三）运输费用降低明显，2017年至2020年通过比选不同配送方式的运费，选取较为节约配送成本的配送方式，为企业节约物流配送成本共544万元，节约了46.61%的运输费成本。年均运输费用占采购物资金额比例由1.5%下降至1.29%。

一站式包装供应链服务在仓储中的应用

—— 北京好材云科技有限公司（团好材）

一、包装行业现状与问题

据官方统计数据，2021年第一季度快递发货量超过200亿个包裹，已经达到2015年全年的快递量，相应的包装需求量也连年快速增长。

对于仓储尤其是大型多仓的电商仓储来说，在采购包装材料时有几个明显的痛点：

1. 包装市场数万供应商，良莠不齐且绝大多数为中小工厂，包装工厂的产能和品质难以保障；且缺乏规模化运营和服务中小企业的能力。

2. 仓储企业面向众多供应商，采购遴选时间成本高、人员投入很大。

3. 包装涉及多种品类，且不同品类商品有其相应的打包专业性，采用什么样的包装方案，仓储企业并不专业。

4. 国家对绿色环保包装的要求越来越高，如何实现包装绿色化，包装供应商和仓储并不专业。

二、团好材及解决方案

2019年，在洞察到包装行业内的问题并做了大量市场调研后，成立一站式包装供应链服务——团好材，并确认其核心价值，即最大化地提升包装产业供应链效率，彻底解决电商及仓储在发货中遇到的包装痛点问题。

在深耕电商和仓储管理软件十年的积累下，经过一年多的发展，团好材月营收规模已近千万元。目前服务众多云仓及终端品牌客户，包括中储智运、百世云仓、中通云仓、申通云仓、易库云仓等品牌，以及宝洁、好未来旗下励步英语、有机农场山里农夫等数百家终端消费品牌。

团好材整合上游海量分散包装工厂资源，并对工厂产品品质、产能、发货时效、覆盖区域、库存深度等进行多个维度评估；下游凭借多年的行业积累，快速获取一批种子用户，通过满足客户需求，形成电商和仓储客户的包装解决方案。通过上下游匹配算法，下游采购订单自动路由到相应供应商后台，由供应商接单生产并完成交付，形成对订单的高效全生命周期管理，实现包装供给效率提升、采购成本降低。

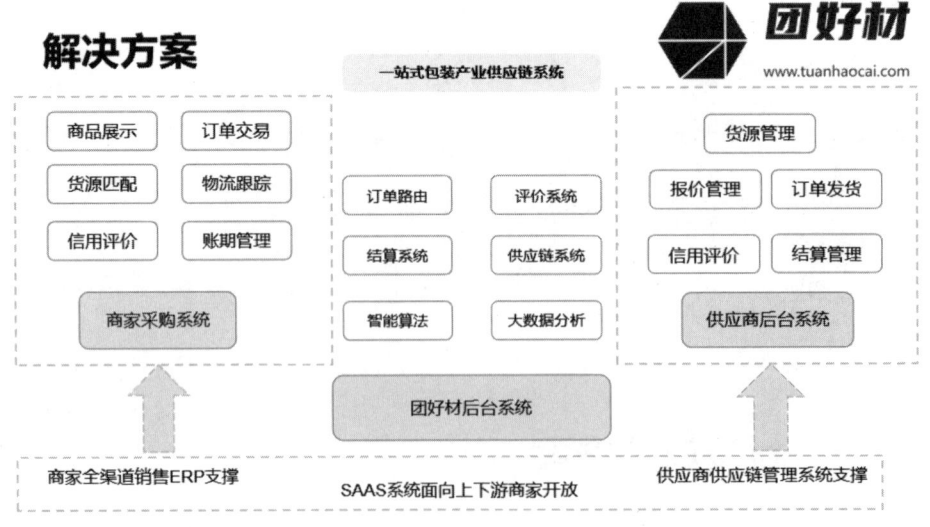

三、服务案例——中储智运

中储智运是隶属于中央国资委的大型现代综合物流企业，其仓储网络遍布全国，海量的电商包裹通过其仓储进行发货，包装量消耗巨大。由于地域原因，对于抛货包装材料如纸箱、气泡膜等，需要考虑运输成本，最好就近完成采购；其他如胶带、缠绕膜、塑料袋、气泡袋、气柱、气枕等采购品类繁多，涉及大量供应商的遴选工作；包装材料又属于高频采购物资，仓储空间有限不能大量备货，几乎每周都要下单采购，采购工作无序且繁重；虽然包装在企业经营中成本占比并不大，但是占用了大量的人力资源和采购沟通时间。

团好材的一站式包装供应链服务恰好能够帮助中储智运解决其包装采购工作的痛点，经讨论，双方快速达成合作。团好材将一个采购订单在系统中按照品类、仓储所在地、备货周期、发货时效等维度拆分成多个子订单，自动推送到供应商后台，供应商接单安排生产。系统会在订单交付的生产、发货、售后等多个环节进行管理和考核，并不断优化供应商资源，达到供应链效率的最优化匹配。

中储智运与团好材合作前后对比

	合作前	合作后
供应商管理	几十家供应商	团好材一站式服务
配送时效	多供应商不统一、协调烦琐。配送周期7～15天	由团好材统一协调配送，配送周期2～5天
采购成本	不同供应商报价波动频繁	总采购成本下降3%～5%
人员投入	不同区域仓储均配采购人员	由总部一人统一负责即可

基于供应链智慧运营的精益库存管理体系的构建与实施

——国网冀北电力有限公司物资分公司

国网冀北电力有限公司（以下简称"冀北公司"）隶属国家电网有限公司，于2012年2月9日正式独立运作。冀北公司负责运行维护华北地区"西电东送""北电南送"大通道和首都500千伏大环网，承担着保障首都供电安全的重要职责，服务唐山、廊坊、张家口、承德、秦皇岛等地区经济社会发展和国家新能源发展。

国网冀北电力有限公司物资分公司（以下简称"物资公司"）是冀北公司物力集约化建设的支撑单位，现有职工139人，承担物力集约化职能管理工作，担负为冀北电网发展提供物资供应保障的核心业务，业务范围包括计划管理、招标采购实施、合同管理、仓储配送、物资调配、现场服务、质量监督等物资管理相关领域。物资公司资质优良，具备"国家发改委中央投资项目招标代理机构甲级资质"及"住建部工程招标代理乙级资质"。在国家电网内外树立了良好的企业品牌形象，先后荣获北京市丰台区文明单位、纳税信用A级单位、AAA级信用等级单位、中国招标代理机构诚信创优3A等级先进单位，物资公司服务的冀北公司良乡中心库荣获"中国五星级仓库"荣誉称号。

一、实施背景

（一）落实国家电网服务京津冀协同发展，践行新时代战略目标的有效举措

新冠肺炎疫情发生以来，国家经济发展面临前所未有的挑战，习近平总书记指出，要营造稳定、公平、透明的营商环境，降低市场运行成本，提高运行效率，提升国际竞争力。针对冀北公司在疫情防控期间暴露出的应急响应、供应链管控、产业链协同等方面的问题，通过管理模式创新、信息系统开发、业务流程优化，加快推动冀北公司应用新一代信息技术构建现代供应链体系，提升企业应急响应速度和供应链柔性能力。

（二）提升冀北公司经营管理水平，推动企业提质增效的内在需求

对照国家电网提质增效总体要求，传统供应链管理模式在资源统筹调配、供应体系差异化运作等方面还存在一些短板，物资管控模式和运行机制有待进一步优化，信息技术和物资业务深度融合有待进一步加强。面对新形势、新要求，亟须进一步推动供应链管理创新、技术创新、模式创新，将精益管理理念贯穿于供应链业务全流程，制定科学合理的物资供应和储备方式，减少各级仓库重复储备、资金占用和库存报废浪费，提升物资管理整体价值创造能力和公司经营管理水平。

（三）提高冀北公司物资供应能力，为电网高质量发展提供坚强保障的客观要求

冀北公司加快战略目标落地，以建设智能电网作为构建能源互联

网的重要基础，阳光业扩、丰宁抽水蓄能等重点电网工程集中建设，建设周期短、时间要求紧、投产压力大，物资供应保障工作面临严峻挑战。然而，冀北公司在库存控制、物资供应、供应链运营等方面存在较多问题：省、市、县各个层级以及各专业仓库各自为政、需求扭曲、库存高，仓储配送资源不能得到综合利用与共享；缺乏基于供应链的全环节库存控制策略，各单位及供应商在物资管理上相互独立，无法合理有效调拨；缺乏有效的供应链运营机制，物资精益化管理水平差，大部分资源处于被动或无序储备状态，库存物资周转率低，占用较多资金；缺乏高效的信息化管控手段，信息化管理水平低，难以准确掌握各单位实物储备以及现场需求信息。

针对以上问题，物资公司经过调研，大胆创新，经过半年的酝酿实验，冀北公司于2019年12月做出构建基于供应链智慧运营的精益库存管理体系、持续提升物资供应保障能力的决定，组建跨专业工作队伍，完善仓储网络布局，成立供应链运营中心，构建精益库存管理体系，并于2020年4月全面推广运行。

二、内涵及主要做法

基于供应链智慧运营的精益库存管理体系是一种新型的物流管理方法，通过信息系统掌控供应商和各省、地市、县公司专业实物库存和生产信息，通过供应链运营体系进行资源统筹调配和运营分析决策，省公司统一制定合理的储备策略和供应策略，打破了传统的各自为政的实物管理模式，有效控制库存，减少资金积压和物资报废，提升物资供应保障能力，解决目前电网物资供应中存在的问题。

（一）建立跨专业协同共管组织体系

一是建立跨专业实物管理组织。成立以冀北公司分管领导为组长，物资、财务、建设、设备、营销等各专业部门主要负责人组成的领导小组，下设由物资部、物资公司、各地市县公司组成的工作小组和实施小组，为推进全域物资管理工作夯实组织基础。

二是构建跨专业、跨层级协同运作机制。推动多专业协同联动，梳理优化物资管理所涉及的各项流程和制度，推行"需求归口管理、合同统一管理、仓储系统管理、配送精确管理、供应商关系协同管理、废旧处置透明管理、应急物资统筹管理、信息资源一体管理、绩效评价量化管理"的现代物流管理模式，实施日跟踪、周协同、月通报的协调督办工作机制，明确物资管理职能定位，细化物资管理工作界面和业务操作流程，建立科学规范的物资工作机制和绩效考核机制，确保全域物资管理工作高效推进。

三是组织编制全网实物规范管理工作流程及标准。明确并细化了各专业、各单位的职责分工，充分发挥物资专业管理优势，形成物资部门管"库"、专业部门管"仓"、项目部门管"现场"的协同共管体系，为全域物资管理工作规范高效开展提供长效制度支撑。

图1　协同管理体系

（二）推进物资标准化管理

电网物资采购标准不统一，设备及材料存在品种多、型号杂、技术不统一等问题，影响和制约了公司物力集约化管理。为此，冀北公司组织建立了物资标准化专家库，省地市和县公司分别建立标准化建设联络员机制，从项目设计、设备选型等源头落实标准化，促进电网设备通用互换。强化标准执行的刚性约束，在电网规划、设计和建设中，必须选用标准规定的设备材料；对纳入集中采购的设备材料、大宗物资，必须在物资采购标准目录范围内选择；对已经完成设计的项目，要对照公司发布的采购标准，复核设备材料选型，不符合采购标准的要及时调整。通过物资标准的严格执行，促进电网规划、设计、建设和生产运营的标准化。

冀北公司先后4次开展物料标准规范编写、修订工作，完成《国网冀北电力有限公司35kV输变电项目主要设备、材料标准技术规范》。规范依据国家电网公司现行技术标准、物资采购标准及相关标准化成果，结合冀北公司相关专业普遍需求，努力推进冀北公司物资标准化、产品系列化，努力实现电网主要物资通用互换，进一步提高供应链整体运作水平，实现公司效率、效益、价值最大化。

（三）建设"库+仓+现场"的仓储配送网络体系

1. 优化仓储网络布局

按照"合理确定储备定额、统筹规划仓储地点、科学设计仓库规模"的思路，根据存储物资种类和数量，调整各级仓库定位，构建以省中心库为核心，地市周转库为分支、县终端库和专业仓为补充的仓储网络体系。按照"物资部门指导、专业部门负责"的原则，开展专业仓注册备案工作，摸清各专业部门自有仓库数量及实物情况，专业仓由省专业管理部门审核后，统一报省物资部备案管理。

省中心库：省公司层面设立中心库，作为仓储网络枢纽，负责全省通用物资资源的集中储存与配送，向周转库、县终端库进行补库。

地市周转库兼检储配基地：主要存储地市公司集中储备的备品备件、运维物资、配（农）网物资等。按照"先检后储、按需配送"的业务模式，在周转库建立"检储配"一体化基地，选取部分技术规范通用性强、标准化程度较高的配网物资，检测合格后在一体化基地进行集中存储，优化"检储配"业务链条，减少运输成本和时间成本，提高抽检效率、风险防控能力和供应时效，深化质量监督与供应配送业务的整体联动和协同。

县终端库：主要存储县级日常运维物资、常用备品备件等。仓储点设在县公司运维检修部（储运班），服务辐射半径保证在交通便利地区1个小时内送达。

专业仓：由各专业管理部门归口管理，各级单位的工区、班组、供电所落实专兼职人员，承担对已领未耗的零星生产运维、备品备件、应急保障等物资的日常保管和出入仓作业工作。按照"定额储备、按需领用、动态周转、定期补仓"模式运作，低于定额物资，由物资库向专业仓补仓。

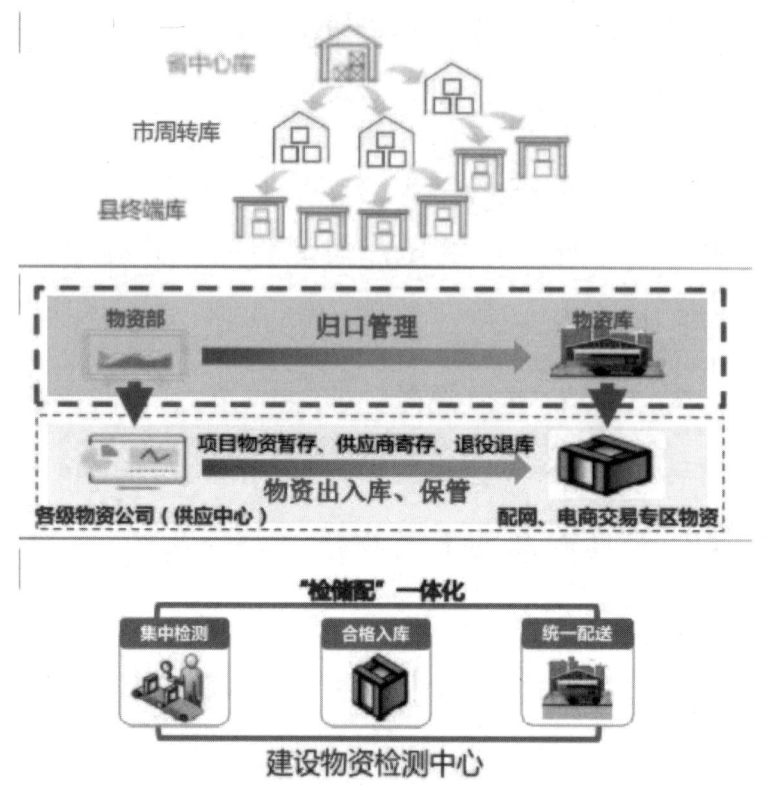

图 2　仓储网络体系

2. 构建仓储配送管理系统

在建设仓储网络的同时，公司注重信息化建设工作，组织开发了仓储作业管理系统（WMS），引入视频远传技术，全面实现仓储的"可视化管理"。通过 ERP 系统、WMS、手持终端（PDA）和条码技术几个功能模块之间的数据贯通和升级仓库监控系统，实现对仓储作业的远程监控和对在库物资的可视化管理。另外将各仓库层级以及专业仓所有在库物资全部纳入 WMS，实现全部实物资源的"一本账"管理，提升了公司物资管控能力，便于有效利用全网范围的物资，可以减少重复库存，提高物资供应能力。

为加强对各级仓库作业和配送的集中管控能力，组织开发了智能物流管理系统软件,将配送调度技术、视频监控技术、远程控制技术、智能分析技术、系统融合技术进行了有机的整合。该系统覆盖公司各层级仓库,既可以在运营中心对各级仓库作业和在库物资的视频可视化管理,又可以通过远传对话,指挥仓库现场进行作业,该系统的实施,改变了原来仓库"黑匣子"管理模式,有利于加强仓库集中管理。

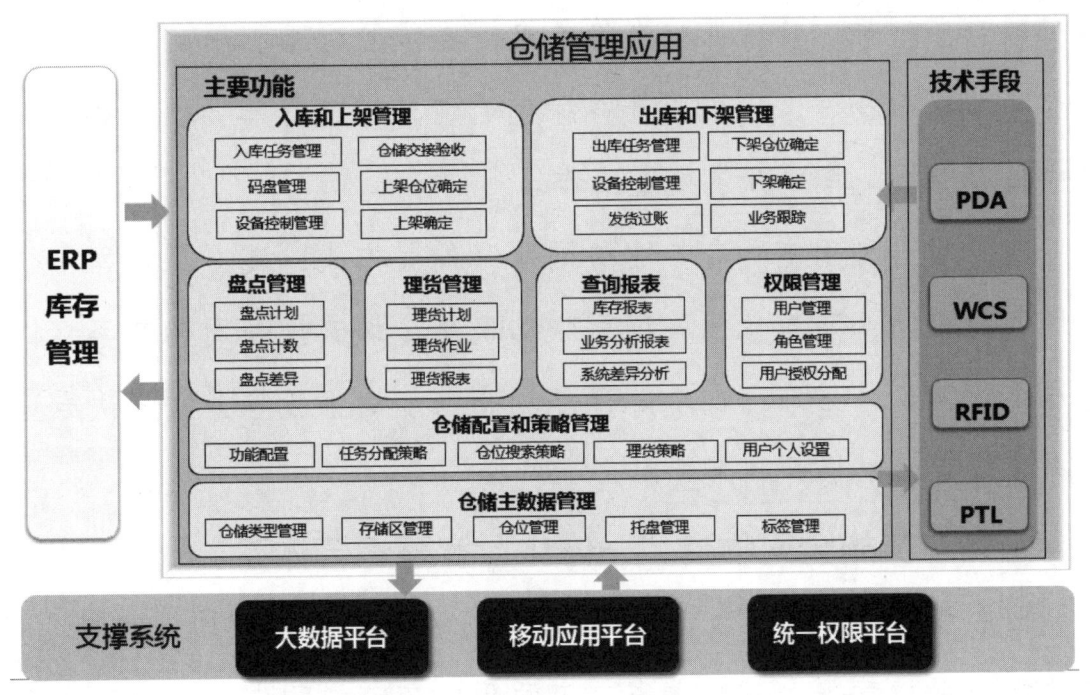

图3 仓储管理系统架构图

3. 深入开展清仓利库工作

冀北公司明确了"谁形成库存,谁负责利库"的工作思路,扎实推进盘活利库各项工作,并逐步建立利库调拨机制,最大限度压缩库存,解决历史遗留问题,理顺管理机制,为加快建立科学的仓储配送体系奠定坚实的基础。

一是对于建设检修使用的消耗类实物:重点清理已办理领用出库、

仍未使用物资,以及结余物资,线下收集物料编码、数量、价值、对应项目等信息,形成实物清点台账,报对口专业(项目)管理部门审核。

二是对于日常运维使用的装备类实物:重点对存放在专业仓的试验设备、校验装备、工器具及备品备件进行清点,重点做好日常领用、退仓、是否完好等状态更新,满足在应急状态下跨单位紧急调用。

三是对清理出的实物开展现场技术鉴定:明确再利用或报废意见,核对数量、型号、价值、状态等信息,在线登记可利用实物信息。对专业仓拟报废物资,省公司开辟绿色通道,实物资产管理、财务部门加快报废审批,集中开展处置工作。

四是对可利用实物各专业协同研究处置方式:建立覆盖库、仓及现场的跨班组、跨单位、跨项目联动机制,切实提高周转效率,促进沉淀实物消纳,采取内部统筹调配利仓、加快报废等方式加快专业仓库存物资周转,提升利用效率。

(四)实施全网物资"一体化"智慧运营体系

按照现代供应链"一级平台、二级运营、三级应用"总体思路,搭建供应链运营平台,成立省、市两级供应链运营中心,做实供应链运营基础,推动供应链智慧运营,赋能供应链提质增效,为公司和电网高质量发展提供优质高效的供应链服务支撑。

1.深入研究定位,建立运营中心组织体系

结合冀北公司物资供应中存在的问题和现有业务开展情况,认真研究探讨运营中心功能定位、建设原则、目标和规模,业务运转机制等细节,明确了运营中心"资源统筹、监控预警、物资调配、应急指挥"的功能定位,组织编制了公司供应链运营中心运营手册和岗位标准,

明确了职责分工，为后续运营中心业务高效运转奠定了基础。

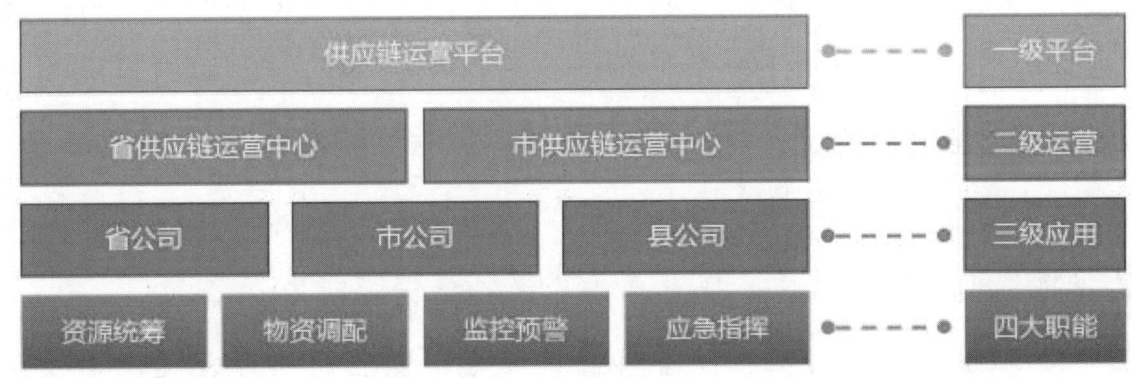

图 4 供应链运营业务架构

2. 基于"大云物移智链"，搭建供应链运营平台

依托企业数据中台，结合"大云物移智链"现代信息技术，打造供应链运营平台。整合 ERP 企业资源管理系统、ECP2.0 新一代电子商务平台、ELP 电力物流服务平台、"e 物资"移动作业 APP 等信息平台，贯通基建、运检、发策、财务等信息数据，充分发挥智慧运营"大脑中枢"作用，实现供应链运营态势实时感知、各环节业务规律深度洞察、跨领域信息数据高效共享，科学指导各业务链规范高效运作，推动供应链运营向数字化、智能化转变。

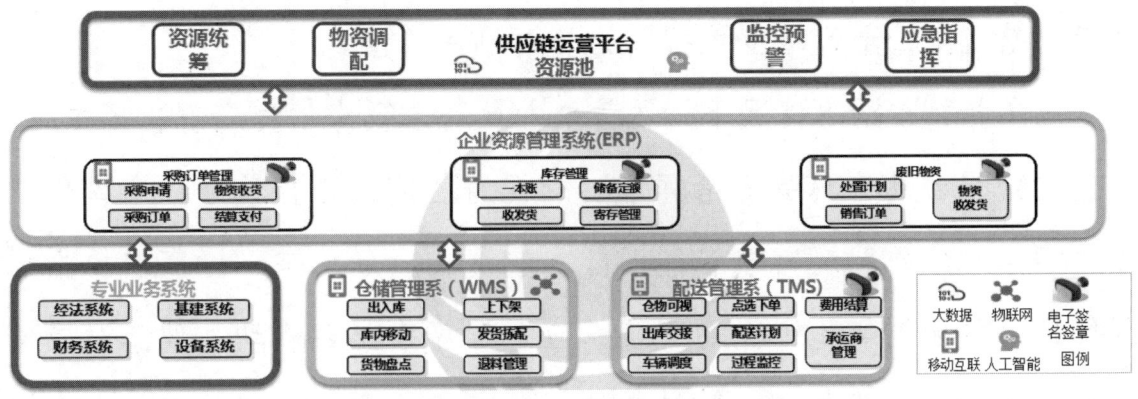

图 5 运营平台信息架构

3. 立足资源统筹调配，确立运营机制

立足资源统筹调配，集成物资专业及发策、建设、运检、财务等外部专业系统数据，将物资业务全链条信息进行整合，对内监测物资供应全过程执行情况，受理需求与投诉，对外接收供应商履约诉求，协调解决物资供应问题，发挥"资源统筹、监控预警、物资调配、应急指挥"四大职能作用，提升全供应链物资保障能力。

资源统筹：建设实物储备、协议库存、供应商库存、退出退役设备为一体的库存"资源池"，以及从采购到物流各环节产生的数据"资源池"，实现全网资源分级可视、信息共享。

监控预警：贯穿物资供应全业务链条，分别从项目、合同、供应计划三个维度可视化展示物资业务发生情况，实时跟踪业务办理状态。同时，智能监控供应链关键业务节点，通过设置预警阈值及运算逻辑，主动发现延迟交货、配送超时等异常信息，智能发布风险预警，促进业务操作规范、及时、高效。

物资调配：充分发挥省、市两级运营体系作用，以"资源池"为支撑，对协议库存物资进行智能匹配，根据实际需求开展跨区域、跨法人、跨项目物资调拨，统筹供应商产能及运力资源，在满足紧急供货的基础上，最大限度挖掘物力资源利用价值。

应急指挥：紧急情况下，运营中心自动升级为物资应急指挥中心，依托运营平台及应急物资指挥中心的视频监控、语音信号、仓库作业视频等，对应急物资需求智能匹配，实现在应急状态下，需求提报、调拨指令、配送实施、现场交接、应急结算等业务移动办理，对应急事件处理情况在线跟踪，及时掌控应急事件处理全过程信息，全力保

障应急物资快速响应。

（五）构建基于供应链智慧运营的精益库存管理体系

1. 冀北公司实施智慧运营库存管理的条件

智慧运营库存管理的基本思想是建立资源调度中枢，物资公司在通过物资标准化、仓储网络体系建设、清仓利库等工作开展，实现对全部库存资源的统一管理，具备了整合内部需求的基本条件。为提升物资供应保障能力，省地市公司层面均成立了供应链运营中心，搭建供应链运营平台（ESC），可以统筹本区域各个需求点的物资供应，与供应商和需求单位进行联系，具备了实施库存智慧运营的组织条件。冀北公司稳步推进基于供应链智慧运营的不同物资精益化库存管理模式，物流成本大大降低，供应保障能力有效提升。

2. 智慧运营库存管理实施的方式

基建类物资由运营中心统筹制定物资到货计划，跟踪物资备料、生产、发运状态，及时组织供应商将物资直发项目现场后纳入基建仓进行出入库管理，确保满足工程建设需求。针对特高压、500千伏工程物资供应数量大、时限性强的特点，充分发挥省级运营中心"监控预警"作用，主动介入项目前期管理、制订科学的供应计划、推行智能化配送方式，加强物资供应全过程精细化管控程度。针对220千伏及以下基建工程多、数量大、时限性强的特点，充分发挥省级运营中心"资源统筹"作用，统筹调配各方资源，通过运营平台管控、两级履约协调，加强现场规范化管理。同时，对于金额大、响应时间较长以及部分虽然使用量小，但使用频率不高且响应时间较长的备品备件，采用省公司集中储备模式的方式，由供应链运营中心进行统筹调配。对于使用频率高、响应时间短，且主要在部分基层单位小范围使用的备品备件采取分散存储的方式，跨地市调配由省级运营中心统一调配，地市内调配由市级运营中心统筹组织。

配网类物资采取"协议库存、集中抽检、实物储备、统一调配"的联合库存方式，充分发挥公司运营中心的统筹调配和指挥协调职能，根据实际需求组织物资的到货、抽检、储备、领料等工作。协议库存采购是指针对标准化程度高的物资，与供应商签订物资供应框架协议；集中抽检是指通过"检储配"一体化基地对配电变压器、高压开关柜、环网柜等11类重点物资选取部分物资进行检测；实物储备是指检测合格物资进行集中存储，按照"先检后储、按需配送"的业务模式，优化"检储配"业务链条，深化质量监督与供应配送业务的整体联动和协同；统一调配指供应链运营中心借助供应链运营平台，充分发挥公司运营体系的统筹调配和指挥协调职能，根据实际需求及时完成各类物资的供应保障工作。

生产运维类物资采用"物资库为主、专业仓为辅"的分级储备方式，按照"定额储备、按需领用、动态周转、定期补仓"模式进行运作，专业仓内低于定额物资由物资库补仓，减少重复储备和资金占用。发生应急物资需求时，运营中心按照"先近后远、先利库后采购"的原则智能调拨物资库、专业仓内库存资源，提高物资供应及时性。

防疫、办公用品等零购类物资由各单位采购后集中存放于后勤仓，市内跨区调拨由市级运营中心组织，跨地市调拨由省级运营中心进行统筹管控，做好疫情防控物资保障。

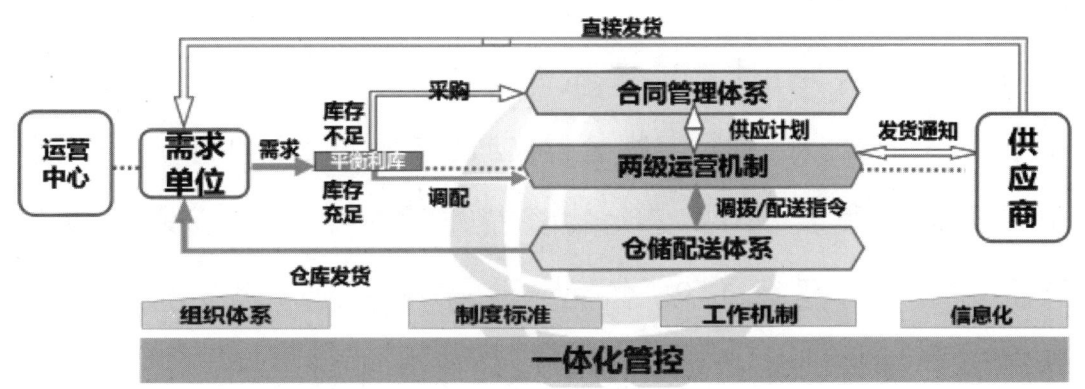

图6 智慧运营库存管理体系架构

三、实施效果

通过一年的实施，冀北公司基于供应链智慧运营的精益库存管理体系取得了明显的社会效益和显著的经济效益。

（一）社会效益

1. 现代供应链体系日益完善。物资公司牢牢把握加快供应链创新与应用的新机遇，加快推进构建冀北公司特色的现代（智慧）供应链体系。通过"大云物移智链"现代信息技术与物资业务的深度融合，在保障安全、提高效率、智能升级等方面发挥更大效用，实现供应链更加精益高效、智慧卓越发展。通过构建智慧运营库存管理体系，有效提升公司资源统筹和智慧决策能力，推进供应业务和信息管控的高度融合，提升现场作业智能化、自动化水平，有效缓解供需矛盾，实现物资供应零延迟。

2. 物资保障能力显著提升。该体系已在冬奥配套、主网强化、业扩配套、清洁能源等各级电网工程中全面应用，并发挥了积极作用。通过不断完善物料精简及结果应用，有效发挥供应链信息平台的业务支撑作用，配网类物资从需求提报到物资入库由50天压缩至30天，项目单位实际需求提报到物资发货至现场缩短至3个工作日，大幅提升物资供应时效性。2020年，保障了6个500千伏工程共9.79亿元物资精准供应，统筹5家地市公司保障主网基建工程共4.95亿元物资有序供应，助力优化冀北公司电网网架结构、提高运行可靠性。统筹各市县公司完成配网项目8.99亿元物资供应任务，保障6.24亿元电代煤项目物资、0.59亿元低压业扩项目物资的有序供应，有效推进需求侧电能替代，助力优化用电营商环境。

3. 物资质量水平不断提高。通过建设"检储配"一体化基地，真正发挥一体优势，依托智能柔性检测系统，采用集成化、智能化检测模式，实现配网物资快速检测，试验检测效率、试品运输效率、数据管理效率较传统检测方式分别提升2~3倍，质量检测能力及效率均显著提升。截至2020年7月底，基地累计完成14类物资、80个样品的检测工作，发现质量问题25个，涉及线缆、JP柜等10类物资，物资抽检合格率68.75%，有效杜绝了问题物资入网，为提升采购设备质量提供了有力的支撑。

（二）经济效益

自该体系实施以来，通过优化仓储网络布局，依托供应链运营中心的智慧决策支撑，项目临时仓库站数量减少60%，作业人员减少约44%，场地占用费用及项目临时仓库管理费用成本减少约200万元。2020年以来，物资到货时间比供应计划平均提前45天，整体工期提前40天，物资供应与现场需求匹配度达到100%，减少因物资到货不及时产生的窝工费用约535万元；通过对配网物资实施约6000万元规模的动态周转实物储备，满足全年3亿元配农网物资需求，减少公司初期一次性投资的资金占用成本约1800万元，共计为冀北公司增加经济效益2452万元。

四、推广价值

通过建立跨专业协同组织体系，给予现代智慧供应链管理理念，构建"库、仓、现场"的全域资源物资管理体系，在能源行业范围内具有较强的示范性。具体内容如下：一是建立跨专业协同理念。全域物资管理组织架构是在跨专业协同理念的基础上，发挥组织、协调、调控作用，高效协调各专业部门，为工作规范高效开展提供制度支撑和组织保障。二是构建以现代智慧供应链运营理念的管理模式。通过供应链运营平台建立全域物资可视化管控，实现物资管理全链条过程监控，对全域物资管理模式进一步重组优化。三是形成实物盘活消纳资源池管理。建设实物资源"先专业内分级共享，再公司内分级共享"的盘活消纳资源池，实现实物资源高效盘活利用，助力企业提质增效。

综上所述，基于供应链智慧运营的精益库存管理体系具有较强的可操作性和实用性。各电力、电网等大型能源企业在进行物力管理时，均可参照借鉴，具有较强的推广应用价值。

张国英、许永超、李玲

生产商贸物流深度融合，构建现代物流新模式

——泸州市龙马潭区君盛物流有限公司

经销商制是供应链相对传统的方式，经销商各自为政，各自建立销售团队和物流团队，相互竞争，绝大部分经销商负责人既要管理销售，又要管理仓储与配送，导致精力分散，企业业务发展因此难以突破。同时，各经销商经营差异化、管理多样化、仓储利用率低、配送效率低、满载率低、覆盖面窄，从而导致各项成本居高不下。随着市场的变化，需要将商流和物流进行区分、融合，构建供应链新体系。

一、企业基本情况

泸州市龙马潭区君盛物流有限公司（以下简称"君盛物流"）成立于2009年，由泸州信邦商贸有限公司全资收购原君盛物流有限公司进行重建而来。泸州信邦商贸有限公司作为君盛物流的上级单位，凭借多年来的商贸物流经验、渠道资源、网点覆盖、信息共享、金融服务、专业团队等全力支持君盛物流发展，致力于将其打造成为厂商、经销商等提供仓储、分拨配送、信息、金融等一体化服务的专业第三方统仓共配物流公司。经过多年的发展，君盛物流为制造、商贸行业降本增效的效果显著，并被泸州市列入为城乡高效配送试点单位与绿色城市配送试点单位。

君盛物流拥有自建立体库1.2万平方米，城乡配送线路40余条，

可实现泸州全域城乡36小时内配送到达，全年配送总量可达1000万件，配送门店达到8000余家。君盛物流将厂商、经销商的商流与物流严格划分，助力厂商、经销商重点发展商流，不受物流限制拓展市场，有更多的精力打造商流环境。同时，利用管理经验、销售经验、信息资源、数据分析等为商贸企业提供培训、财税咨询、金融等附加服务。

君盛物流细化统仓共配流程，将商品、门店线上化，不同货主共享门店资源、商品资源，不同货主除了可以销售自有经销产品外，同时互相协助销售其他货主的商品，共同提高货业主销售团队线路集合、定期拜访、错时拜访等，以便订单线路统一，提高配送效率和降低仓配成本。通过商流、物流区分各自发挥优势，提高厂商、经销商的效益增长，同时降低仓配成本，共筑供应链新发展。

二、主要做法与成效

(一) 系统平台支撑

君盛物流结合商贸和物流经验，与软件系统公司共同研发适用于统仓共配的平台系统，包括订单管理系统（OMS）、企业资源计划（ERP）、客户关系管理系统（CRM）、仓储管理系统（WMS）、运输管理系统（TMS）、财务管理系统（FMS）。订单管理系统让客户可以自主网上下单；企业资源计划让销售人员更快了解商品库存、售价，及时下单反馈至仓库出货；客户关系管理系统让经销商更快了解客户情况与关联，更好作出销售决策；WMS更快捷地进行采购商品入库、库存管理、库位管理、效期管理、拣货出库等；财务管理系统、接收仓储管理系统订单，更快捷地进行物流配送；财务管理系统在完成配送后进行财务结算。同时平台系统根据数据分析可向经销商提供采购分析、人员管理、工作安排等管理支撑。

（二）商流平台化模式

基于统仓共配前置条件下，将商流平台化。公司目前已经整合16家厂商和经销商，主要涉及快消品8000余个品种，主要涉及日化、粮油、酒水、调味品、副食等系列产品，基本能满足终端门店50%的商品需求。基于君盛物流订单管理系统集合所有客户订单，实现厂商和经销商的商流端进行商品渠道共享化、销售事业部合伙制、销售互助、信息共享等。商品共享化让经销商进行销售互助、难覆盖区域的终端门店销售人员进行一体化销售、终端门店统一供货等。销售事业部合伙制，以君盛物流作为背书，对于新品的接入可由各经销商合伙、员工合伙等形式参与共同经营管理。网点资源、销售信息等进行信息共享，让厂商和经销商更好地拓展市场。通过君盛物流平台，目前入仓的厂商和经销商形成了一个销售联盟体，共享资源、互补缺项，共同做大市场。通过商流平台化后，各厂商和经销商的销售额平均提高15%以上，覆盖率提高25%以上。

（三）统仓共配物流集合化

在君盛物流的仓储管理系统和运输管理系统的支持下，公司按照统一流程、标准服务为厂商和经销商提供货物统一储存、分拣、复核、集货、配送、现场交付、回单签收、代收货款、退换货处理、盘点等统仓共配服务。根据经销商或厂商的不同特点，君盛物流可提供定制化仓配服务，并可根据厂商和经销商的销量、覆盖率、产品特性制定不同收费策略。

通过统仓共配，君盛物流扩大服务范围，实现泸州全域覆盖网点

8000余个，包括全市四县三区城乡农贸市场、超市、大型KA连锁、餐饮门店等，配送效率可做到主城区4小时、县区及乡镇36小时内送达。对厂商和经销商而言，库存准确率达到99.85%，出库效率提高50%以上，配送效率提高60%以上，自有仓储面积节约40%，仓储人员减少60%，配送车辆减少45%，配送人员减少40%，仓配费用节约35%以上。

（四）绿色配送

君盛物流根据国家绿色货运方针，结合网点分布情况，将90%的货运车辆更换为新能源货车、自建充电桩、夜间充电、第三方直购电等形式降低公司车辆运营成本。由于覆盖广、线路长、交通堵塞，导致使用燃油车辆的运营成本过高，采用新能源货车后，公司车辆综合运营成本降低35%以上。

三、未来规划

（一）提升拓展平台功能及智能化水平。整合更多厂商和经销商，建立商流一站式服务，让零售终端可一次性下单、一次性配送。提高配送效率，让零售终端勤下单，减少库存，避免商品失效。建设终端POS系统对接，实时掌握动销情况、智能建议订单，一键下单模式。

（二）进一步完善基础设施。在覆盖半径较远的区域建设前置仓，根据订单数据分析，进行综合仓和前置仓商品调拨，减少配送半径距离，提高配送效率。

（三）建立诚信门店机制。实行诚信门店免验货交付机制，提高交付效率。

（四）进一步优化整合物流快递资源。整合快递资源，进行统一收发分拨，并转运至快递驿站，同时给予快递驿站赋能商品销售、社区团购等植入。

（五）采用标准化的物流器具设备，运用现代物流技术手段。结合当地特产建立云仓，对线上渠道商品进行存储、打包、快递一站式服务，同时开通仓储直播带货项目，实现仓库现场直播。

纵横跨境中台构建电商供应链新生态

—— 深圳市敏思达信息技术有限公司

一、企业概况

深圳市敏思达信息技术有限公司（以下简称"敏思达"）成立于1997年，是一家集顾问咨询、研发设计、系统集成、应用服务于一体的双软认证、国际CMMI3认证的国家级高新技术企业，拥有30多项软件著作权。敏思达立足供应链行业需求，帮助企业进行信息化建设和数字化升级，致力于成为全球领先的供应链信息化解决方案服务商。

深圳市敏思达信息技术有限公司是一个在自己的专业领域中不断追求卓越的企业。在过去的23年中一直专注于为客户提供量身定制的供应链数字化管理方案。凭借其扎实的供应链管理理论基础与行业内的经验积累，再加上跨界互联网的思维，敏思达能为客户提供一站式集采交易平台、技术研发平台、仓储物流服务平台、信息管理服务平台、供应链金融服务平台及供应链信息化咨询等服务。公司自成立以来，持续为众多企业提供个性化服务，先后为顺丰速运、申通快递、中铁快运、中远e环球、广汽丰田、国药集团、CTW集团、DHL、J&T、华为等国内外知名企业提供服务，并连续多年获得中国智慧物流领域最具影响力品牌的荣誉，成为综合物流服务标杆企业。

敏思达一直在积极探索供应链平台的升维，结合智能硬件、物联网、大数据等智慧化技术与手段，通过建设垂直供应链和综合物流服务体系，聚焦物流新基建，开发快递快运、仓储配送、跨境等"数字物流产品"，打造交易平台、供应链中台等物流运营平台，提供供应链全栈全场景的信息化解决方案。运用微服务架构、DevOps 基础设施、"RFID+IoT"架构和云技术等，成功服务于物流、汽车、医药、区块链、金融等行业的 10000 多家企业，实现供应链作业数字化、智能化，达到了高效精准的执行和资源的有效利用。

二、案例实践

（一）案例背景

随着国际贸易的不断发展及外贸方式多样化，世界各国进出口的货运量增长迅速，跨境物流业务也蓬勃发展，货主对跨境物流能力越来越重视，传统的手工作业模式或者单一的管理系统已无法满足要求。各种业务主体对于物流的需求也在不断提高，从原来单一的物流服务需求，逐渐演变成对仓储、配送、空运、海运、陆运、多式联运、供应链管理等多种物流服务的综合性需求。与此同时，多样性和综合性的需求加大了管理难度，对支撑业务的信息系统也有更高的要求。

敏思达纵横跨境中台针对跨境物流行业的业务模型进行创新升级，帮助物流企业提升服务能力、提高工作效率、节省人工成本。纵横跨境中台解决方案是敏思达 23 年供应链行业服务沉淀，通过创新型技术赋能国内外物流企业全球化的能力，实现平台无处不互通、应用无处不互联的智慧化物流行业解决方案。

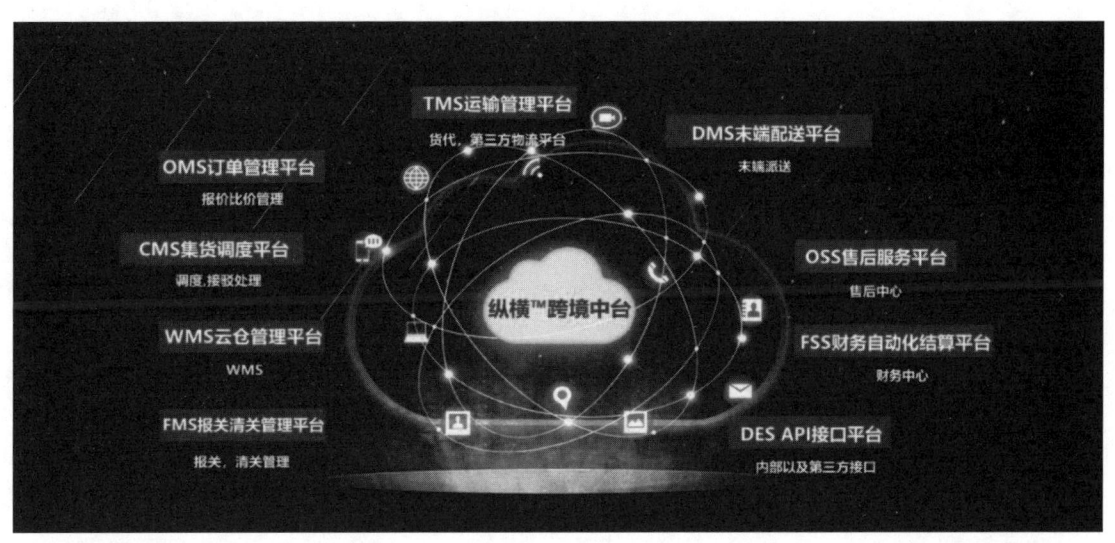

图1 纵横跨境中台平台框架图

（二）应用实践

1. 平台服务对象：跨境电商物流生态链中的所有角色

包括商家、客户、货代公司、报关行、末端配送企业等。

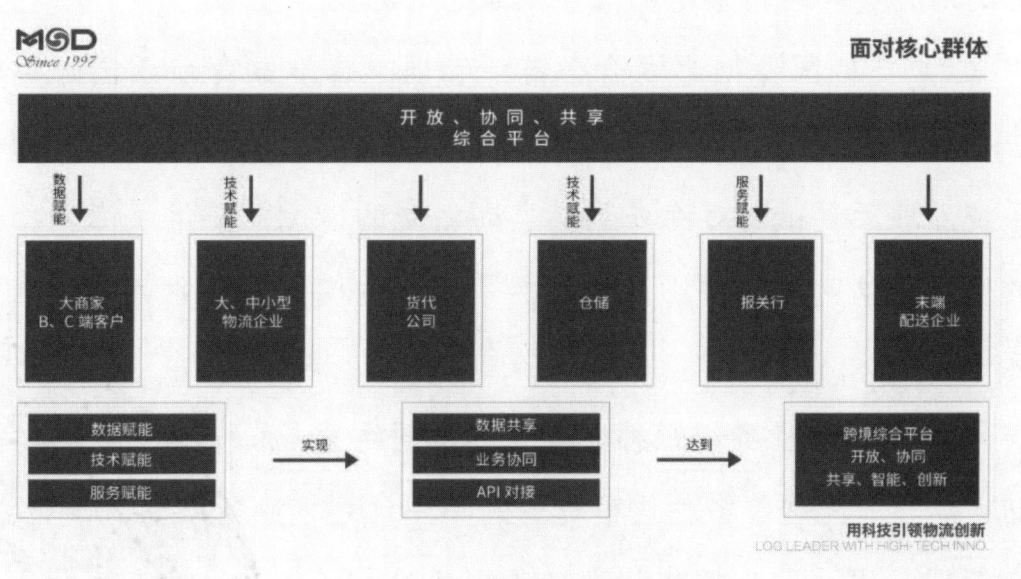

图2 服务核心群体图

2. 平台适用场景及优势：适用于跨境供应链全应用场景

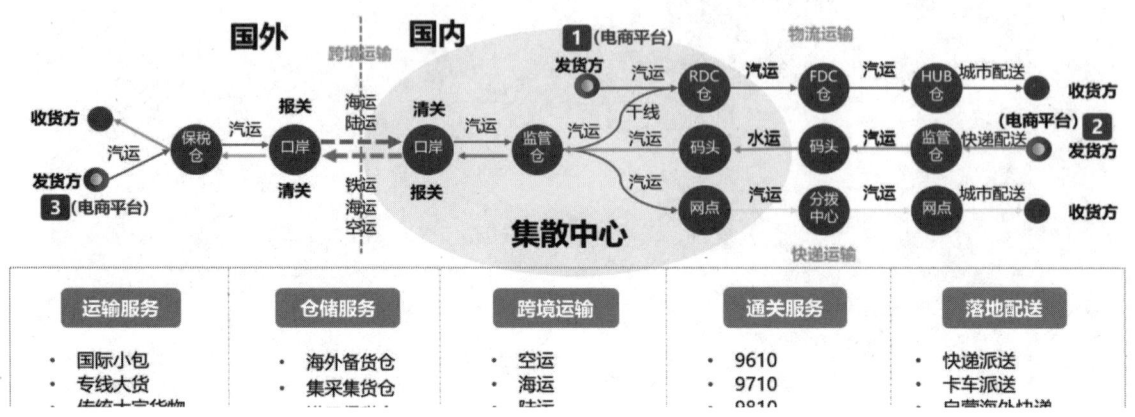

图 3　跨境供应链全应用场景

（1）集中管控分布运营的多业务组织架构平台实时同步管理。系统基于互联网架构，支持对分布在全球的运营网点和仓库进行集中的资源计划、业务跟踪、作业监控，同时支持分布在不同地域、不同时区的海外仓和运输管理部门 7×24 小时独立作业。

（2）支持国际物流运输全链条管理。跨境电商涉及国际运输，系统在国际运输的设计包括海运、空运、铁运、陆运等，可与货代公司系统互联互通；针对海外到港立即派送的情况，提供了海外物流渠道的管理，同时可支持迅速中转拆零配送的模式，为业务的顺利开展奠定了基础。

（3）支持多业务组织独立作业和协同运营。系统支持集货、中转、存储、运输、配送等多种运输资源的集中计划、业务跟踪、作业监控、库存管理，通过平台帮助企业实现信息流、资金流和物流的全方位管理；与物流渠道服务商、国际货运代理公司做到信息互联互通，充分适应电商行业的物流需求特点。

（4）统一平台规避多系统操作数据不同步问题。系统采用一体化设计，实现电商订单管理、仓库管理、配送管理、计费管理、国际运输管理、多客户管理等系统功能统一管理，运营者可在同一系统中完成所有作业和监控，避免多套系统并存带来的数据混乱、同步、流程衔接不顺畅等问题。

（5）多业务单元协同化运作平台。按照客户要求，实现订单的协同管理，提高信息共享度和单据处理效率；实现物流业务的统一规划和统一调度，形成中控中心，提高各种物流资源的利用率；支持物流业务中的多种业务模式，而且将运输、配送、仓储、报关、货代、堆场等多种物流业务集中在同一平台下运作，能够有效解决多个系统之间的接口不畅和协同困难的问题。

（6）可自由组合配置的物流服务方案。根据不同客户的独特需求，可将各种物流服务进行动态的组合。在物流方案中可以定义不同物流服务之间的组合和逻辑关系，通过选择不同的物流方案，可以使各种物流业务有效协同。

（7）全程跟踪。跨境物流过程中运输方式灵活多变、周期较长，系统可对业务处理进行全程跟踪，让客户实时了解到业务的执行状态，提高客户服务水平；对业务网络进行监控，及时掌握业务经营状况，为公司决策提供依据；实现业务流程的可视化，并解决业务过程难以控制和费用成本高昂的难题。

（8）系统选择最优物流方式。系统支持自定义计费比价方案，从而满足运营者根据运输路线和提供服务不同来进行个性化的服务收费。丰富的计算方案可以满足仓储费率自动结算的需求、短驳运输的费用计算和国际物流费用的计算，解决物流费用结算困难、容易出错的难题。

（9）国际化多语言支持。系统支持多语言，支持统一使用中英文操作，也支持在某一特定国家用专属的语言操作。

3. 平台价值：用信息化整合资源

海外收货及清关、国际运输、报关及配送是商品从国际市场到达客户手中必经的三部曲，纵横跨境中台由订单管理平台（OMS）、集货调度平台（CMS）、云仓管理平台（WMS）、运输管理平台（TMS）、报关清关管理平台（FMS）、末端配送平台（DMS）、售后服务平台（OSS）、财务自动化结算平台（FSS）、API接口平台（DES）等多个子产品系统构成产品生态。各子产品系统支持并集成进出口业务、电商平台、国际货代、集货转运、平面仓、海外仓、保税仓等业务场景。兼容海运（整柜、拼柜）、空运、陆运、联运等多种运输渠道。支持FBA、国际运输（DHL、UPS、USPS、FedEx）、邮政小包等。与企业内部系统、第三方系统、同行系统、外部系统（报关行、清关公司、单一窗口、末端快递公司等）、小程序、微信等进行数据互通与共享。各子产品可独立运行，也可整合运行，不仅可以实现高效而精细化的业务管理，也可与电商平台、海关、检验检疫、国内外物流服务商之间进行互联互通。

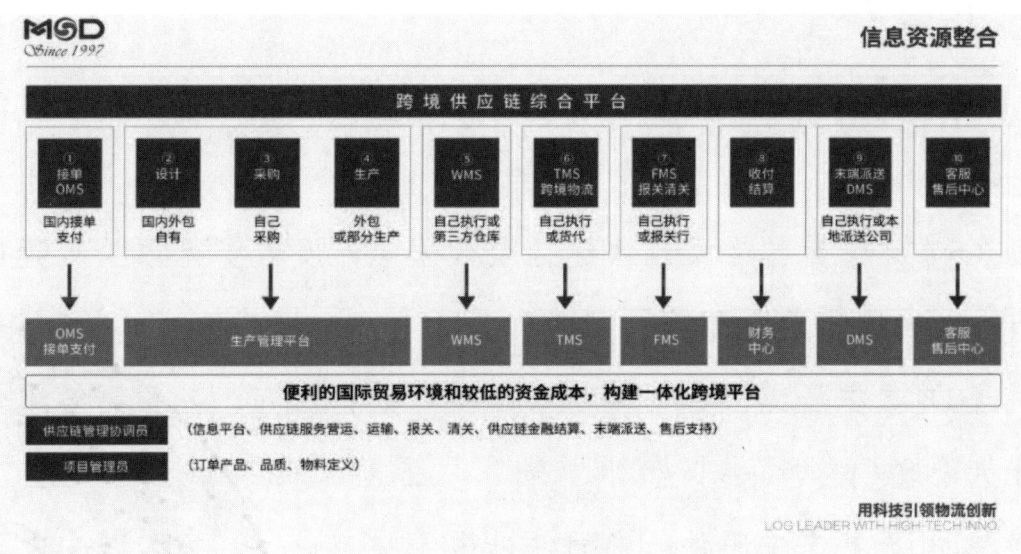

图4 信息资源的整合连接

4. 平台技术架构

纵横跨境中台根据其业务特点及操作需求采用不同技术实现，主客户端采用三层架构实现，数据接口、手机APP、微信、大客户管理系统等采用Java或Obj-C实现，采用标准接口（XML，JSON，TXT）可接收、推送数据，根据业务需求同步或异步传输数据实现了物流业务总线，让各需求模块可以无缝整合。支持多语言体系及简、繁的自动转换，提供强大的版本控制及更新升级平台，可回溯版本演化历史，客户端自动更新、自动监控，可跟踪影响性能的SQL、DLL以及硬件瓶颈，方便进一步改进系统，提升运行速度和稳定性。

主要技术有以下9个方面。

（1）ODAC：数据访问采用业内最快的ODAC技术，与Oracle无缝衔接，能最大限度地发挥Oracle效能。

（2）Object Pool：中间件大量采用对象池和线程池技术，减少对象创建消耗，极大提升系统性能。

（3）DataSnap：远程对象访问技术，快速安全实现远程过程调用、远程对象访问。

（4）模块化技术：各子系统采用独立模块化实现，耦合度低、易扩展。

（5）通用数据存取：快速存取数据，开发人员无须关心数据库细节，极大提升开发效率。

（6）数据压缩：数据传输采用双向数据压缩，减少网络流量，提升传输效率。

（7）无状态中间件：中间件采用无状态设计，极大减少中间件压力，增强系统性能和扩展性。

（8）负责均衡：支持多种负载均衡模式，支持软件或硬件负载分流，配合无状态中间件设计，极大增强系统容量和容错能力。

（9）Msd Code Library：包括字符处理、加密解密、界面处理、网络通信、用户交互等方面内容，经过敏思达二次开发后形成的技术开发库。能极大地提升开发效率，快速实现主流技术应用。

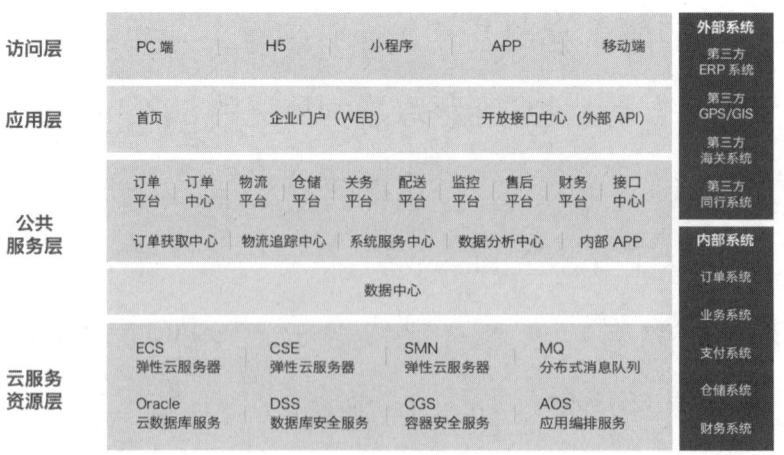

图 5 技术架构视图

5. 平台核心功能

跨境物流的一般流程是：发货人通过网点或仓库完成前端集货，通过分拨中心货物进入干线运输，达到目的地的国家后，借助多级分拨中心和网点完成末端的运输和配送。发货人完成前端集货后，通过各种运输方式将货物从启运地运往目的地。抵达目的地后，借助短驳、各级运输网点及网络将货物运送至收货人手中。整个过程包括了自营方式、委外方式和多种运输方式的灵活组合。

纵横跨境中台能够很好地支撑运营商对国际物流运输阶段的管理，包括重要节点信息和状态信息的获取；能够按照分公司、部门、岗位来划分账号权限，包括数据权限和功能权限；能够提供网页或移动客户端；与国外物流服务商系统实现互通，能直接在自己的系统中获得合作物流渠道商的单号，并可以直接打印面单和跟踪物流轨迹；能够对接各大电商平台，自动下载订单。

纵横跨境中台系统架构灵活，全模块化构造，支持多种口岸清关模式，通过EDI平台对接海关数据接口，同步嵌入物流公司包裹状态信息，统计完整的财务流水，记录注册会员的充值消费和购物习惯；针对承运商、报关公司进行可视化管理，根据客户的收货地址自动选择最优转运方式（高时效、低成本），根据渠道的首重、续重、首重价格、续重价格、保险费用等自动计算转运费用，对包裹进行辅助性合箱分箱、验货操作，以及标签条码打印等功能。

图6 核心功能总视图

（三）应用实例

纵横跨境中台为中远国际、J&T、前海极智佳物流、永盛丰集团、美凯、云路供应链等，细分领域包括跨境头程运输、跨境集运、国际货代、国际专线、海外仓储、国际快递、保税备货等提供服务。

国家5A级物流企业COSCO：中远（COSCO）以强大的综合实力和全球网络资源，在跨境电商风口的推动下，搭建全新的跨境电商综合物流服务平台"中远e环球"。由于业务的快速增长，加上上游电商（天猫、唯品会等）的严格要求，原有平台已落后，并成为扼制业务发展的关键瓶颈。敏思达基于强大的物流信息化建设能力及对跨境行业多年的探索经验，成功上线"中远e环球"跨境电商物流信息化平台"C3跨境电商综合物流管理系统"，打通跨境电商物流产业全链条，兼容转运、直邮、海外仓模式、保税仓模式，支持进口BBC、进口BC、出口BC等多种跨境电商物流形态，直连海关及商检监管部门系统电子报关报检。可与所有主流跨境电商平台全部打通订单接口（天猫、京东、唯品会、苏宁等），自带海外仓、保税仓管理模块、并无缝衔接国内外快递系统进行电子面单出库打印及快件信息跟踪，实现包裹全程透明化信息管理。

东南亚快递品牌J&T：J&T是一家基于互联网发展的科技型快递公司，涵盖同城、国内及国际快递业务和网上业务。J&T致力于利用先进的IT管理系统，改善消费者接收快递的时效和服务质量，以上门收件、快速送件为主要快递业务，同时发展互联网相关产业。在印尼，快递业相对比较落后，随着互联网时代的发展，印尼也慢慢重视快递这个行业，为了适应印尼发展，J&T与MSD把中国的先进技术带到印尼，以信息化为核心，快速铺设网络。

中欧化工贸易平台：由敏思达打造的中欧化工贸易平台，充分发挥"中欧铁路大陆桥"跨洲际铁路物流体系所带来的颠覆性跨洲际运输服务优势，精准对接中欧两地的成熟化工品市场，整合跨境物流、便捷金融、一站关检、市场开发等领域的专业合作伙伴，为中国和欧洲化工企业提供安全高效的线上国际贸易渠道、专业快捷的线下跨境物流服务，打造真正"门到门、全服务"的跨境B2B闭环商业服务体系，让每一个企业"链接全球、服务世界"的理想成为现实。中欧化工跨境产业互联网平台致力于实现中欧两地化工品供应体系的精准对接，构建信息化沟通桥梁，着力推动中欧化工品市场的互联互通，建设中欧两地深度融合、共赢共生的"跨洲际化工产业生态系统"。

跨境头程前海极智佳物流：前海极智佳物流以欧美空派为主，目前在积极开拓其他国家货运线路。主要有FBA和大货两种业务，这两种业务模式主要是空运业务和海运业务模式。通过与敏思达合作，实现公司以货运时效为服务核心，以智能化操作为服务优势，以物流可视化为服务特色，实现管理、技术和服务三位一体全面发展。为满足客户需求，前海极智佳物流和世界主要的快递公司和邮局保持紧密合作的同时，全方位打造数据化管理和仓储智能操作，让每一个客户在任何时候都能精准掌握商机，也让服务在没有距离感的情况下无限延伸。

三、案例成效

纵横跨境中台是跨境电商物流实现互联互通的中枢神经系统，整合集成客户的其他信息系统，使供应链各节点企业形成无缝衔接，对各个节点进行数字化赋能，构建跨境电商物流统一信息平台。一方面，为满足成员内部各职能部门的信息采集需求，构建营销、操作、客服、财务、信息管理等子系统；另一方面，构建综合运输管理、仓储配送管理、进出口通关管理、金融税汇服务咨询、综合查询等系统。成员内部的子系统及模块因成员自身的需求而异，但信息系统可供查询与挖掘处理的基础数据则完全一致，全平台数据的更新同步实时进行。构建一体化的信息平台，提升行业物流效率、提高服务水平、优化经营效益，同时减少决策失误、降低综合物流成本、降低经营风险。

敏思达解决方案帮助企业建立跨境电子商务订单全程可视化的能力，与综合监管平台的无缝集成能力，大大提升对外贸易的便利性；帮助客户建立外贸金融服务（供应链金融和互联网金融）的技术平台和业务能力，实现外贸产业的升级；无缝对接全球各个国家和地区的支付平台，为电子商务的全球扩张消除支付的壁垒，助力品牌知名度的提升。

纵横跨境中台的资源整合、一站式服务和新技术集成，有效提升了物流服务的组织化、集约化、信息化管理水平。同时，助力中小物流企业创新发展、增加就业、创造税收、保护环境。通过大数据的分析，能够让某个行业、某个企业的物流成本下降 10%～20% 不等。建立了一个基于物联网技术的智慧应用平台，实现平台与移动端的互联互通，为用户提供基于"位置"与"身份"的人、车、货的物流全方位智能服务，通过大数据平台对数据进行存储、整理、计算分析，挖掘大数据的价值为用户提供物流、电商、供应链金融、大数据增值运营服务。统一作业标准和服务管理规范，统一管理和操作系统，统一运营品牌和形象。最后将资源、服务、能力开放共享给各类企业，让其共享围绕跨境电商供应链的服务，形成新生态。

四、推广价值

敏思达在持续创新基础上努力打破区域、行业、企业、技术等边界，打造电商供应链生态的新基建。在供应链信息化基础上积极探索、创新与实践。将供应链信息化实践经验、模式复制到更多的行业，并且围绕产业集群构建产业平台和生态。将交易流（商流）、物流、资金流全部数字化、互联网化。

以标准化数据及流程为基础，实现基础主数据共享，实现基础核心业务的整合贯通，避免在后期建设和应用中产生新的信息孤岛。具备开放性、集成性、成熟性、安全性，考虑各应用系统间的集成，各业务应用系统之间的集成，实现信息共享要求、信息化管理的透明化和全面化。

从行业实际需求出发，选择重点与关键的环节进行信息化管理与控制，在信息化价值和灵活性、管理工作量之间取得良好的平衡，保证在系统实施后能提高工作效率、降低成本。

系统应用实施后，改变传统的软件工程管理模式，提高为事前预测、事后控制的模式。系统可在准确、大量的基础数据上提供分析、决策功能，增强企业管理决策的科学性，全面提高管理水平、减少运营管理成本，规范各项业务，减少人为失误带来的损失，避免重复劳动，全面减少软件项目实施的成本，为行业软件项目管理水平提高奠定坚实的基础。

天津市供应链城市共同配送服务平台

—— 天津市广通信息技术工程股份有限公司

一、企业基本情况

天津市广通信息技术工程股份有限公司（以下简称"广通股份"）于 2006 年 4 月注册成立，是由天津市交通集团有限公司控股、天津七一二通信广播股份有限公司参股的集高新科技产品开发、研究、经营、服务于一体的现代化新三板挂牌公司。广通股份提供 GIS 平台软硬件的技术服务、代理销售服务、车联网大数据信息等服务，专注于北斗卫星定位设备与信息化集成、绿色城配平台研发与运营三大领域，是天津市第一家基于 GIS 平台软件通过国家交通运输部信息中心评审的企业。凭借卓越的技术开发能力，广通股份被天津市科学技术委员会评为天津市科技型中小企业。

广通股份是一家集高新科技产品研发、生产、经营的现代化科技企业，主要围绕北斗卫星定位开发运营、绿色城配平台的建设运营、联网售票软件的开发建设和网约车设备的安装监测等几大领域打造道路交通运输网络，始终秉承"专业创新价值"的理念，以亲切、开放、严谨的公司文化和科学规范的管理，凝聚大量优秀人才，致力于为道路交通运输信息化管理提供高效、稳定的企业整体解决方案，推动交通运输信息化升级发展。

二、主要做法与成效

（一）集合产业资源，打造信息化平台

天津市供应链城市共同配送服务平台（以下简称"平台"）由广通股份承建、运营，是天津市商务局、天津市公安局、天津市交通运输委、天津市财政局共同批准设立的天津市唯一的城市共同配送服务平台。平台于2018年10月31日正式通过验收并上线试运营，以智能化调度配载打造城市共同配送服务模式，增强政府在城市配送过程中的监督、参与、决策依据和服务功能，打造城市集约化、标准化、绿色化发展的示范效应和新动力。

平台已成为天津市最大的绿色新能源货车共同配送服务平台，目前加入车企16家，其中冷链6家、普货10家。接入车辆2014辆，其中普货车型合计1884辆、冷链车型合计130辆，新能源车辆占比约80%。平台监控车载终端设备安装总数2014套，设备安装率高达100%。随着天津城市共同配送服务的不断发展，未来平台还将担负车辆监管、行业司机星级服务认证、扩大城配车辆资源数量和调整城配车型结构等一系列发展计划。

（二）针对市场需求，设置全新配送模式，开放多种功能板块

通过前期大量市场调研分析，根据城市共同配送业务"小、快、灵"的特点，对目标市场进行全新定位。在天津城区对传统燃油货运车辆施行限号限行政策下，新能源城市共同配送必将成为保障城市民生和城市运行的基础，是解决物流供应链标准化体系的重要举措。

平台订单通过"B2B 3+2模式"（即3类平台+2类终端）进行整合，上游对接航空转城配客户级平台、铁路转城配客户级平台、B2B电商类客户级平台3类平台，及干线转城配平台客户终端、全市中小企业平台客户终端2类终端。平台车辆通过"B2B 政策导向+共享模式"（即四统一政策+路权共享+利润共享）进行整合，加入平台的车辆采购与运营企业需符合"四统一政策"要求（统一车型、统一标准、统一管理、统一技术标准），与此同时，入驻平台的车辆可享有天津市全区24小时畅行的通行政策，并通过利润共享的方式与加入平台的企业实现经济利益共赢。

（三）智能化派单算法，优化效率效益

数据中心平台处理流程如下。

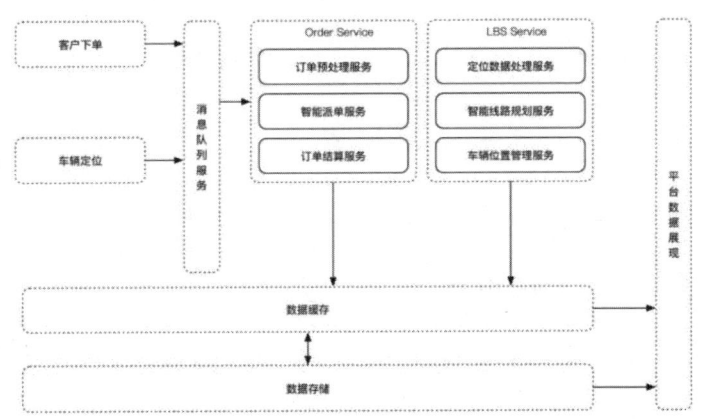

如何设计一个更高效的匹配算法实现司机和客户的撮合也成为非常核心的问题。城配平台从全局视角出发，由算法综合考虑接驾距离、服务、拥堵情况等因素，自动将订单匹配给最合适的司机接单。算法设计的主要思路：一是平台下发派单决策需要在秒级做出，同时每次决策的优化目标均为提升长期收益。二是针对司机与客户间多对多的

匹配，建模成一个组合优化问题，以获得全局最优。平台派单的过程即针对每一次分单的轮次（2秒），平台会取得每个待分配司机的状态，并将所有待分配订单设为司机可执行的动作之一。该问题的优化目标是在确保用户体验的基础上最大化所有司机的收益总和。

（四）"四统一"车辆管理，提高配送效率，助力世界智能大会

目前80%的平台入网用车为4.2米新能源电动厢式货车，按照天津市相关规定安装导航、监控、网银结算等智能车载设备，在平台强大的智能调度和配载模块的支持下，可快速将海量订单按就近集约原则分单配载、生成最优路线，大幅提升配送时效。传统模式下城市物流从接收订单到完成拣选、装货大致需要4小时，通过天津城市共同配送服务平台，可以降低至40分钟，并全程可监控，收货体验大幅提升。

平台于2019年5月正式开放，世界智能大会成为平台首个服务对象。作为参与大会保障的高新技术企业，广通股份承担本次大会参展产品和各类高端智能设备的运输工作。平台运用先进的大数据、云计算技术，配备培训上岗的专业人员，统一调度、统一流程，从货物的搬运装卸、验单封箱、中途运输到交货验收等，全程监控确保承运的参展设备、物料完好无损快速送达。

（五）打通城配车辆路权停靠权，减轻企业负担，提高城市配送效率

天津市当前城市配送车辆"通行难、停靠难、装卸难"的三难问题依然存在。为解决通行难问题，减轻企业运营负担，特别是在抗击新冠肺炎疫情期间和疫情常态化情况下，由天津市商务局、天津市道

路运输管理局的牵头,天津市公安交通管理局在路权及停靠权方面给予了巨大支持,平台通行证从原有485个增至606个,其中轻型厢式货车的通行证为245个,轻型封闭货车的通行证增至361个。为解决装卸货和停靠难题,各部门全力配合推动解决,在天津市的菜市场周边增加临时停靠点位1261个,此举大大提高了城市配送效率,加快了现代物流业发展,进一步推进了集约、高效、绿色、智能、畅通的城市物流配送体系建设。

天津市共有11种通行证类型,分别是:纯电动轻型厢式、封闭式载货汽车通行证、轻型、微型封闭货车通行证、外环线载货汽车日间通行证、载货汽车日间通行证(原红证大货)、载货汽车日间通行证(原红证小货)【不限时】、载货汽车日间通行证(原红证小货)【限时】、载货汽车日间通行证(原黄证大货)、载货汽车日间通行证(原黄证小货)、载货汽车日间通行证(原蓝证大货)、载货汽车日间通行证(原蓝证小货)、中型、重型载货汽车夜间通行证。平台拥有对平台车辆发放通行证的特殊职能,这一职能的实现目前领先于全国同等功能平台,这也是平台服务于"天津城市共配"企业、车辆实现全市"集中配送、共同配送"的核心保障。平台车辆与通行证的有效匹配为平台海量订单的智能调度、运单时效的提升、运输质量的提升,特别是平台企业在运输作业中降低运营成本起到了巨大作用,是实现天津市绿色货运城市发展的创新,是天津市开展城市共同配送模式的巨大成果,为未来城市级配送平台的发展起到了参考指导作用。

(六)合理规划配送路线,倡导节能、环保物流配送

平台利用"云数据"对每个订单在采集源头进行逆向推导,以配

送计划和销售计划相结合的运算逻辑生成配送订单,再通过充分的数据分析,不断优化车辆路线、降低车辆空载,促进城市交通出行的便捷有序,降低城市交通压力,提高交通运输的效率。平台大力推进新能源车辆,同时配备多种车型满足多种需求,还可以配备备用车辆,保证临时的需求增加,如此一来,既可以减少配送车辆在交通高峰期的拥堵情况,也可以减少排放,保护环境。

除此之外,平台还主动融入京津冀协同发展战略,利用区块链技术布局充电桩、加氢站、货运仓,形成现代物流全产业链,面向广大市民开放使用。从冷库到运输车辆,再到商超门店的冷柜,整个配送环节可进行实时监控,超出预设范围还会自动报警提醒,整个货物流通过程都在监控之中。

三、推广价值

(一)智能调度提高配送效率

目前行业普遍存在配送货物少、缺少统筹规划、车辆满载率低,而且大多数时间处于空车待货状态等问题,不仅配送效率低,而且增加了交通压力。平台可以根据不同客户的要求,统筹安排配送车辆、配送时间、配送频次,并且可以优化配送路线,根据货物的性质、规格、配送顺序装车,满载率通常能达到90%。这样不仅能够提高满载率,有效减少城市道路占用,缓解城市交通压力,而且能够提高配送效率,提升客户的满意程度。

(二)提高配送的信息化、标准化水平

企业受限于资金等因素很难及时更新信息技术和采用设备,平台

可通过为第三方物流企业提供灵活的先进技术和装备，提高配送效率和精准度，更容易采用托盘或流转箱运输配送，保证配送的质量，进而提升城市配送的信息化、标准化水平。

（三）助力政府规划、监管、决策

平台一方面汇总整合客户、货物流量及流向等信息，有利于政府整体规划物流园区，充分发挥物流园区的作用，减少重复性建设，节约宝贵的土地资源；另一方面将车辆信息、驾驶员信息、驾驶员行为规范等安全性数据整理分析，有利于政府对物流行业车辆统一管理和监督。

"甩挂运输+共同配送"单元化物流运营新模式

—— 青岛城运控股集团有限公司

为积极响应国家促进产业结构调整、转变发展方式、提高国民经济竞争力和建设生态文明的要求,以《交通强国建设纲要》《物流业中长期发展规划》和《城乡高效配送专项行动计划（2017—2020年）》等政策为指导,青岛城运控股集团坚持创新驱动战略,积极构建现代物流体系,推进物流产业的转型升级,落实项目制管理和定制化服务。其中,快消品单元化城市配送项目是理念先进、模式创新、优势突出、成效显著、可复制性强的典型案例,开创了"甩挂运输+共同配送"单元化物流运营新模式。

一、企业基本情况

青岛城运控股集团有限公司（以下简称"青岛城运"）以打造成"大交通投资发展型资本运营机制平台"为发展目标,以"群众满意、政府放心、社会认可、员工幸福"为发展标准,秉承"便捷、高效、安全、绿色、智慧"的发展理念,是集城市交通运营服务、交通基础设施投资建设、交通产业资本投资于一体的国内一流的"新基建、智能化"城市交通综合运营服务企业集团。

现代物流作为青岛城运的主营产业,涵盖临港物流、供应链管理和智慧平台等内容,产业基础雄厚,先后入选全国4A级物流企业和甩挂运输、共同配送、供应链体系化建设等专项试点企业，拥有多个优质服务品牌，与多家大型国企、行业独角兽企业保持战略合作。物流产业始终秉持品牌化运营、市场化运作，坚持大客户战略，构建城乡三级高效配送网络体系，规划现代仓储集群，延伸供应链服务，保持在理念创新、模式创新、服务创新等方面的优势。

二、案例背景

在以国内大循环为主体、国内国际双循环相互促进的新发展格局下，无论是传统销售渠道还是新零售渠道，都需要高效配送的支撑。在日常生活中，快消品为第一大消费项目，在居民消费中的占比为34.6%。其中，门店（B端）销售占比达40%，占据主导地位。未来快消品市场线上线下融合，即借助B端进而触达终端消费者（C端）是必然，要想有效组织好B端，F2B（工厂到门店）高效配送是关键。现阶段，配送普遍存在机械化水平低、通行难、停靠难和装卸难等问题，从而导致物流效率效率低、成本高。因此，要解决目前的困境需要依靠先进理念，创新运作模式，推广新技术、新应用。

三、案例介绍

快消品单元化配送项目是集团创新模式、转型发展的成功实践，项目基于桶装水在青岛区域的F2B配送，针对上游客户面临的人工装卸货损高、装卸效率低、设施设备资源利用率低、城市车辆拥堵等问题，以及下游客户装卸效率低、有效劳动力不足、装卸停靠难、车辆使用率低、运营成本高等问题，借鉴"社会化服务推进"模式，提出具体方案如下。

（一）项目概述

城运快消品单元化配送项目是针对青岛城市配送市场，充分发挥第三方物流企业的优势，夯实核心业务基础，延伸对接供应链上下游客户，创新现代运输组织方式，引进单元化理念，推广先进物流技术装备的应用，探索单元化载具托盘的循环共用流转模式，构建快消品城市配送单元化运作体系。该项目的基础和保障是货物操作全程的单元化和机械化，核心是"甩挂运输＋共同配送"相结合的现代运输组织方式的创新应用。

（二）项目运作方案

该项目通过对现代物流理念和技术的研究，设置物流单元，并匹配单元操作设备，通过物流单元的集装化和操作机械化解决效率和货损问题。由原来的按桶作业到按托作业，将车辆车厢改造成飞翼的形式，加装尾板，方便装卸。为进一步提高效率，建设分拨配送中心，打造两级配送体系，工厂至分拨配送中心采用甩挂运输，配送中心至门店采用共同配送，实现车辆利用率最大化。

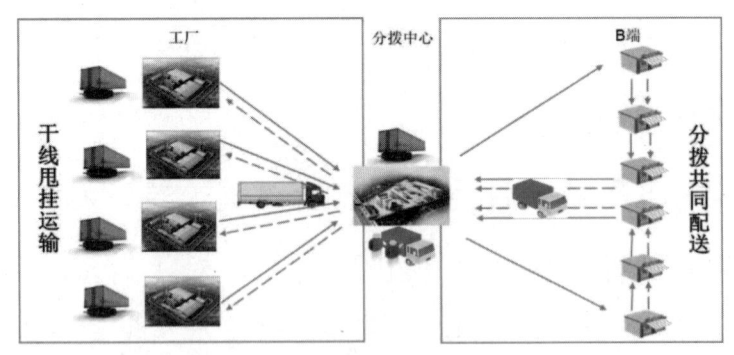

图1　运输组织新模式示意图

所有货物成托入库，出库同时完成集装单元化，全程单元化机械装卸，工厂出库通过电动叉车将装载单元从仓库装到可打开两侧车厢飞翼的挂车中,分拨中心通过电动叉车将干线挂车车厢的货物对装到同样配置有飞翼的配送车辆上,配送末端借助尾板进行堆高机的装载,将货物卸载到门店指定位置。

(三)项目关键环节分析

该项目的关键环节包括三个,单元化作业是基础,机械化运作是保障,模式创新是核心。

1. 单元化作业:该项目通过为上下游企业提供托盘租赁服务,全环节定量配置标准托盘(1.2m×1m),交接时按照"等量交换"原则进行托盘置换,进而实现产业链上下游托盘循环共用。在产业链过程中,桶装水自下生产线即用托盘装载,实现单元化集装,后由各工厂仓库运输至配送中心,再到城乡各销售门店,全链条均按托下单、带托运输、带托装卸、带托交接。

图2 单元化和机械化

2. 机械化运作:将单元化设备与车辆新技术、电动装卸机械相结合,各环节配套相应机械,包括电动拖车、叉车和堆高机等,以及车辆机械化操作飞翼和尾板，保证工厂、分拨中心和门店全程机械化作业。

3. 创新组织模式：创新甩挂运输和共同配送相结合的运输组织模式，干线运输以挂车为单元，按照1∶2.5的比例进行一对多循环甩挂。用多B端共同配送模式对青岛所有门店组织配送，按照路径优化方法，综合装载量和配送量，保证每次配送2～4家门店。

图3 干线运输和中转配送对装图

4. KPI管理方案：制定关键绩效指标的考核，编制以总量指标、车辆效率指标和配送效益指标为核心的评价指标体系，其中日均配送车次和日均装载量指标是其中关键核心指标。

5. 项目制运营管理：建立扁平化三级运营生产架构，所有人员直面操作现场和业务市场，管理人员一人多岗，实现办事程序简化，信息反馈及时，作业高效、低成本。

（四）优势创新

该项目的突出优势在于集装单元化、装卸机械化和现代运输组织方式的创新结合，具体分析如下。

1. 物流单元化和装卸机械化。单元化是指将供应链物流中的物品由发货地整合为规格化、标准化的货物单元，并且保持货物单元的状态直到送达最终收货点。单元化物流是物流效率提升、物流成本降低的基础，根据单元化载具的不同，单元化物流包括集装箱单元化物流、托盘单元化物流和周转箱单元化物流，其中托盘单元化物流对于配送的集约化发展尤为重要。托盘是物流系统中应用最广泛的跨系统单元，是互联互通货物交接最基础的交接单元，是货物运输最基础的装载单元，是物流机械化与自动化搬运最重要的作业单元，是仓储系统最基本的存储单元，是物流信息系统最基本的记录单元，是物流现代化的标志。

2. 甩挂运输与共同配送相结合。共同配送是指企业采取多种方式横向联合、集约协调，通过作业规模化降低作业成本，获得效益、实现共赢。共同配送的本质是提高物流资源的利用效率，同时，可以有效改善城市交通拥堵情况。甩挂运输是带有动力的机动车将随车拖带的承载装置（如半挂车、全挂车以及货车底盘上的货箱）留在目的地后，再拖带其他装置返回原地，或者驶向新的地点。甩挂运输提高了单车利用率和运输效率，降低了购置成本和驾驶员投入，减少了车辆数量，节能减排。共同配送和甩挂运输都是高效运输组织方式的典型代表，在各自的优势环节发挥着重要作用，本项目将两者进行有机结合，将两者的优势发挥到极致。

单元化和机械装卸一体化技术的创新实施，"甩挂运输+共同配送"的现代运输组织方式的创新应用，两者相互促进，达到了"1+1＞2"

的效果,提升了配送的专业化运作水平和服务能力,并且可复制性强,为现代物流发展提供了思路。

四、应用效果

本项目的顺利运行证明了该模式的可行性和可持续性,获得了客户和社会等多方的高度认可,推动了单元化、机械化和甩挂运输与共同配送相结合的现代运输组织方式的创新应用,为城市配送网络优化构建了雏形。

1. 运作效果显著。运作第一年即开创了工厂单日出库总量新高,托盘集装化率达到了80%,装卸货效率提高了2倍,货损率降低了20%,装卸成本降低了40%,运输成本降低了20%,基础设施设备利用率大幅提高,作业质量明显提升。

2. 社会效益明显。车辆投入减少了60%,进入市区的车辆数量减少,装卸停靠时间缩短,缓解了城市拥堵,道路通行更加安全顺畅。

3. 节能减排效果显著。电动化装卸机械和高排放标准车辆的最优化配置、共同配送带来的利用率的提升以及托盘的循环利用等,使投入降低,能耗减少。

本案例以快消品城市F2B配送为例,通过上下游企业间托盘循环共用,将甩挂运输和共同配送等先进运输组织方式有机结合,实现供应链机械一体化升级,实践效果显著,对于单元化物流的推广、现代物流技术创新应用、快消品城市配送提质增效、传统道路运输企业转型发展都具有一定的借鉴意义,同时为标准化、智慧化、绿色化的城市物流配送体系奠定了基础。

唯品会（五期项目）超大型蜂巢式电商系统

——兰剑智能科技股份有限公司

一、企业简介

（一）企业基本情况

兰剑智能科技股份有限公司（以下简称"兰剑智能"）始建于1993年，是集咨询规划、软件开发、设备制造、系统集成、自动化代运营为一体的全流程智慧物流系统解决方案提供商，是目前少数能做到将成套高端物流装备出口海外发达国家的中国品牌，已登陆上交所科创板上市。

兰剑智能是我国较早一批涉足物流领域提供整体物流解决方案的高新技术企业，主要从事以物流机器人为核心的智能仓储物流自动化系统的研发、设计、生产、销售及服务，拥有由多名专业博士带领的研发团队，自建高科技物流装备与技术产业园区，取得了近200项有效授权专利，是该领域的优势企业。多年来，兰剑智能先后承担了多项国家和省市级研发项目，被工信部评定为"新一代人工智能产业创新重点任务揭榜优胜单位"。

（二）兰剑智能蜂巢系统

兰剑智能在智能仓储物流自动化系统领域以前瞻性思维较早布局料箱级全流程解决方案，典型代表是蜂巢系统。蜂巢系统是由兰剑智能自主研发出的储分一体的分布式自动化物流系统，由兰剑孔明分拣优化系统 Pro_OOS 核心算法和穿梭机器人、提升机、拣选台、输送线等主要核心设备构成。基于三维"货到人"的运作模式，该系统可以优化整合质检、入库、存储、分拣、集货、分拨、复核、包装、交接等作业环节，实现货物在配送中心的一次落地，减少作业人员、降低差错率、节省仓储面积，提高物流运作效率及整个物流中心的运作水平。

蜂巢系统能够满足大规模、高效率、高准确性的拆零拣选需求，应用 3D 密集存储技术提高仓储利用率，节省项目用地；更能提升订单拣选效率，使单个订单履行成本更低，可有针对性地解决电商物流难题。该系统目前已在烟草、医药、汽车、鞋服、日化、食品等众多行业的大型物流中心应用。

二、项目背景

近年来，我国互联网电子商务产业飞速发展，引发了相关配套产业的发展和变革，物流系统能力正成为电商平台的核心竞争力之一。特别是"双十一"等重大购物节出现严重爆仓后，物流行业发展滞后与电子商务发展过快的矛盾日益凸显，传统的仓储物流模式已不能满足物品快速周转的需求，如何适应市场变化、创新仓储物流运作模式才是大势所趋。精准库存控制、运用大数据平台的调度、满足各类订单需求、提高消费者购物体验的物流服务已成为电商发展至关重要的一环。

三、项目介绍

（一）项目概况

唯品会是全球的特卖电商，主营业务为互联网在线销售品牌折扣商品，注册会员超2亿，已在美国纽约证券交易所上市。为提升用户的消费体验，保持平台的长久竞争力，唯品会致力于物流系统建设、提高仓储自动化和智能化。截至目前，唯品会在全国范围内共设立了七大物流仓储中心，管理的仓库面积超300万平方米。

唯品会是兰剑智能在电商行业的代表性客户，双方共合作5期项目，第一次合作可追溯到2015年。多年来，蜂巢系统成功应用于唯品会西南、华南、华东等多个物流中心。其中，二期项目（华南物流中心）在2017年"双十一"期间，仅依靠8名拣选人员，以12000箱/小时的超高效率，处理货物近15万件；三期项目（西南物流中心）周转箱数量达到41万个，存储量高达800万件，最大处理能力可以达到90万件/天。项目重点介绍的五期项目（华东物流中心），拣选模式再度颠覆，体现了我国储分一体技术的前沿水平！

唯品会华东物流中心集存储、拣选、分拨等于一体，服务长三角，贯通东中西，对接"一带一路"，辐射整个华东区域。兰剑智能蜂巢系统应用于该中心A5库1&2分区，占地面积1.15万平方米，包含165600个存储货位、360台智能视觉穿梭车、81个智能拣选工位、48台双工位料箱提升机、24个巷道单元。

（二）项目实施

1. 作业流程

入库流程：商品到货后，先在收货暂存区暂存，由入库人员拆箱逐件扫描商品或整箱批量扫描，放置于料箱内。料箱经输送线输送至系统分配的巷道，通过提升机提升到指定层，经由动力站台交接给穿梭机器人，再由穿梭机器人搬运至指定的库位存放，完成入库作业。

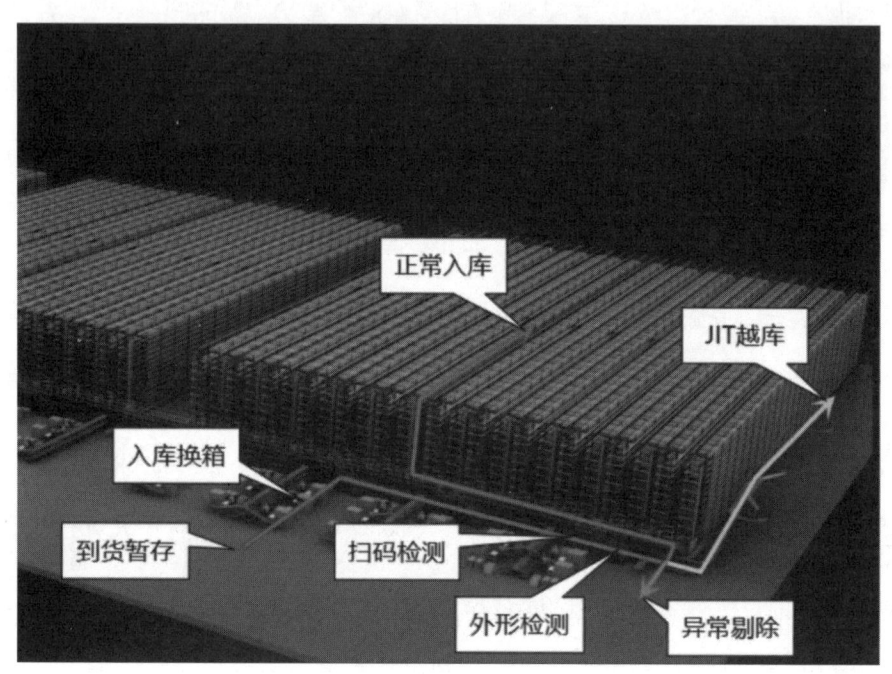

图 1　入库流程

拣选流程： 系统获取拣货任务，通过订单优化模块完成订单聚集后，生成出库任务序列，系统通过调度智能化设备，依次通过穿梭机器人搬运到动力站台交接，并通过提升机提升到输送线，将存储料箱送至货到人拣选台。拣选人员根据提示屏提示，拣选指定数量的待出库商品，放置于订单箱中。当订单箱满箱或拣货批次完成后，拣货人员进行关箱操作，订单箱经过输送线输送至分拣库。当存储料箱的拣选任务完成后，由系统智能调配输送至下一个拣选台或者返回存储库区。

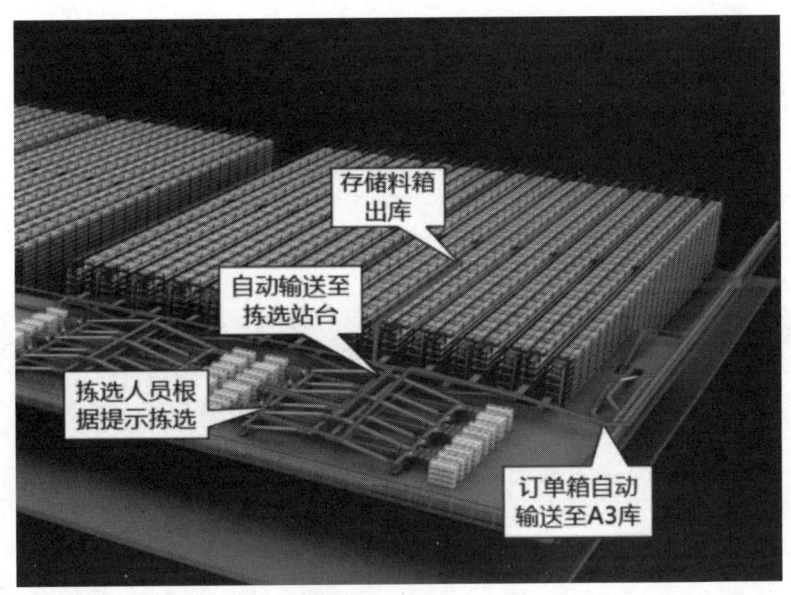

图 2　拣选流程

盘点流程：系统获取到盘点任务后，生成盘点任务序列。待盘点商品所在的料箱，经由穿梭机器人搬运至动力站台交接，再由提升机提升至输送线搬运到拣选站台，操作人员扫码盘点。盘点完成后料箱入库。

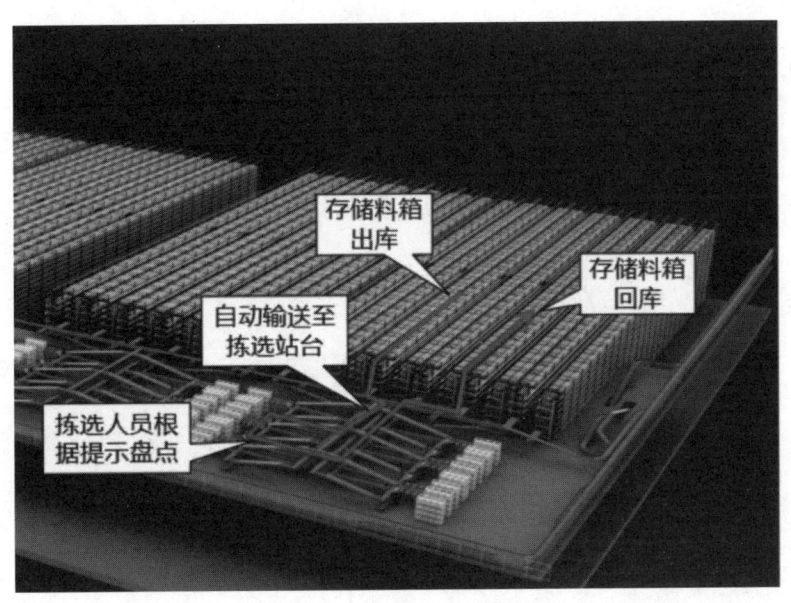

图 3　盘点流程

合箱流程： 系统获取到整理任务后，生成整理任务序列。待整理商品所在的料箱，经由穿梭机器人搬运到动力站台交接，再由提升机提升至输送线搬运到拣选站台，操作人员扫码合箱。合箱完成后料箱入库。

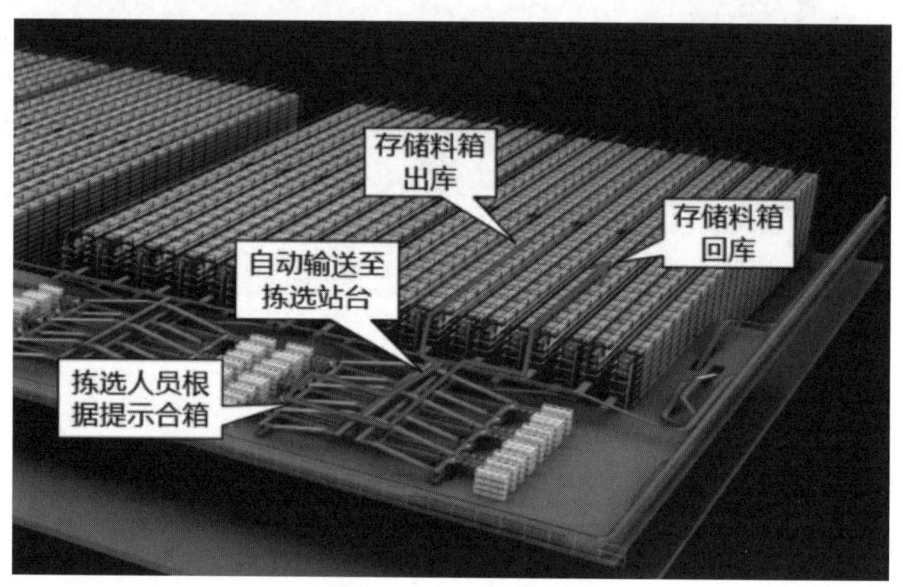

图 4　合箱流程

2. 布局模式

该项目按照一层入库、二层拣选进行布局。

一楼入库区：入库站台 43 个。实现空、实周转箱自动补给到每个操作工位。以 6 个巷道为一个模组进行工作站设置。

输送线分三层，各层功能如下。

（1）一层空订单箱线：空周转箱补给到各操作工位的线体。

（2）二层订单出库线、拣货料箱回库线：储存料箱满箱或拣选后回库，订单箱满箱输送出库线。

（3）三层拣货料箱出库线：储存料箱从蜂巢库补到入库站台，输送调拨箱，输送补货入库储存料箱。

二楼拣选区：拣选站台38个。实现空、实周转箱自动补给到每个操作工位。以6条巷道为一个模组进行工作站设置。

输送线分四层，各层功能如下。

（1）一层空订单箱线：空周转箱补给到各操作工位的线体。

（2）二层拣货料箱出库线：储存料箱从蜂巢库补到拣选站台。

（3）三层拣货料箱回库线：储存料箱拣选后回库。

（4）四层订单出库线：订单箱满箱输送出库线。

拣选台配备电子标签提示系统。每个拣选台配备4个订单箱位。同时每个拣选站台配备2组订单缓存货架，每组4层，每层可放置4个订单箱，共计32个订单箱。为了提高拣选人员操作的舒适性，拣选人员下方配备脚垫。

3. 设计特点

该项目综合考虑唯品会的物流战略、仓储布局、业务流程、现场管理、成本管理、绩效考核、人员队伍、项目建设等因素，设计上满足以下特点。

实用性：输送系统设备和WCS系统软件追求性价比最高，技术水平定位为国内领先水平。

先进性：整体方案、WCS系统软件具有先进的设计思想和设计理念。

适用性：所设计系统不仅能够满足现有的业务需求，并在今后一段时间内能够适应企业发展的需求。

灵活性：所设计的系统能够根据业务的需求，在管理上具有增、删、改等功能，对计算机系统维护灵活方便，并为系统提供可进行二次开发的平台。

高效性：所设计的系统能够安全、稳定、高效地完成所需要的工作，并对用户的需求即时响应。

扩充性：所设计的系统预留拓展接口，具备扩展性；所设计的系统提供通用的程序接口，能够与WMS系统或其他上位系统等进行无缝连接，以完成相应的数据传输。

4. 软件技术

（1）兰剑孔明分拣优化系统 Pro_OOS

兰剑孔明分拣优化系统 Pro_OOS 核心算法是整个蜂巢系统的大脑和指挥中心，管控着所有流程和设备的顺畅进行，除了常规的控制管理功能，孔明系统最大价值体现在可以调度立体库里的每一个周转箱，根据每个拣选站台的拣选效率和流量进行实时优化和随机均衡（如图5所示）。

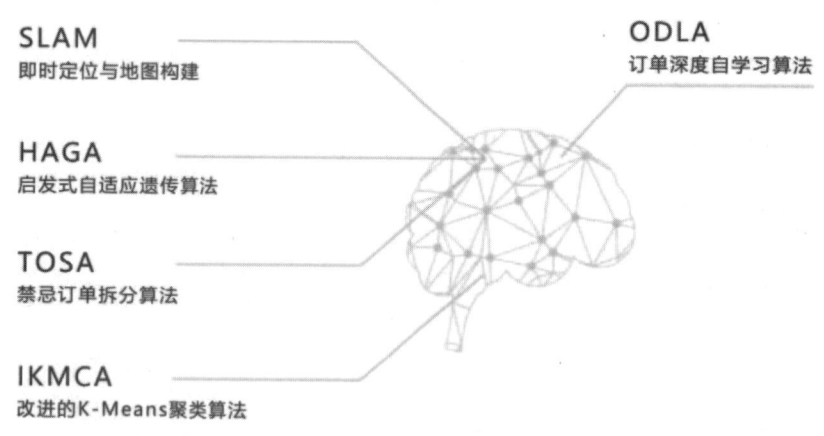

图5　兰剑孔明分拣优化系统 Pro_OOS

（2）数字孪生技术

采用数字孪生技术，实现动态建模、虚拟仿真、离线调试、

3D-SCADA在线监控、主动性运维、预防性维护等高阶应用。

方案规划设计阶段应用系统仿真软件，将规划方案转变为业务实体模型，1∶1的高精度等比例建模，导入真实的出入库等数据，在软件上连续地模拟运行并输出仿真报告，通过离线调试和三维可视化展现，找出方案效率瓶颈及物流环节的死锁点从而有效优化，大幅度缩短现场实施调试周期。

结合IoT技术，使设备实现全方位多维感知，构建万物互联的智能化、数字化世界。不仅提供设备参数的数据精细化展示，构建设备全生命周期的管理，而且能使设备具备基于寿命预测模型及故障自诊断模型的自学习预测性维护的能力。同时，3D-SCADA以三维方式直观展示整个运作场景全局，实时监控所有任务的当前运作状态，便于及时发现设备和各个环节存在的问题，保证作业效率和货物的安全性。

5. 核心设备

（1）穿梭机器人

该系统中应用的穿梭机器人能够根据不同的工作环境将其细分为若干品类，只需将数据输入预先编辑好的产品货架设计系统中，便能够自动生产图纸，大大提升了满足不同客户定制化需求的能力。这种先行导入数据、设计研发装备的模式，极大地避免了客户的生产效益受到损失，也减少了客户后期因为设备改造而形成的二次投入。该机器人还可自动根据料箱的位移或变形情况动态调整货叉间距及定位位置，具备了更高的处理异常情况的能力。

兰剑智能穿梭机器人具备以下优势。

①品质（Superior），核心元件使用寿命超百万次。

②精准（Sharp），"编码器+定位孔"的双重校验定位技术。

③顺畅（Smooth），全伺服驱动与总线控制。

④稳定（Stable），设备可靠性≥99.95%。

⑤安全（Safe），满足欧盟最新标准的CE安全规范。

⑥智能（Smart），"可变尺寸+位移自调"的柔性智能。

图6 穿梭机器人

（2）往复式提升机

该系统中应用的提升机采用框架式结构和配重块形式，保证加减速过程和高速运行情况下的稳定性。相比无配重机构的提升机，可以在同样的提升速度和加速度条件下降低电机的功率，或同样电机功率条件下获得更高的提升速度与加速度。提升机底盘模组配有高性能伺服电机，驱动提升模组的同步带带动载货台上下高速移动，速度更快、效率更高。伺服电机与同步带传动的配置，使定位更精准。

图 7　往复式提升机

（3）分布式输送线

该系统中应用的输送线采用分布式设计，将传统的集中式控制，以模块化的形式化整为零，分布到每一个最小输送单元，让搭建输送线像搭积木一样简单、易变、多选择。采用分布式设计后，现场线缆敷设数量及类型大大减少，仅需要在输送线一侧边敷设一组通信线和一组辊筒动力供电线，输送线另一侧边敷设一组强电线即可；大型控制柜数量、桥架敷设数量等也都相应减少，极大缩减安装阶段的人工成本和时间成本。整个线路仅一组通讯控制线缆和一组辊筒供电线缆，每一组 I/O 信号就近安装在控制设备附近，实时响应快，设备作业效率更高。并实现智能故障检测，通过 PLC 读取模块故障代码，迅速查找故障原因，使检修维护更加便捷。

图 8　分布式输送线

6. 系统整体能力

（1）采用 3D 密集存储技术，对仓库的空间利用更加充分，占地面积较传统仓储系统大幅度减少。

（2）创新性地采用双伸位穿梭车、双工位提升机等组成双工位系统，通过孔明系统算法逻辑，实现更高的吞吐能力。

（3）全流程自动化作业，减少劳动力的使用，节省人工成本。

（4）实现了存储货物的快进快出，并且十分精准。

（5）采用处理海量订单、优化作业流程的高级软件系统，使小车少跑路、少动，减少设备损耗，降低运维成本。

（6）灵活应对季节性和促销高峰，即使库存量不断增加，依然能实现更快、更高效的处理。

四、项目优势

本项目为交钥匙工程，提供与系统相关的设计、制造、运输（含与运输相关的报关等)、安装、测试、验收、培训和后期质保等全流程一体化服务。

（1）兰剑智能对整个项目负责，在设计阶段预先考虑了施工、运维等因素的影响，显著降低项目成本、缩短工期，提高系统稳定性与可靠性，对唯品会而言省时、省力、省钱。

（2）兰剑智能在软硬件研发与生产方面，拥有完整的产业链。在提供智能仓储物流自动化系统时，能做到在基于系统仿真优化形成完善的方案规划的基础上，依靠自主研发生产的物流装备和物流软件进行系统集成，实现软硬件的无缝对接。

（3）以定制化全流程解决方案、强大高效的研发设计能力、科学规范的生产管理能力、经验丰富的软件开发和调试能力、完善的3D SOP/VI/TPM主动维护技术为依托，保证兰剑智能提供整体服务的高质量。

科箭 WMS 云助力达能中国饮料仓储数字化升级

—— 上海科箭软件科技有限公司

一、企业基本情况

（一）企业简介

上海科箭软件科技有限公司（以下简称"科箭"）成立于 2003 年，是一家供应链云服务提供商，致力于帮助企业构建敏捷、高效、智慧的数字化供应链网络，实现供应链全流程可视化。

科箭融合云计算、移动、社交、大数据及消费级产品设计等技术，聚焦零售、消费品、医药、汽车、制造及物流等行业，让用户使用更便捷、让管理决策更智慧、让企业连接更顺畅，从而帮助客户快速实现投资回报。

（二）供应链管理云平台 Power SCM Cloud

科箭供应链管理云平台 Power SCM Cloud，是一个整合订单管理（OMS 云）、预约管理（AMS 云）、仓储管理（WMS 云）、运输管理（TMS 云）、供应链控制塔（SCCT）的云解决方案。2019 年，科箭与华中科技大学运筹优化及人工智能实验室成立"AI 联合实验室"，在车辆路径优化、装箱优化、库存及网络优化、需求预测优化等场景中，研发并落地人工智能产品，不断扩展优化供应链管理云平台 Power SCM Cloud 服务。

OMS 云帮助客户处理从订单接收到费用结算的订单全生命周期管

理。通过订单中心汇集内外部多渠道订单,并与WMS云、TMS云无缝集成,实现订单集中管理、全流程可视化与执行监控,确保订单准确、准时交付。

TMS云帮助货主、物流公司及其合作伙伴(承运商及司机)通过电脑或手机访问同一个共享的云平台,实现运输工作协同化及流程可视化。

WMS云是基于行业沉淀设计的专业SaaS仓储管理产品。针对制造、零售、物流及电商等行业,WMS云流程可配置,场景化设计,可快速上线,投资回报快。

AMS云帮助承运商通过预约仓库窗口时间,高效便捷安排车辆,避免供应商与司机长时间排队。仓库也可提前获知到货、提货预报,有序安排作业,更高效地利用仓库资源。

科箭供应链管理云平台Power SCM Cloud推出以来,已经在家乐福、麦德龙、沃尔玛、达能饮料、哈药集团、伊利集团、延锋安道拓、中联重科、富士施乐、玖龙纸业、C.H.Robinson、德莎物流、中储物流等众多行业的龙头企业成功应用。

二、项目情况

(一)项目背景

达能是世界知名的、专注于健康的食品饮料公司。20世纪80年代末进入中国市场,达能的三大核心业务(专业特殊营养、饮用水和饮料、基础乳制品和植物基产品)均在中国获得了长足发展。达能中国饮料业务深耕中国市场20多年,致力于持续带给消费者优质安心的产品,旗下产品主要为脉动维生素饮料,近年来,脉动已经为中国饮料市场的知名品牌。目前，该业务在中国有7家工厂，员工超过5000人。

面对发展迅速、竞争激烈的饮料市场，达能中国饮料供应链需要用高效敏捷的运营，满足"大批量、高质量、高时效性、强季节波动性"的市场需求，同时需要克服国内用工荒、用工难、用工成本高的挑战。因此，达能中国饮料的供应链物流系统必须要从传统的分散式、劳动密集型运作模式，向一体化、标准化和智能化模式转变，解决以下问题，应对挑战。

一是系统需加强统一联动。达能使用多套物流管理系统，系统整体难用且部分需求在功能上仍有缺失，并且有些区域仓由第三方管理，在管理流程上无法统一标准，无法实现一体化管理。

二是系统功能需优化完善。随着企业自动化设备应用的发展，原系统缺乏IoT交互及自助服务能力；原系统缺失移动管理能力，无法响应多方对移动、社交功能上的需求；缺失叉车及车辆的路径优化能力、库内和月台智能管理能力，需要进一步优化仓储管理功能。

三是生态连接能力需加强。仓储与配送衔接效率不高，系统间未实现完全连接，缺失高阶仓配一体化能力，上下游的互联互通有待增强。

四是业务扩张能力需加强。原系统对作业人员的经验依赖高，系统的扩展程度低，缺失集中管控能力，已影响业务的扩展能力。

针对此项目，科箭通过云技术集中部署WMS云、统一管控各仓库运营，在实现标准化管理流程的同时也支持多业态业务场景；通过加强库内（园区）智能化管控、托盘结算系统化管理、作业无纸化、数据预警化等提供供应链数字化运营能力;通过过程数据采集、大数据分析、供应链控制塔等实现管理决策可视化。

(二)WMS 云解决方案

WMS 云作为科箭供应链管理云平台 Power SCM Cloud 重要部分,是基于行业沉淀设计的专业 SaaS 仓储管理产品,可配置场景化设计,具备快速上线、投资回报快等特点,目前广泛应用于制造、零售、物流及电商等多行业。

科箭 WMS 云与达能的追溯系统深度链接,连接上下游、内外部多个系统,赋能仓库,推动实现更加精细的库存管理、产品实时追溯,打通全链条托盘数据,为达能数字化进程添砖加瓦。

1. 打通上下游系统

WMS 云与 SAP、TMS、追溯系统、物流服务商 WMS 系统、托盘系统无缝链接,打破信息壁垒,实现信息互通、数据高效交互流转。

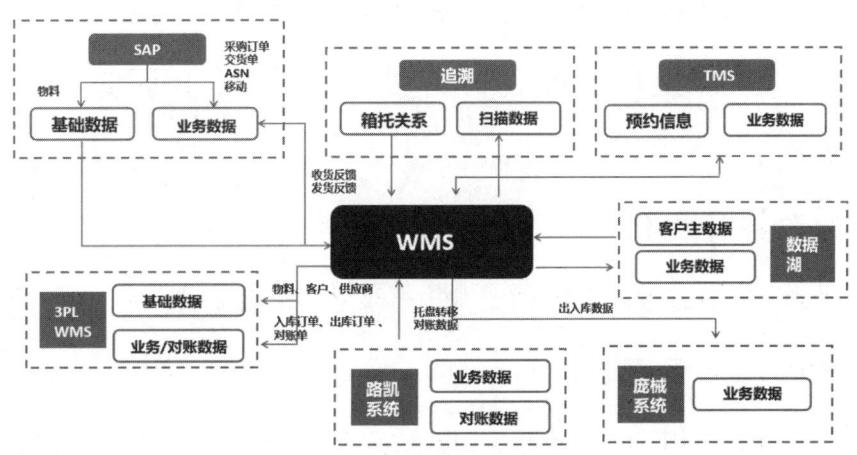

图 1 WMS 云链接上下游系统

2. 上架优化

WMS 云对达能的货位管理、存储策略、拣货策略进行优化,改善工作流程，提高仓储内部效率，缩短订单响应时间。具体说明如下。

按照区域比例分配储位。达能不同产线生产不同口味的饮料，部分产线直接连接仓库，每条产线基本与 2 个存储区域对应，当产品下线需要上架存储时，会按比例分配到不同存储区域，而不是同一条产线中所有产品都存放在同一区域，规避因订单多导致拣选拥堵的问题，有利于为拣选提供便捷性。

最近储区优先原则。如产线 1 生产 B 类产品，其距离 A 区和 B 区最近，当产线 1 的 B 类产品下线时优先找 A 区 B 类产品的存储货位，再找 B 区，当 A、B 区无合适货位时再找相邻的 D、E 区，优先就近存放节省时间。此外，当 A 区有足够的 B 类产品货位，按规则次序 AB 交替，如有 10 件 B 类产品，在 A 区找到 B 类产品库位 A03 可存放 5 件，另 5 件优先放在对面 B 区就近库位，可避免上架巷道拥挤。

根据 ABC 原则查找合适库位。当某产品所需库位在区域 A 放满后，则在相邻的区域 B 找合适的同类库位，如无库位时则在 D、E 区货位依次查找，当全部无同类库位时，再返回到 A、B 区查找 C 类库位，此为 ABC 原则。

3. 分配与拣货优化

为保证拣货通道始终畅通、进一步提升拣货效率，拣货逻辑说明如下（优先级自上而下）。

满足不同提货规则。对于出库时保质期有特殊要求的客户，需要在客户主数据上做标记，如某家 KA 客户需要较长保质期的特殊产品，当为其提货时，系统根据预先设置的特殊规则自动分配拣货库位。

允许跨批次拣货。如在装车时需要半箱货品，而此时正好有不同批次的半箱散码货品,允许跨批次拣货,先装这半箱散码货品,而无需从同一批次再拆箱,节省了时间,但此规则只允许跨一个日期的批次。

拣选库位优先级。出货时可按 SAP 中的产品批号、产线、入库单号进行先进先出。先小库位后大库位,先零后整,如订单量 100 托,优先出 40 托货位和 60 托货位,尽可能多地清空货位。若涉及拼车多点送货,则按排序路线顺序分配库存并下发拣货任务,按先远后近的原则。

带板拣货规则。优先整板发货,当按照先进先出原则找出来的库存的第一个库位有散货时不分配,需要看当前批次和临近批次整托库存能否满足,如果无法满足则需要先出散货。

4. 园区管理

WMS 云中的预约管理模块结合移动端、物联网等技术,实现从车辆预约报到、车辆检查、排队、叫号(可通过 WEB 端和 APP 端叫号)、取货的数字化管理。

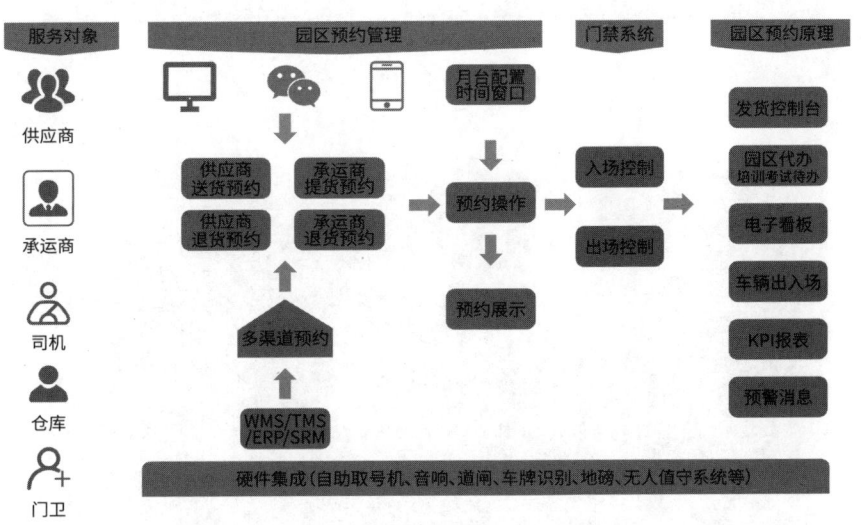

图 2　科箭 WMS 云预约管理流程图

司机抵达园区，会在手机收到排队信息，WMS 系统打印拣配单，系统开始分配司机提货的月台，分配逻辑如下：一是按月台与车型。因库区月台可用方向、车辆车型开门方向不同（左、右或任意），系统会根据车型信息自动匹配相应月台，并在移动端自动通知司机。二是按订单类型。散码订单优先散码车位，无车位时可分配其它类型；带板订单优先带板车位，无车位时分配其它类型，部分运作点，带板车位占用 2 个散码车位；不同订单的优先级也不同，如 D+O 转储订单优先安排。

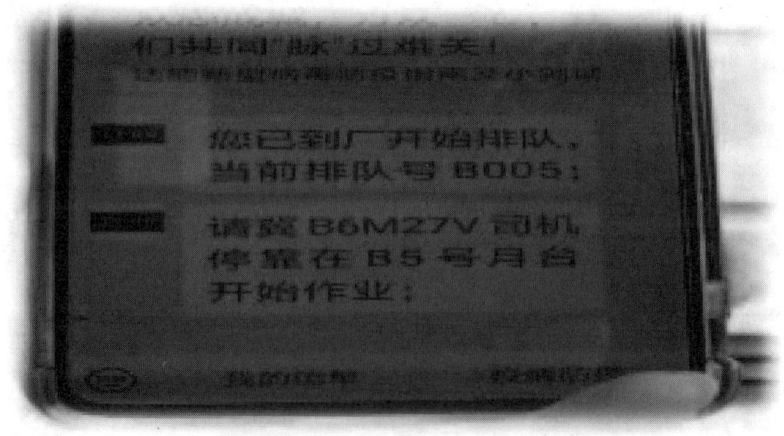

图 3　某月台预约看板

图 4　司机手机提示信息示例

5. 全场景托盘管控

达能定期从路凯中心租赁、归还托盘,但场景各不相同,WMS云满足达能饮料全场景的托盘管理与结费。

双向带板:达能从工厂或配送中心发货后,托盘状态转为在途库存,客户签收后,托盘从达能在途转为客户库存,路凯从签收那一天开始向客户收租金,适用于量大的KA客户,现场不用卸货,有利于时效提升,成本节约。客户托盘积累到一定量后会进行退租给路凯,假设还板的运输时间用了2天,这2天在途时长的租金将由达能支付。

单向带板:达能从工厂或配送中心发货后,系统做出库处理,到客户处需要卸货,车辆回来时将板带回,并做入库处理。需要管理好板出去多少,回来多少(下次提货时带回来),并考核承运商回板的及时性。

带板转储:工厂之间不同口味需要转储或转到其他配送中心,托盘随产品一起调拨,托盘所有权与租金也同步转移。

6. 物流费用自动结算

达能中国共有7家工厂和11个配送中心,使用WMS云前,18个网点与物流服务商间的财务结算采用手工对账方式。WMS云可在系统内维护不同物流服务商的合同条款与费率,每月可自动对账、结费,极大地缩减了人力成本。

(三)项目成果

提升数智化:实现从生产入库到成品出库全流程系统管控,融合SAP、运输管理、路径优化、园区管理、仓储管理、追溯、电子签收、消息推送等。改变了物流运营及与伙伴协同的方式,完成了智能物流的集成，实现端到端的可视化，进一步降低仓储管理成本。

无纸化作业：从入库、库存管理、站台管理、装载与运输各流程实现无纸化运营，预计每年节省相当于600棵树的用纸量。

作业标准化：实现标准化作业试点后，可快速扩展部署到其他区域，响应仓库拓展、物流服务商更换等需求，减少成本投入；并且便于数据的收集汇总与分析，可横向比较各仓库运营效率，全面提升全国物流仓储运营整体绩效。

优化KPI考核：完成复杂的仓库运作KPI考核指标，由最初的人工填报不准时、易造假，到后续直接抓取系统作业数据进行KPI分析。

结算系统化：由费时费力的线下结算迁移到线上自动化结算，实现成品与托盘的自动结算，大大节约了人工成本，并且显著提升结算效率与准确率。

离散制造智能物流技术集成应用

—— 诺力智能装备股份有限公司、北京玛自动化技术公司

离散制造是工业化最常见的生产模式，要解决碎片式订单与规模化生产的矛盾，建立柔性化生产组装线，以适应小批单件作业任务。本文以离散制造生产过程中原料、半成品的仓储、分拣、搬运等物流技术设备的集成应用为例，阐述智能物流技术如何助力离散制造企业升级。

一、离散制造特点及物流需求

（一）离散制造概念及特点

订单规模是影响制造企业生产模式的重要因素，按照产品制造工艺流程特点，制造业总体上可分为连续制造和离散制造。相对于连续制造，离散制造的产品往往由多个零件经过一系列并不连续的工序的加工最终装配而成，加工和销售此类产品的企业被称为离散制造型企业。典型的离散制造包括装备制造、精密加工、航空航天、工业车辆等。

离散制造是我国制造业的重要组成部分，其具有以下特点：

（1）生产任务多，生产计划制订复杂，生产过程控制困难；（2）生产数据多，数据的采集、维护和检索工作量大；（3）工作流根据特定产品的不同，经过不同的加工车间，而每个生产任务对同一车间能力的需求不同，工作流经常出现不平衡；（4）因产品的种类变化较大，

非标准产品多，对设备和工人的适应能力要求高；（5）因产品的生产周期较长、且不连续，排队等待生产时间较长，导致加工时间的延迟和在制品库存的增加；（6）原材料、半成品、产成品频繁出入库、成本计算复杂，需要针对不同对象、不同生产过程进行成本的归集和分配；（7）物料种类繁多，物料调度指令下达难，导致物流流程不确定性增加，需要应用识别技术解决。

（二）离散制造物流需求特点

生产制造过程离不开物资存储和流动，离散制造生产对物流技术和设备有较高的要求，以适应复杂的生产工艺要求，具体体现在仓储、分拣、搬运三个主要环节。

在仓储环节，以前是以产成品仓储建设为主，尤其是产成品的自动化立体仓库建设越来越多。针对生产过程中原材料、半成品、外购件、涂装品的仓储设施，我们一般称为"生产过程仓库"，这种仓储设施包括平房库、多层货架、立体库等，仓储设施的选择取决于物料的形态。不论何种仓储形式，其一般共性是要建立数字化仓储信息软件系统，从而在MES（制造企业生产过程执行管理系统）的调度下及时响应出入库。

在分拣环节，使用手持机、语音、电子标签、四色灯提示等方式对在原材料、半成品、外购件、涂装品进行拣选。实践证明，离散制造的分拣方案，必须具有通用性和实用性的原则。

在搬运环节，传统的线体输送并不适合离散制造生产模式，取而代之的是柔性线路较好的AGV搬运系统，它可以在MES的统一调度下，使物料按需到达指定的加工工位。

二、离散制造物流解决方案

（一）离散制造物流系统设计原则

离散制造车间在进行物流作业时，需要依据生产计划、生产进度、生产物料清单进行物料存储、分拣、搬运等活动，并准确地运送至指定工位。在制造过程中也可能会出现返工、报废等情况，因此物料的物流作业不确定性较强。部分企业为了解决物料物流需求，设置生产现场缓存区，缓存区会占用车间场地，因此要在工艺设计和物流规划上做好统筹。离散制造物流系统应高效地支持生产系统，能够兼顾生产环节的整体效益，其物流系统设计过程中主要基于如下原则：

1. 功耗最小原则。在物流过程中搬运、存储等成本尽量低，物料搬运距离尽量短、物料搬运次数尽量少，减少不产生附加值的物流作业。

2. 最大流动性原则。在物流过程中，保障物流搬运顺畅，保证生产的连续性，不出现逆向、交叉、停滞等情况，现场无呆滞物料存放。

3. 高柔性原则。物流系统能够适应生产现场的产品、工艺、物料变更，能够快速、低成本地调整物流系统布局，满足企业多样化的物流需求。

（二）离散制造智能物流解决方案

传统的离散制造生产物流解决方案主要依靠人工进行搬运、存储，操作人员依靠搬运车、叉车等运输设备在货架存取物料并搬运至生产现场。传统的人工搬运方案受操作人员经验、业务水平等影响，效率低、成本高，采购、仓储、生产等部门信息交互效率低，物料信息传递、共享困难，容易形成信息孤岛。随着新一代智能感知技术、智能物流装备、物流信息化系统的出现及应用，离散制造的物流系统有了更多解决方案的可能，衍生出了众多新型物流技术装备。

在新型物流装备中，自动导航搬运车辆（AGV）与自动化立体仓库系统（AS/RS）能满足广大离散制造企业的需求。其中，AGV能够自动导航避障，搬运过程中实现自动化，并可加装不同的属具，能够适应绝大多数的制造业物料搬运场景；且AGV由电池供电、依靠无线通讯系统传输信息，可以灵活地布置在不同的车间作业场景且能够实时调整路线，具有较高的柔性。

在车间作业现场AGV采用集中控制与管理的方式，所有在线运行AGV由调度系统统一管理（AGV的调度系统见图1）。站台、专机设备等通过终端设备、系统发出请求，WMS/WCS采集请求信息，生成物料搬运任务并实施发送至AGV上位机调度系统，上位机调度系统通过无线自组网络和AGV实时通讯，实现信息交互，完成AGV的任务分配、调度管理。在上位机的控制台屏幕实时显示AGV运行状态及报警信息。

图1　AGV调度系统示意图

AGV 的特性完全满足离散制造物流系统设计原则的需求，调度系统能够根据现场物料需求设置任务优先级，让紧急物料优先通行，AGV 能够自主避让，不会产生空闲车辆且行驶路径最短。当车间布局、工艺发生变化时，可通过调整调度系统来重新规划 AGV 路线，适应新的生产环境；当厂区搬迁时仅仅需要布置无线网络与 AGV 充电系统，搬迁成本低。

AS/RS 是由高层立体货架、堆垛机、输送系统、信息识别系统、计算机控制系统、通信系统、监控系统、管理系统等组成的自动化仓储系统。AS/RS 是一种高密度、大容量、高效率的仓储系统，能够满足离散制造企业多品规、高频次的物料搬运需求；配套输送机、提升机、叠盘机与码垛机器人等设备，能够实现仓储过程无人化作业；能够实现对物料与货物的综合管理与信息存储，对指定的货物完成自动输送、存取任务。AS/RS 能够与企业 SAP 系统无缝对接，实现统一管理和资源共享。

制造业车间的分拣种类包括输送线集成分拣、工业机器人分拣、电子标签辅助分拣（DPS 分拣）等。输送线分拣设备包括交叉带分拣机、滚轮分拣机、滑块或挡板分拣机等，这种分拣系统布局改造成本高、柔性差，且难以兼容不同尺寸、不同品规的物料。工业机器人分拣系统需要配置物料信息识别装置，该方法实施成本高，对企业而言，投资回报不佳。DPS 分拣系统由条码识读、DPS 四色灯、手持机、拣选软件等组成，实现了精确、实时、协同一体化分拣，这种分拣模式应用便捷，可靠性高、投资回报比好，能够满足离散制造企业的分拣需求。

离散制造企业通过部署 AGV、AS/RS 与自动分拣系统，能够逐步实现企业生产物流无人化作业，支持企业全天候生产，降低企业物流成本。

（三）离散制造物流信息化的作用

先进制造系统的信息化建设至关重要，一般由企业资源系统SAP、生产制造执行系统MES和物流调度监控系统组成。离散制造物流信息系统由物流调度监控系统、数字化仓储系统WMS、分拣系统DPS组成，其物流运作及计划排程都需要有信息工作流支撑，尤其是以物流调度监控系统和WMS数字仓储系统为主。图2是某典型案例物流调度监控系统Noble-MES与WMS的应用架构图。

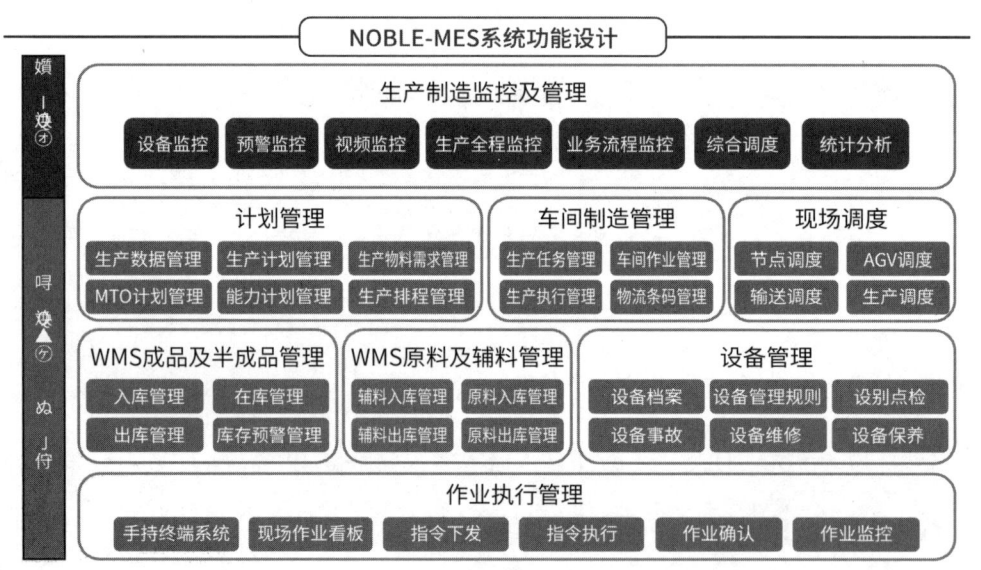

图2 物流调度监控系统功能架构图

在该案例中，通过Noble-MES与仓储WMS系统、分拣DPS系统、搬运AGV系统无缝对接，会将生产制造执行系统与物料存储、暂存、搬运、分拣、上料、机台有机地结合起来，实现一个闭环的工艺。系统实际开发过程中，最大的难点是物料的有序调度，以及计划排程指令执行问题，要按照APS计划排程的思路，结合必要的算法，与ERP

有效对接，实现数据的高度统一，达到智能制造的高度信息化。另外一个要注意工艺的连续性，确保有物料能下发，确保有闲置工位能到达，要合理设计必要缓存工位，以确保智能制造工艺的有序执行。

三、离散制造智能物流解决方案应用——染整机械行业

染整机械产品包括纱线漂染设备、织物漂染设备、烘干设备和整理设备等。其设备结构复杂、零部件品类众多、工艺路线复杂、产品批量小，属于典型的离散制造企业。以某染整机械制造企业为例，阐述离散制造仓储、分拣、搬运技术集成的应用。

该染整机械厂于1963年创办，并于1990年在香港联合交易所正式上市。目前有员工约5000人，在全球拥有超过5700家客户，并每年向市场推出2000多台优质及先进的染整设备，2019年在广东中山设立了染整机械厂区。

近年来，得益于国内服装行业的蓬勃发展，染整机械的制造能力也迅速提升，但国产印染机械与发达国家的产品在耐用性、稳定性与制造精度方面相比，总体水平还有一定差距，大部分产品还不能进入世界高端市场。如今，印染行业加速转型升级、高质量发展，对国产印染机械提出了更高的要求，需要不断提高印染机械的精度、耐久性、单机数字化、自动化、节水节能、易保养、产品适用性等性能。另外，为实现印染机械注重染色产品的质量和经济性的最佳化，开发特别设计的印染机械以适应新型纤维及类别品种的特殊需求，未来一段时间内，染整机械领域的竞争日趋激烈，产品更新迭代加快。

染整机械厂的某型号高温染色机产品（图3），其产品结构复杂、所需物料众多，对现场物流系统要求高。项目案例是针对实际生产需

要和班组运行方式设计的机械及电器零件自动化立体库及配套 AGV 整体方案，实现了整体厂内物流全自动化搬运和物料的全息跟踪，极大地提高现场生产、物料存储的准确性和效率。该案例实现了有限空间的大容量存储，从零件的收料、检验、入库、出库、使用等每个环节都实现了其自动化智能操作和管理，显著降低误操作同时提高作业效率，该套系统符合"工业4.0"和"中国制造2025"的先进生产概念，是智能工厂、智能生产、智能物流的重要组成部分，极大地降低了企业物流成本，同时提升了企业形象。

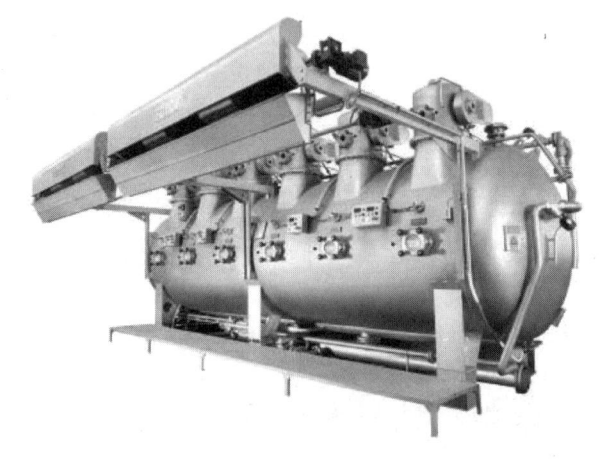

图 3　某高温染色机产品

车间现场共分为 7 个工作区域，包括立库区、拣选区、分配班组、重组、IQC 检验区、收货组盘区、待配送班组区，AGV 实现上述各区域之间的铁笼/料箱的运送，以及回库和空铁笼/空料箱的回转，与传统的人工搬运方式相比较，极大地提高了物料转运的效率，实现了物料的准确追踪，解决了目前机等人、人等机等分拣效率低的问题，提升生产效率 3～5 倍。

铁笼/料箱是与 AGV 配套的载具（图 4），铁笼/料箱能够实现不同品类物料的混合运输，物料由条码自动识别，配套自动化分拣与人工检验环节，能够将物料输送任务合并处理，减少现场物料搬运次数，结合 AGV 调度系统的优化策略，能够用较少数量的 AGV 完成现场的物料搬运任务。目前生产现场配置铁笼 34 笼、料箱 32 箱、AGV 搬运共计 100 车次/小时，考虑到未来产能提升、产品多样化等情况，可以对目前的 AGV 系统进行扩展，通过增加 AGV 数量，未来物料搬运量可提升 2.5 倍。

AS/RS 是采用多层的存储货物单元组成的密集存储仓库，其主体由货架、巷道堆垛机、库端操作台和操作控制系统组成。通过堆垛机的高效运行，采取铁笼/料箱出库同时把回转铁笼/料箱入库的运行方式，与 AGV 对接实现对物料信息的精确管理和追踪，达到库位合理化、存取/盘库自动化、操作简易化、流程精确化。

图 4　机台位置铁笼/料箱

信息管理系统是在满足公司业务需求、优化仓储工艺流程、提高员工效率的基础上，实现对企业 SAP 系统、Noble-MES 物流调度监控系统、WMS/WCS 大/小立体库系统、平库信息交互、DPS 拣选系统、

AGV调度系统、RF手持终端系统的智能衔接和管理，形成一体化、智能化、柔性化的整体信息管理系统（图5）。

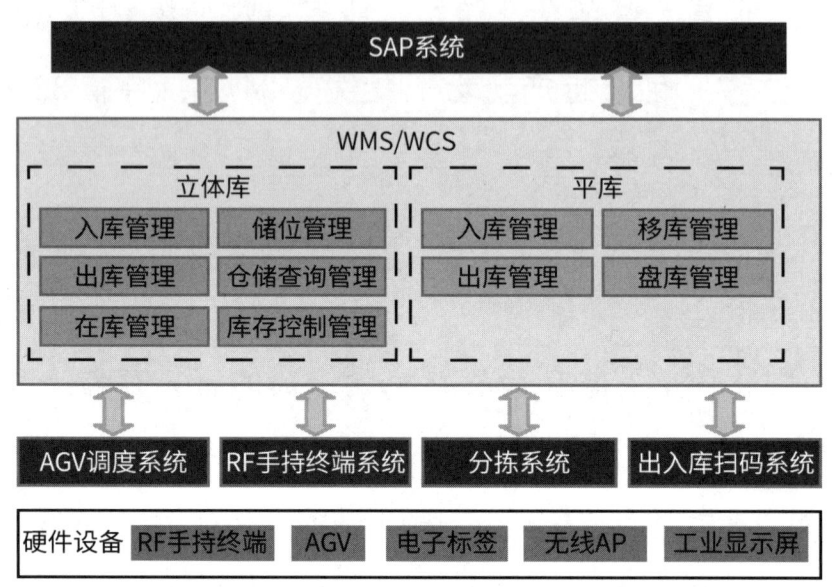

图5　信息管理系统架构示意图

信息系统主要功能如下：

SAP系统：是企业生产内部的综合管理软件，包括生产计划、品质管理、采购管理、财务管理、人力资源管理等。SAP系统对接WMS系统，将生产或者采购需求发送给WMS系统，WMS系统根据物料需求清单和订货清单形成出入库任务。

Noble-MES物流调度监控系统：接收SAP系统的生产作业指令，按照APS计划排程进行任务分解，有效调度WMS、DPS、AGV系统有序工作，并监控作业执行。

WMS/WCS系统：仓储管理系统将所有仓库实行统一管理，实现对整个库区的精细化管控，主要功能有入库管理、出库管理、在库管理、移库管理、仓储查询管理、库位控制管理、盘库管理等。平库管理主要通过RF手持终端系统获取和记录出入库信息，并将仓储信息反馈给WMS系统，实现对平库区域的信息化管理。

AGV调度系统：通过对接仓储管理系统，接收货物搬运需求，通过线路优化、交通管制、任务优先级设定等实现对AGV的运输优化调度，进一步实现自动化，提高整体效率。

RF手持终端系统：RF手持终端的使用几乎贯穿整个作业流程，检验、重组、分拣、库区管理等各环节都涉及，在不同区域开放不同功能权限，实现各环节的信息化管理。在分拣环节，实时获取分拣任务，反馈分拣进度，为优化作业流程提供实时数据。

DPS分拣系统：根据WMS的出库任务进行数据统计和分析，生成最优分拣策略，配合RF手持终端系统和提示灯辅助系统，大幅度提高员工分拣效率。

出入库条码扫码系统：自动扫描料笼上的条码，将出入库区的料笼条码信息进行数据获取和反馈，实现对仓储区与生产区的信息化衔接，并为后期与生产车间实现AGV自动化运输和管理作为铺垫。

现场操作人员使用手持机、DPS四色灯进行分拣。图6中所示项目现场，共布设13台载重为1吨的顶升式AGV。AGV的规格和数量可根据企业物流搬运需求的不同而改变。

在车间现场配置有人机交互面板与DPS四色灯，四色灯为物料出入库状态的信号指令，操作人员通过观测四色灯能够判别物料出入库状态，进而进行分拣操作。

图6 染整机械车间物流设备

图7 人机交互面板与四色灯

图8 手持终端机

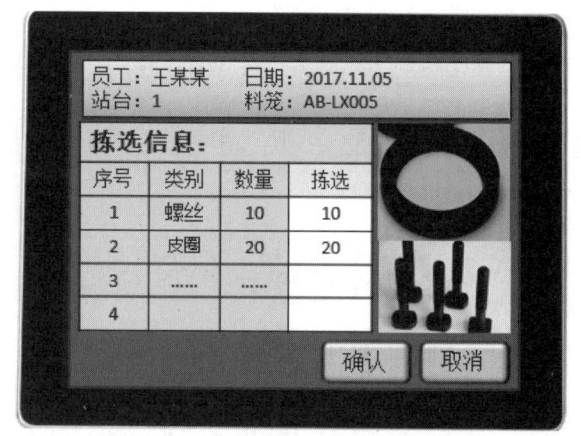
图9 手持终端机软件界面

通过上述物流技术的集成应用，该车间实现了物料管理的统一规划，实现了物料搬运、出入库的自动化。在整个物流作业环节中设置了人工检验环节，配套完备的人机交互系统，能够保障整个染整机械企业的物料搬运需求。该案例实际应用效果证明，所采用的物流集成技术高效、可靠、具有很好的推广价值。

诺力智能装备股份有限公司　朱宝昌、盖宇春
北京利玛自动化技术公司　朱岩

打造江西南华物流中心，共创智慧医药未来

——凯乐士科技集团

一、企业情况

凯乐士科技集团（以下简称"凯乐士"）是专注于提供物流自动化与机器人整体解决方案的高新技术企业。凭借多年的技术积累和物流经验，凯乐士已拥有百余项软件著作权及国家专利，自主研发的智能穿梭车、智能提升机、工业级AGV、输送分拣系统等核心高端装备，为客户提供端到端物流系统咨询规划、软件开发、系统集成、运营辅导，以及核心高端装备研发制造的整体解决方案。

凯乐士高度重视专业技术团队打造，从麦肯锡等国际知名企业引进管理人才，从麻省理工、康奈尔、清华等著名学府引进专业技术人才，致力于为客户量身定制全方位的物流整体解决方案，帮助客户实现价值最大化。

凯乐士的总部位于浙江嘉兴，在德国和奥地利设有技术研发中心，在上海、北京、广州、深圳、武汉、嘉兴、无锡、昆明、莫斯科等城市设有子公司或工厂，解决方案涵盖采购、生产、运输、分销、零售等各环节，广泛应用于医药、汽车、零售、电商、图书、轨交、文体及第三方物流等20多个细分行业，共建设大中型现代物流中心和生产型立体仓库200余座，实施项目500余个。凯乐士高标准、精细化

的产品和服务品质使其一直在行业中处于领先地位。

二、项目情况

（一）项目背景

医药物流作为物流业的重要细分领域之一，对于质量、时效、环境等要求都具有特殊性。党的十九大报告提出实施健康中国战略，把人民健康放在优先发展的战略地位，医药物流作为完善健康保障的基础条件，迎来重要发展机遇。

自2018年实行"两票制"以来，政府对药品质量的重视和市场监管越加严格，专业化、社会化医药物流的价值将更加凸显，如何弥补医药流通企业在专业物流服务能力、效率成本方面的不足，推进医药流通行业智慧化升级，实现高质量发展。

（二）项目实施情况

江西南华医药有限公司（以下简称"江西南华"）是江西省国有医药行业规模最大的企业，其全资子公司江西黄庆仁栈华氏大药房有限公司下辖近400家连锁直营门店，分布在江西省11个设区市和55个县（市），企业现经营医药品种13000余个，拥有各类客户3300余家。

自2008年以来，伴随着公司规模化经营，企业销售额以25%的年增长速度进入扩张期。江西南华经调研，明确了升级方向：一方面，要打造"服务+运营+数据"的新型医药物流公司，整合统一高效仓储运营，实现不同区域、不同业务的统一管理；另一方面，要提升现有装备的自动化、网络化和智能化水平，对已有的制药装备、自动化控制系统和信息化管理系统进行改进、扩展和完善，以探索建立制药行业智能制造的示范模式。

为此，江西南华与具有丰富医药集成经验的凯乐士科技子公司——湖北九州通达科技开发有限公司达成合作，共同启动新物流中心建设项目。项目上线运营后将覆盖全江西省内各类客户，提供药品、中药材、医疗器械等统一采购、仓储、分拣、配送任务，并实现运营、配送及互联网医院营销全链路打通。项目可满足客户存储商品50余万件，支撑未来百亿销售额，物流中心充分满足了新版GSP要求，是医药行业物流中心标杆代表之一。

（三）项目概况

江西南华新建物流中心，坐落于江西省南昌经济技术开发区，地靠南昌绕城高速和南昌北枢纽，交通便利。项目总投资1.2亿元，占地34亩，建设周期18个月。新物流中心由3栋仓库组成，分别为1号原运营老库、2号中药库（冷库）及3号新建自动化物流中心，总建筑面积为39023平方米。

物流中心将服务于江西南华旗下的10个分公司，覆盖江西全省十多个地级市、88个县级城市的各级医疗机构，支撑100亿元的销售额，确保所有省内客户的药品全部次日送达，实现江西南华的全平台运营、配送及互联网医院营销全链路打通目标，构建企业数字化竞争优势。

（四）项目建设情况

新建自动化物流中心采用多层设计，一层设置入库验收区、立体库区、出库暂存区、整件堆垛区等；二层设置拆零分拣区、拆零复核包装区、特殊库房及拣选区；三层设置整件堆垛区和器械专用库房；四、五层则为整件堆垛区。江西南华物流中心作业流程包括收货、验收、入库、上架、拆零拣选、复核包装、集货、出库等。根据商品的不同属性及经营特点，凯乐士对于新建物流中心做了明确的功能分区与规划布局，保证各个分区之间作业的关联性，实现商品存储和出入库的精细化管理及人力、物力、财力的高效配置。

收货：商品入库采用无线射频技术的移动台车进行自动化收货入库作业，替代原有人工入库作业。

图 1　应用无线射频技术的移动台车进行收货验收

入库上架：通过条码识别，由托盘堆垛机将货品送至指定库位。

图 2　立体库整件通过输送线

拆零拣选：拆零存储及复核打包区通过自主研发拣选小车进行拣货作业，作业出入库采用扫描电子监管码进行药品追溯。

图3　采用拣货小车与复核包装台相结合的作业方式

复核作业：拣选完成通过复核分拣系统设备自动分配至对应复核台进行打包作业。

图4　采用PDA复核

出库：出库周转箱最后通过出库输送线自动进入一楼自动分拣区进行出库集货，工作人员在发货区完成集货后，使用搬运车将出库货品送至出库月台装车。

图 5　分拣机完成集货并送至月台暂存

（五）项目效果与亮点

亮点一：全面满足新版 GSP 要求

与旧版规范相比，修订后的药品 GSP 提高了对企业经营质量管理要求，增强了流通环节药品质量风险控制能力，是我国药品流通监管政策的一次较大调整。凯乐士组建专业的物流系统规划和运营团队，在项目实施过程中，深入利用医药物流企业积累在药品流通体制、业务模式、运作管理方面积累的经验，结合专业物流数字化管理及自动化系统，打造了江西省内符合新版 GSP 第三方物流标准的标杆性医药物流中心。

亮点二：差异化物流系统设计，满足多场景作业环境

在存储及配送环节，根据物料特性及流量需求，针对不同使用场景，差异化设计物流系统。如：在存储环节，采用自动化立体库进行标准化物料存储。立体库建筑高度约 24 米，占地面积约 3000 平方米，采用了 12 层立体式存储货架，合计约 1 万个托盘位，可存储医药产品 40 余万件，极大地满足了其对空间的利用率及存储率需求。异形

件（非标准）则多采用平面存储。

在分拣环节，实施货物货位精细化管理。原有人工作业效率低、出错率高、运营成本高。因此，在项目规划期，就对其同一品种的不同批号的货物先进行了精细化的货位管理；随后采用自主研发的拣选小车进行拣货作业，单次作业并行拣选4个订单，频率不受时间、体力等限制，极大加快了作业分拣效率。同时，通过复核分拣系统设备进行查漏补缺，提高作业准确性。

亮点三：信息化集成，实现化繁为简

新建物流中心建设项目内各分拣系统、堆垛机系统、立体库系统等其他分子系统皆能与凯乐士自主研发的仓储管理系统进行关联。作为智能仓库的"引擎"，仓库管理系统配合AS/RS立体仓储系统，实现从计划、采购、入库、出库、配送全流程与底层物流设备控制系统集成。通过手持终端设备进行读取，实现化繁为简、解放双手的物流仓储智能化过程。

江西南华物流中心建设不仅对自身企业的经营起到了关键的作用，也对于整个医药行业物流信息化建设起到了一定的示范和引领作用。全自动化作业流程降低了人员劳动强度，无纸化作业降低企业运营成本，做到了存得足、拣得准、出得快的高效运维效果。项目的规划和标准实施为医药物流行业第三方物流的建设和运营提供了成熟的参考，后期行业建设可复制性强，带动了未来江西地区标准化医药物流建设。

未来，伴随着医药供需两端的增量将进一步推动医药物流智能化发展，国内医药物流企业正走在发展的十字路口，这一切都将取决于医药物流企业的自我创新！凯乐士也将不断迎合市场需求去做整合调整，深耕原有优势行业，拓展新兴市场；继续围绕客户需求做好每一个解决方案，针对市场与客户深入进行产品与技术创新！

行业政策汇编

国务院办公厅转发国家发展改革委 交通运输部关于进一步降低物流成本实施意见的通知

国办发〔2020〕10号

各省、自治区、直辖市人民政府，国务院各部委、各直属机构：

国家发展改革委、交通运输部《关于进一步降低物流成本的实施意见》已经国务院同意，现转发给你们，请认真贯彻执行。

国务院办公厅

2020年5月20日

关于进一步降低物流成本的实施意见

国家发展改革委　交通运输部

物流是畅通国民经济循环的重要环节。近年来，物流降本增效积极推进，社会物流成本水平保持稳步下降，但部分领域物流成本高、效率低等问题仍然突出，特别是受新冠肺炎疫情影响，社会物流成本出现阶段性上升，难以适应建设现代化经济体系、推动高质量发展的要求。为贯彻落实党中央、国务院关于统筹疫情防控和经济社会发展的决策部署，进一步降低物流成本、提升物流效率，加快恢复生产生活秩序，现提出以下意见。

一、深化关键环节改革，降低物流制度成本

（一）完善证照和许可办理程序。加快运输领域资质证照电子化，推动线上办理签注。优化大件运输跨省并联许可服务，进一步提高审批效率。（交通运输部负责）

（二）科学推进治理车辆超限超载。深入推进治超联合执法常态化、制度化，细化执法流程，严格执行全国统一的治超执法标准。分车型、分阶段有序开展治理货运车辆非法改装工作，逐步淘汰各种不合规车型。组织开展常压液体危险货物罐车专项治理行动。（交通运输部、公安部、工业和信息化部、市场监管总局按职责分工负责）

（三）维护道路货运市场正常秩序。建立严厉打击高速公路、国省道车匪路霸的常态化工作机制，畅通投诉举报渠道，重点规范车辆通行、停车服务、道路救援等领域市场秩序。（公安部、交通运输部、国家发展改革委、市场监管总局、省级人民政府按职责分工负责）

（四）优化城市配送车辆通行停靠管理。持续推进城市绿色货运配送示范工程。完善以综合物流中心、公共配送中心、末端配送网点为支撑的三级配送网络，合理设置城市配送车辆停靠装卸相关设施。鼓励发展共同配送、统一配送、集中配送、分时配送等集约化配送。改进城市配送车辆通行管理工作，明确城市配送车辆的概念范围，放宽标准化轻微型配送车辆通行限制，对新能源城市配送车辆给予更多

通行便利。（交通运输部、商务部、公安部按职责分工负责）研究将城市配送车辆停靠接卸场地建设纳入城市建设和建筑设计规范。（住房城乡建设部负责）

（五）推进通关便利化。推动港口、口岸等场所作业单证无纸化，压缩单证流转时间，提升货物进出港效率。依托国际贸易"单一窗口"，开展监管、查验指令信息与港口信息双向交互试点，提高进出口货物提离速度。持续推进进出口"提前申报"，优化"两步申报"通关模式。梳理海运、通关环节审批管理事项和监管证件，对不合理或不能适应监管需要的，按规定予以取消或退出口岸验核。（交通运输部、商务部、海关总署按职责分工负责）

（六）深化铁路市场化改革。选取铁路路网密集、货运需求量大、运输供求矛盾较突出的地区和部分重要铁路货运线路（含疏运体系）开展铁路市场化改革综合试点，通过引入市场竞争机制，开展投融资、规划建设、运营管理、绩效管理、运输组织等改革。持续完善铁路货物运输价格灵活调整机制，及时灵敏反映市场供求关系。进一步放宽市场准入，吸引社会资本参与铁路货运场站、仓储等物流设施建设和运营。（国家发展改革委、交通运输部、财政部、国家铁路局、中国国家铁路集团有限公司负责）

二、加强土地和资金保障，降低物流要素成本

（七）保障物流用地需求。对国家及有关部门、省（自治区、直辖市）确定的国家物流枢纽、铁路专用线、冷链物流设施等重大物流基础设施项目，在建设用地指标方面给予重点保障。支持利用铁路划拨用地

等存量土地建设物流设施。指导地方按照有关规定利用集体经营性建设用地建设物流基础设施。(自然资源部、中国国家铁路集团有限公司、省级人民政府负责)

(八)完善物流用地考核。指导地方政府合理设置物流用地绩效考核指标。在符合规划、不改变用途的前提下,对提高自有工业用地或仓储用地利用率、容积率并用于仓储、分拨转运等物流设施建设的,不再增收土地价款。(自然资源部、省级人民政府负责)

(九)拓宽融资渠道。加大中央预算内投资、地方政府专项债券对国家物流枢纽、国家骨干冷链物流基地等重大物流基础设施建设的支持力度。引导银行业金融机构加强对物流企业融资支持,鼓励规范发展供应链金融,依托核心企业加强对上下游小微企业的金融服务。充分发挥全国中小企业融资综合信用服务平台作用,推广"信易贷"模式。落实授信尽职免责和差异化考核激励政策,明确尽职认定标准和免责条件。鼓励社会资本设立物流产业发展基金。(国家发展改革委、财政部、中国人民银行、中国银保监会、国家开发银行按职责分工负责)

(十)完善风险补偿分担机制。鼓励保险公司为物流企业获取信贷融资提供保证保险增信支持,加大政策性担保对物流企业的信贷担保支持力度。发挥商业保险优势,支持保险公司开发物流企业综合保险产品和物流新兴业态从业人员的意外、医疗保险产品。(中国银保监会负责)

三、深入落实减税降费措施,降低物流税费成本

(十一)落实物流领域税费优惠政策。落实好大宗商品仓储用地城镇土地使用税减半征收等物流减税降费政策。(财政部、税务总局负责)

(十二)降低公路通行成本。结合深化收费公路制度改革,全面推广高速公路差异化收费,引导拥堵路段、时段车辆科学分流,进一步提高通行效率。深化高速公路电子不停车快捷收费改革。加强取消高速公路省界收费站后的路网运行保障,确保不增加货车通行费总体负担。鼓励有条件的地方回购经营性普通收费公路收费权,对车辆实行免费通行。严格落实鲜活农产品运输"绿色通道"政策,切实降低冷鲜猪肉等鲜活农产品运输成本。(交通运输部、财政部、国家发展改革委、省级人民政府按职责分工负责)

(十三)降低铁路航空货运收费。精简铁路货运杂费项目,降低运杂费迟交金收费标准,严格落实取消货物运输变更手续费。(中国国家铁路集团有限公司负责)大力推行大宗货物"一口价"运输。严格落实铁路专用线领域收费目录清单和公示制度,对目录清单外的收费项目以及地方政府附加收费、专用线产权单位或经营单位收费等进行清理规范。制定铁路专用线服务价格行为规则,规范铁路专用线、自备车维修服务收费行为,进一步降低收费标准,严禁通过提高或变相提高其他收费的方式冲抵降费效果。(市场监管总局、国家铁路局、中国国家铁路集团有限公司按职责分工负责)推动中欧班列高质量发展,优化班列运输组织,加强资源整合,推进"中转集散",规范不良竞争行为,进一步降低班列开行成本。(国家发展改革委、中国国

家铁路集团有限公司、财政部按职责分工负责）将机场货站运抵费归并纳入货物处理费。（中国民航局、省级人民政府负责）

（十四）规范海运口岸收费。降低港口、检验检疫等收费。对海运口岸收费进行专项清理整顿，进一步精简合并收费项目，完善海运口岸收费目录清单并实行动态管理，确保清单外无收费项目。研究将港口设施保安费等并入港口作业包干费，降低部分政府定价的港口收费标准。依法规范港口企业和船公司收费行为。降低集装箱进出口常规收费水平。（国家发展改革委、财政部、交通运输部、海关总署、市场监管总局按职责分工负责）

（十五）加强物流领域收费行为监管。对实行政府定价或政府指导价的收费项目，及时降低偏高收费标准；对实行市场调节价的收费项目，研究建立收费行为规则和指南。严格执行收费项目和标准公示制度，对不按公示价格标准收费或随意增加收费项目等行为，加大查处力度。依法查处强制收费、只收费不服务、超标准收费等违规违法行为。（国家发展改革委、市场监管总局、交通运输部、海关总署、省级人民政府按职责分工负责）

四、加强信息开放共享，降低物流信息成本

（十六）推动物流信息开放共享。在确保信息安全前提下，交通运输、公安交管、铁路、港口、航空等单位要向社会开放与物流相关的公共信息。按照安全共享和对等互利的原则，推动铁路企业与港口、物流等企业信息系统对接，完善信息接口等标准，加强列车到发时刻等信息开放。研究建立全国多式联运公共信息系统，推行标准化数据接口和协议，更大程度实现数据信息共享。（交通运输部、公安部、

工业和信息化部、国家铁路局、中国民航局、中国国家铁路集团有限公司按职责分工负责）

（十七）降低货车定位信息成本。对出厂前已安装卫星定位装置的货运车辆，任何单位不得要求重复加装卫星定位装置。规范货运车辆定位信息服务商收费行为，减轻货运车辆定位信息成本负担。（工业和信息化部、市场监管总局、交通运输部按职责分工负责）

五、推动物流设施高效衔接，降低物流联运成本

（十八）破除多式联运"中梗阻"。中央和地方财政加大对铁路专用线、多式联运场站等物流设施建设的资金支持力度，研究制定铁路专用线进港口设计规范，促进铁路专用线进港口、进大型工矿企业、进物流枢纽。持续推进长江航道整治工程和三峡翻坝综合转运体系建设，进一步提升长江等内河航运能力。加快推动大宗货物中长距离运输"公转铁"、"公转水"。（财政部、国家发展改革委、交通运输部、工业和信息化部、国家铁路局、中国国家铁路集团有限公司按职责分工负责）以多式联运示范工程为重点，推广应用多式联运运单，加快发展"一单制"联运服务。（交通运输部、国家发展改革委、国家铁路局、中国国家铁路集团有限公司负责）

（十九）完善物流标准规范体系。推广应用符合国家标准的货运车辆、内河船舶船型、标准化托盘和包装基础模数，带动上下游物流装载器具标准化。（工业和信息化部、商务部、交通运输部、市场监管总局按职责分工负责）加强与国际标准接轨，适应多式联运发展需求，推广应用内陆集装箱（系列2），加强特定货类安全装载标准研究，

减少重复掏箱装箱。（交通运输部、国家铁路局、工业和信息化部、公安部、中国国家铁路集团有限公司负责）

六、推动物流业提质增效，降低物流综合成本

（二十）推进物流基础设施网络建设。研究制定2021—2025年国家物流枢纽网络建设实施方案，整合优化存量物流基础设施资源，构建"通道+枢纽+网络"的物流运作体系，系统性降低全程运输、仓储等物流成本。（国家发展改革委、交通运输部负责）继续实施示范物流园区工程，示范带动骨干物流园区互联成网。（国家发展改革委、自然资源部负责）布局建设一批国家骨干冷链物流基地，有针对性补齐城乡冷链物流设施短板，整合冷链物流以及农产品生产、流通资源，提高冷链物流规模化、集约化、组织化、网络化水平，降低冷链物流成本。（国家发展改革委负责）加强县乡村共同配送基础设施建设，推广应用移动冷库等新型冷链物流设施设备。（商务部、国家发展改革委负责）加强应急物流体系建设，完善应急物流基础设施网络，整合储备、运输、配送等各类存量基础设施资源，加快补齐特定区域、特定领域应急物流基础设施短板，提高紧急情况下应急物流保障能力。（国家发展改革委、交通运输部、省级人民政府按职责分工负责）

（二十一）培育骨干物流企业。鼓励大型物流企业市场化兼并重组，提高综合服务能力和国际竞争力。培育具有较强实力的国际海运企业，推动构建与我国对外贸易规模相适应的国际航运网络。（国务院国资委、交通运输部按职责分工负责）严格落实网络货运平台运营相关法规和标准，促进公路货运新业态规范发展。鼓励物流企业向多

式联运经营人、物流全链条服务商转型。（交通运输部、国家发展改革委按职责分工负责）

（二十二）提高现代供应链发展水平。深入推进供应链创新与应用试点，总结推广试点成功经验和模式，提高资金、存货周转效率，促进现代供应链与农业、工业、商贸流通业等融合创新。研究制定现代供应链发展战略，加快发展数字化、智能化、全球化的现代供应链。（国家发展改革委、商务部按职责分工负责）

（二十三）加快发展智慧物流。积极推进新一代国家交通控制网建设，加快货物管理、运输服务、场站设施等数字化升级。（交通运输部负责）推进新兴技术和智能化设备应用，提高仓储、运输、分拨配送等物流环节的自动化、智慧化水平。（国家发展改革委负责）

（二十四）积极发展绿色物流。深入推动货物包装和物流器具绿色化、减量化，鼓励企业研发使用可循环的绿色包装和可降解的绿色包材。加快推动建立托盘等标准化装载器具循环共用体系，减少企业重复投入。（商务部、交通运输部、市场监管总局、工业和信息化部、国家邮政局按职责分工负责）

各地区各部门要按照党中央、国务院决策部署，加强政策统筹协调，切实落实工作责任，结合本地区本部门实际认真组织实施。国家发展改革委要会同有关部门发挥全国现代物流工作部际联席会议作用，加强工作指导，及时总结推广降低物流成本典型经验做法，协调解决政策实施中存在的问题，确保各项政策措施落地见效。

国务院办公厅转发国家发展改革委等部门关于加快推进快递包装绿色转型意见的通知

国办函〔2020〕115号

各省、自治区、直辖市人民政府，国务院各部委、各直属机构：

国家发展改革委、国家邮政局、工业和信息化部、司法部、生态环境部、住房城乡建设部、商务部、市场监管总局《关于加快推进快递包装绿色转型的意见》已经国务院同意，现转发给你们，请认真贯彻落实。

国务院办公厅

2020年11月30日

关于加快推进快递包装绿色转型的意见

国家发展改革委　国家邮政局　工业和信息化部　司法部
生态环境部　住房城乡建设部　商务部　市场监管总局

为贯彻落实党中央、国务院决策部署，进一步加强快递包装治理，推进快递包装绿色转型，现提出以下意见。

一、总体要求

（一）指导思想。以习近平新时代中国特色社会主义思想为指导，全面贯彻党的十九大和十九届二中、三中、四中、五中全会精神，深入践行习近平生态文明思想，认真落实党中央、国务院决策部署，坚持以人民为中心，落实新发展理念，强化快递包装绿色治理，加强电商和快递规范管理，增加绿色产品供给，培育循环包装新型模式，加快建立与绿色理念相适应的法律、标准和政策体系，推进快递包装"绿色革命"。

（二）基本原则。

——坚持绿色发展。以绿色理念推动电商和快递行业高质量发展，建立健全市场主体激励约束机制，打造统一规范、竞争有序、监管有力的营商环境，推进快递包装管理制度和治理体系现代化。

——坚持创新引领。以技术创新和模式创新驱动快递包装绿色转型，开发应用新技术、新产品，培育发展快递包装新业态。以标准化和规范化为主线，优化快递包装产品供给结构，推动产业链、供应链转型升级。

——坚持协同共治。压实企业主体责任，强化政府监督管理，加强政策引导，形成法律、标准、政策相互协调，产业链、供应链前后贯通，政府监管、行业自律、社会参与三位一体的快递包装协同治理体系。

（三）主要目标。到2022年，快递包装领域法律法规体系进一步健全，基本形成快递包装治理的激励约束机制；制定实施快递包装材料无害化强制性国家标准，全面建立统一规范、约束有力的快递绿色包装标准体系；电商和快递规范管理普遍推行，电商快件不再二次包装比例达到85%，可循环快递包装应用规模达700万个，快递包装标准化、绿色化、循环化水平明显提升。到2025年，快递包装领域全面建立与绿色理念相适应的法律、标准和政策体系，形成贯穿快递包装生产、使用、回收、处置全链条的治理长效机制；电商快件基本实现不再二次包装，可循环快递包装应用规模达1000万个，包装减量和绿色循环的新模式、新业态发展取得重大进展，快递包装基本实现绿色转型。

二、完善快递包装法律法规和标准体系

（四）健全法律法规体系。推动电子商务、邮政快递等行业管理法律法规与固体废物污染环境防治法有效衔接，进一步明确市场主体法律责任和政府监管责任，加快形成有利于完善快递包装治理的法律法规体系。研究修订《快递暂行条例》，细化快递包装生产、使用、回收、处置各环节管理要求。制定《邮件快件包装管理办法》，进一步健全快递包装治理的监管手段和具体措施。（商务部、交通运输部、国家邮政局、生态环境部、司法部按职责分工负责）

（五）加强标准化工作顶层设计。建立快递绿色包装标准化联合工作组，统一指导快递包装标准制定工作。制定覆盖产品、评价、管理和安全各类别以及设计、生产、销售、使用、回收和循环利用各环节的标准体系框架图。统一快递绿色包装、循环包装的核心关键指标要求，解决部分标准引用层次复杂、关键指标不清晰、内容互不衔接等问题。清理一批与行业发展和管理要求不相符的现行标准。强化标准实施效果评估，形成动态反馈、及时修订机制。（市场监管总局牵头，

国家发展改革委、工业和信息化部、生态环境部、商务部、国家邮政局等部门参与）

（六）升级完善快递包装标准。抓紧制定快递包装材料无害化相关强制性国家标准，提高标准约束力。建立健全可循环快递包装、产品与快递一体化包装、合格包装采购管理、绿色包装认证等重点领域标准。研究制定可降解材料与包装产品标识标准，进一步完善可降解快递包装标准，加快实施快递包装绿色产品认证和可降解包装产品标识制度。开辟绿色通道，提高标准制修订效率。（市场监管总局牵头，工业和信息化部、生态环境部、商务部、国家邮政局等部门参与）

三、强化快递包装绿色治理

（七）推进快递包装材料源头减量。加强快递领域塑料污染治理，推动重点地区逐步停止使用不可降解的塑料包装袋、一次性塑料编织袋，减少使用不可降解塑料胶带。推动全国快递业务实现电子运单全覆盖，大幅提升循环中转袋（箱）、标准化托盘、集装单元器具的应用比例。推广使用低克重高强度快递包装纸箱、免胶纸箱。鼓励通过包装结构优化减少填充物使用。（国家邮政局和各地方人民政府按职责分工负责）

（八）提升快递包装产品规范化水平。统一规定快递封套、纸箱、包装袋等的规格尺寸、物理和安全环保性能，推动快递包装产品实现标准化、系列化和模组化，提高与寄递物的匹配度，防止大箱小用，减少随意包装。全面禁止电商和快递企业使用重金属含量、溶剂残留等超标的劣质包装袋，禁止使用有毒有害材料制成的填充物；违规生产、使用问题突出地区人民政府要对有毒有害的劣质快递包装生产企业、违规使用的电商和快递企业开展专项整治。（国家邮政局、商务部、市场监管总局和各地方人民政府按职责分工负责）

（九）减少电商快件二次包装。加强电商和快递企业与商品生产企业的上下游协同，设计并应用满足快递物流配送需求的电商商品包装。选择一批商品品类，推广电商快件原装直发，推进产品与快递包装一体化，减少电商商品在寄递环节的二次包装。（商务部、国家邮政局、工业和信息化部按职责分工负责）

四、加强电商和快递规范管理

（十）严格快递操作规范。完善快递行业末端网点分拣、投递工作流程和封装操作规范。推动快递企业完善内部规章制度，建立快递包装治理工作体系和管理台账，将快递包装有关规范纳入从业人员上岗培训，提升快递员业务技能。支持快递企业推行智能化、集约化作业方式。将不规范分拣、投递、包装操作等行为纳入快递行业抽查事项目录，推动解决被动式过度包装问题，畅通公众投诉举报通道，规范快件投递"最后一公里"。（国家邮政局负责）

（十一）完善快递收寄管理。推动快递企业将包装减量化、绿色化等要求纳入收件服务协议，加强对电商等协议用户的引导。推动快递企业进一步规范散收件交付管理，引导用户使用合格包装产品。鼓励电商和快递企业在网络零售和快件收寄中为消费者提供绿色包装产品，并通过积分激励等方式引导消费者使用。（国家邮政局、商务部按职责分工负责）

（十二）推行绿色供应链管理。推动相关企业建立快递包装产品合格供应商制度，鼓励包装生产、电商、快递等企业形成产业联盟，扩大合格供应商包装产品采购和使用比例。快递企业总部要加强对分支机构、加盟企业的管理，建立针对分支机构、加盟企业采购和使用包装产品的引导和约束机制。（国家邮政局、商务部、工业和信息化部按职责分工负责）

五、推进可循环快递包装应用

（十三）推广可循环包装产品。在电商和快递业务中，结合相关应用场景和商品种类，组织开展公开征集、设计大赛等遴选推广一批快递包装减量和循环利用的新技术、新产品。鼓励在同城生鲜配送、连锁商超散货物流中推广应用可循环可折叠快递包装、可循环配送箱、可复用冷藏式快递箱，减少一次性塑料泡沫箱等的使用。（国家邮政局、商务部、国家发展改革委和各地方人民政府按职责分工负责）

（十四）培育可循环快递包装新模式。鼓励电商平台选择部分商品种类，设立可循环包装商品专区；支持快递企业和第三方机构通过信用质押、超期扣款、回投返款等多种模式，扩大可循环快递包装的使用范围。鼓励电商和快递企业与商业机构、便利店、物业服务企业等合作设立可循环快递包装协议回收点，投放可循环快递包装的回收设施，丰富回收方式和渠道。推行可循环快递包装统一编码和规格标准化，建立健全上下游衔接、平台间互认的运管体系，有效降低运营成本。鼓励通过股权合作、第三方运营等方式，开展可循环快递包装投放和回收设施共建联营。（国家邮政局、商务部、国家发展改革委、

市场监管总局和各地方人民政府按职责分工负责）

（十五）加强可循环快递包装基础设施建设。各城市人民政府要结合智慧城市、智慧社区建设，在社区、高校、商务中心等场所，规划建设一批快递共配终端和可循环快递包装回收设施；在城市更新和存量住房改造提升、城镇老旧小区改造时，支持快递共配终端和可循环快递包装回收设施建设；破解相关设施进社区和公共场所的政策障碍，实行保障设施用地、减免设施场地占用费等支持政策。选择一批有条件的城市开展可循环快递包装规模化应用试点示范。（国家发展改革委、教育部、商务部、国家邮政局、住房城乡建设部和各城市人民政府按职责分工负责）

六、规范快递包装废弃物回收和处置

（十六）加强快递包装回收。鼓励在校园、社区等场所的快递网点开展快递包装纸箱集中回收，适度提升复用比例。推进快递包装材料和产品绿色设计，鼓励同类别产品包装使用单一材质材料，减少使用难以分类回收的材料和包装设计，提升快递包装可回收性能。鼓励发展"互联网＋回收"新业态，推进快递包装废弃物中可回收物的规范化、洁净化回收。（国家邮政局、教育部、工业和信息化部、商务部和各地方人民政府按职责分工负责）

（十七）规范快递包装废弃物分类投放和清运处置。推动已实施生活垃圾分类的城市在住宅小区、商业和办公场所合理设置分类收集设施，规范居民分类投放行为，保障快递包装废弃物及时得到清运。推进快递包装废弃物分类处置，提高资源化能源化利用比例，加强垃圾焚烧发电企业运行管理，确保污染物稳定达标排放。降低快递包装废弃物的填埋比例。（住房城乡建设部、生态环境部和各地方人民政府按职责分工负责）

七、完善支撑保障体系

（十八）加强监督执法。加大快递包装治理的监督执法力度，开展"双随机、一公开"检查和定期摸底调查，强化刚性约束。将快递包装相关标准实施情况纳入电商和快递行业管理。对违反相关法律法规和强制性国家标准的行为，依法依规进行查处。（国家邮政局、商务部、市场监管总局、生态环境部等部门和各地方人民政府按职责分工负责）

（十九）完善综合性支持政策。对绿色快递物流和配送体系建设、专业化智能化回收设施建设等项目，中央预算内投资予以适当支持。研究将绿色、可循环快递包装生产和规模化应用企业列入绿色信贷支持范围，在债券发行等方面予以支持。落实快递绿色包装政府采购需求标准，发挥政府采购引导作用。落实现有税收政策。中央财政通过现有部门预算资金支持开展快递包装生产、使用和回收处置统计监测分析平台、执法和监管能力建设。（国家发展改革委、财政部、住房城乡建设部、商务部、人民银行、税务总局、银保监会、证监会、国家邮政局等部门按职责分工负责）

（二十）强化科技支撑。开发智能打包、胶带与纸箱分离等新技术，加快绿色环保、功能包装材料研发应用。开发应用快递包装操作和分拣配送自动化、信息化、智能化设施，提升快递行业集约化管理水平。

加强产学研衔接,加大快递绿色包装技术攻关和成果转化力度。(科技部牵头,各有关部门参与)

八、强化组织实施

(二十一)加强部门协同。各有关部门要加强协同配合和政策衔接,形成齐抓共管的工作合力,及时总结推广快递包装绿色转型的有效管理措施、商业模式和制度成果,协调解决实施中的问题,重大情况及时按程序向国务院请示报告。(各部门按职责分工负责)

(二十二)落实地方责任。各地要提高政治站位,进一步增强做好快递包装绿色转型工作的责任感和紧迫感。各省级人民政府要加强对本地区快递包装治理工作的统筹指导,细化任务措施,有力有序推进快递包装绿色转型。各城市人民政府要结合本地实际,加强日常管理,抓好组织落实。开展可循环快递包装规模化应用试点示范的各试点城市人民政府要组织编制试点实施方案,建立健全工作机制,及时总结可复制、可推广的制度和模式。(各地方人民政府负责)

(二十三)加强宣传引导。通过报纸、广播电视、新媒体等渠道,大力宣传快递包装绿色转型的典型做法和工作成效,营造良好社会氛围。充分发挥消费者、新闻媒体、行业协会等的监督作用,广泛凝聚社会共识,构建人人有责、人人尽责的快递包装社会治理体系。(各有关部门按职责分工负责)

关于促进快递业与制造业深度融合发展的意见

国邮发〔2020〕14号

各省、自治区、直辖市邮政管理局，各省、自治区、直辖市及新疆生产建设兵团工业和信息化主管部门：

制造业是国民经济的主体，是快递业发展的重要需求基础。快递业是现代服务业的重要组成部分，为制造业发展提供重要服务保障。促进快递业与制造业深度融合发展，对推动制造业提质增效和快递业转型升级、建设制造强国和邮政强国，实现经济高质量发展具有重要意义。近几年，在国家邮政局、工业和信息化部的推动下，快递业服务制造业涌现出一批典型案例，形成了若干有效模式。但快递业服务制造业仍处在起步阶段，存在规模效益不明显、融合发展不深入、服务能力不适应和配套支持政策不到位等问题。为深入贯彻落实中央关于推动先进制造业和现代服务业深度融合的重大决策部署，促进快递业与制造业深度融合发展，现提出以下意见。

一、总体要求

（一）指导思想

以习近平新时代中国特色社会主义思想为指导，全面贯彻落实党的十九大和十九届二中、三中、四中全会精神，加快发展现代服务业，促进制造业优化升级；推动快递业深化供给侧结构性改革，提升服务能力，健全产品体系，应用新技术新模式，创新发展供应链；推动制造业向价值链中高端迈进，聚焦制造主业、打造核心竞争力，促进产业链上下游企业协同采购、协同制造、协同物流；深化产业合作，完善工作机制，构建与制造业高质量发展相适应的快递物流服务体系，形成快递业与制造业深度融合的发展格局，做优做大供应链服务，为实现经济高质量发展提供重要支撑。

（二）发展目标

到2025年，快递业服务制造业范围持续拓展，深度融入汽车、消费品、电子信息、生物医药等制造领域，形成覆盖相关制造业采购、生产、销售和售后等环节的供应链服务能力，培育出仓配一体化、入厂物流、国际供应链、海外协同等融合发展的成熟模式，培育出100个深度融合典型项目和20个深度融合发展先行区。快递业服务相关制造业的能力和水平显著提升，相关制造业供应链组织效率、市场竞争力显著提升，实现互利共赢、相融相长、耦合共生。

二、重点任务

（一）深化产业合作。鼓励制造企业专注于设计、研发和生产等核心环节，优化业务流程，整合外包采购、生产、销售和售后等环节的快递物流需求，引导有实力的快递企业（经营快递业务的企业，下同）有效承接并提供集约化、专业化的服务。支持制造企业与快递企业签订中长期合同，建立互利共赢、长期稳定的战略合作关系。引导快递企业主动与制造企业对接，共同设计制造企业供应链流程，打造个性化、定制化供应链管理解决方案。支持制造企业与快递企业整合资源，成立合资公司，发挥各自优势，发展面向同一制造业领域的供应链服务。鼓励制造企业与快递企业加强资源共享，盘活闲置的土地厂房、仓储物流设施和运输能力。

（二）协同产业布局。支持各地结合实际做好快递业与制造业规划布局衔接，重点在京津冀、长三角、珠三角等区域推进快递业与制造业深度融合发展。引导快递企业在工业园区、高新技术产业园区等制造业集聚区，建设集约共享、智能高效的快递物流基础设施，提供专业化快递物流服务。鼓励各地在规划建设制造业产业园区时，引入快递企业设计建设仓储物流设施，打造供应链物流信息平台。支持快递企业建设辐射国内外的航空快递货运枢纽，吸引新一代信息技术、生物医药等高端制造业集聚发展，打造临空经济区。

（三）提升服务能力。鼓励快递企业与制造企业开展合作，培育一体化供应链服务能力，加快向综合快递物流运营商转型。引导快递企业与相关制造业领域物流服务商开展合资合作，打造分领域、专业化的综合供应链服务能力。鼓励快递企业深入了解制造企业物流运行特点，承接更多的快递物流外包服务，提升生产效率和合作粘性。支持快递企业联合制造企业研发供应链一体化运营系统，加快利用现代信息技术升级改造传统仓储和作业处理设施，推进装备设施自动化、智能化建设。鼓励快递企业利用大数据、物联网等现代信息技术，优化供应链物流路径，为制造企业提供客户画像和大数据分析等服务。

（四）丰富服务产品。支持快递企业适应制造企业需求，提供入厂物流、线边物流、逆向物流和仓配一体化、订单配送等快递物流服务，发展供应链金融和供应链管理咨询服务。引导快递企业参与制造企业供应链协同平台建设，形成内嵌式、标准化的协同作业模式和流程，加快实现需求、库存和物流信息的实时共享，提高服务响应速度和资源利用效率，提供专业化、精细化的供应链服务产品。支持快递企业依托广覆盖的网络优势承载产品逆向物流，承接制造企业配件库存管理、维修中心和呼叫中心等售后服务环节。

（五）打造智慧物流。加快推动5G、大数据、云计算、人工智能、区块链和物联网与制造业供应链的深度融合，提升基础设施、装备和作业系统的信息化、自动化和智能化水平。支持制造企业联合快递企业研发智能立体仓库、智能物流机器人、自动化分拣设备、自动化包装设备、无人驾驶车辆和冷链快递等技术装备，加快推进制造业物流技术装备智慧化。鼓励通信企业、电子信息制造企业与快递企业合作，加快5G技术在快递业的推广应用，丰富5G物流应用场景，推动物流全环节信息互联互通。支持快递企业加速推广应用物联传感追溯、大数据分析、人工智能图像识别等智能信息系统，促进物流全链条可视化、透明化和可追溯。

（六）发展绿色物流。支持制造企业、快递企业逐步淘汰重金属和特定物质超标的包装物料，生产、使用经绿色认证的邮件快件包装产品。鼓励制造企业加强低成本、无污染、可降解、可循环利用的环保包装材料研发，形成一批绿色包装材料产业园。引导快递企业实施绿色采购，使用符合环保标准的包装或再生包装。鼓励快递企业联合制造企业，共同设计应用零部件容器、产成品包装，优化包装结构，节约包装物料。支持快递企业、制造企业加快推广应用标准化托盘，积极参与绿色包装标准体系和社会包装循环利用体系建设。鼓励快递企业加快推广甩挂运输和多式联运等先进运输组织模式，淘汰更新老旧车辆，提高新能源车辆使用比例。

（七）实施海外协同。支持快递企业与制造企业加强国际发展战略对接，强化境外资源共享，伴随出海、协同发展。引导快递企业结合制造业国际发展需求，完善国际快递航空运输网络，强化国际寄递物流保障，支持制造业国际化生产、销售和服务。鼓励快递企业联合有实力的制造企业通过多种合作方式，整合利用海外国际货代、清关通关和投递网络等资源，提升制造企业全链条供应链服务能力。引导快递企业依托境外产业集聚区、经贸合作区、工业园区等建设分拨中心、集散节点，提升国际物流中转能力。鼓励制造企业在海外布局时，联合快递企业设计国际供应链物流网络，共享境外仓储网络和通关资源。

（八）推动重点突破。在医药行业，加快区块链、射频识别（RFID）、冷链空调、冷藏车辆、温湿度传感器等技术装备研发和应用，鼓励快递企业依法取得医药仓储和医药流通资质，加速构建覆盖全国的全流程、可追溯、高时效的冷链医药物流网络。在汽车行业，支持快递企业通过管理库存、循环取货、共享仓配中心等方式增强专业入厂物流全环节服务能力，逐步扩展预组装服务范围，探索上下游延伸服务。在消费品行业，鼓励快递企业在电商销售和产品制造集聚区，建设集约化仓储分拨处理设施，提供高效的仓配一体化服务，通过消费数据为制造企业产品设计和销售提供支撑。

三、政策措施

（一）完善工作机制。国家邮政局与工业和信息化部加强工作沟通，定期召开会议，协调解决问题，加强对地方指导，协同推进工作。各地邮政管理部门与工业和信息化主管部门，建立工作机制，结合本地发展实际，出台具体任务措施和工作方案，跟踪了解动态，加强对企业指导服务，并于每年1月底前报上一年度工作进展情况。

（二）强化政策支持。支持将快递企业服务制造业项目，纳入工业和信息化领域有关专项资金扶持范围。支持各地利用现有资金渠道设立促进快递业与制造业深度融合专项。研究制定符合快递业与制造业融合发展特点的统计指标，加强部门间数据共享。支持制造企业联合快递企业，申报国家重点实验室、企业技术中心认定以及国家科技奖励。

（三）加强示范推广。鼓励各地在制造业集聚区，分领域建设一批促进快递业与制造业深度融合发展先行区；在全国遴选一批方向领先、成效显著的融合发展典型项目；总结推广在降低物流成本、促进快递业与制造业转型升级、推动高质量发展等方面的经验做法。中国邮政快递报、人民邮电报等行业媒体要注重挖掘快递业与制造业深度融合发展案例，联合中央媒体单位加强宣传报道。国家邮政局、工业和信息化部将遴选案例汇编成册，在全国范围内推广，发挥示范引领作用。

（四）强化交流对接。鼓励快递协会成立专门机构，吸引制造企业加入，促进快递业与制造业深度融合发展。支持快递协会与制造业相关协会，分领域举办快递业与制造业深度融合发展论坛，分享典型经验做法，促进项目对接和业务合作。鼓励快递企业与制造企业、研究机构成立专业联盟，开展快递物流装备制造、供应链物流等领域专业研究，加强经验交流，共享科研成果，协助推进快递业与制造业融合相关标准制定，编制深度融合发展情况白皮书。

（五）完善标准体系。国家邮政局、工业和信息化部支持制定促进快递业与制造业融合发展相关行业和地方标准。鼓励快递企业与制造企业，结合实际项目经验，研究制定服务流程、项目管理、专业器具、产品规格、信息对接等方面的企业标准。支持行业协会和有关联盟，积极推广优秀企业标准，研究制定相关团体标准。

（六）加强人才培养。鼓励高等学校、职业院校设置供应链管理相关专业课程，联合快递企业与制造企业加强供应链物流理论和实务研究，培养快递供应链方向的专业人才。深化产教融合，大力推进校企合作，建立快递供应链人才综合培养和实训基地。加强快递业与制造业深度融合方面的职业技能培训。鼓励快递企业和制造企业联合开展供应链人才培训，培养既熟悉制造业流程，又掌握快递物流知识的复合型专业人才。支持将从事快递业与制造业融合发展项目、工作业绩突出的科技人员和高技能人员，优先纳入邮政和工信行业科技英才、技术能手推进等相关计划。鼓励快递企业、制造企业引进优秀的国际化供应链人才。

国家邮政局　工业和信息化部
2020 年 2 月 26 日

关于继续实施物流企业大宗商品仓储设施用地城镇土地使用税优惠政策的公告

财政部 税务总局公告2020年第16号

为进一步促进物流业健康发展，现就物流企业大宗商品仓储设施用地城镇土地使用税政策公告如下：

一、自2020年1月1日起至2022年12月31日止，对物流企业自有（包括自用和出租）或承租的大宗商品仓储设施用地，减按所属土地等级适用税额标准的50%计征城镇土地使用税。

二、本公告所称物流企业，是指至少从事仓储或运输一种经营业务，为工农业生产、流通、进出口和居民生活提供仓储、配送等第三方物流服务，实行独立核算、独立承担民事责任，并在工商部门注册登记为物流、仓储或运输的专业物流企业。

本公告所称大宗商品仓储设施，是指同一仓储设施占地面积在6000平方米及以上，且主要储存粮食、棉花、油料、糖料、蔬菜、水果、肉类、水产品、化肥、农药、种子、饲料等农产品和农业生产资料，煤炭、焦炭、矿砂、非金属矿产品、原油、成品油、化工原料、木材、橡胶、纸浆及纸制品、钢材、水泥、有色金属、建材、塑料、纺织原料等矿产品和工业原材料的仓储设施。

本公告所称仓储设施用地，包括仓库库区内的各类仓房（含配送中心)、油罐(池)、货场、晒场(堆场)、罩棚等储存设施和铁路专用线、码头、道路、装卸搬运区域等物流作业配套设施的用地。

三、物流企业的办公、生活区用地及其他非直接用于大宗商品仓储的土地，不属于本公告规定的减税范围，应按规定征收城镇土地使用税。

四、本公告印发之日前已缴纳的应予减征的税款，在纳税人以后应缴税款中抵减或者予以退还。

五、纳税人享受本公告规定的减税政策，应按规定进行减免税申报，并将不动产权属证明、土地用途证明、租赁协议等资料留存备查。

财政部

税务总局

2020年3月13日

关于进一步优化发展环境促进生鲜农产品流通的实施意见

发改经贸〔2020〕809号

各省、自治区、直辖市及计划单列市发展改革、公安、财政、自然资源、生态环境、住房城乡建设、交通运输、农业农村、商务、税务、市场监管、银保监部门：

生鲜农产品流通涵盖生鲜农产品收购、加工、储存、运输、销售等一系列环节，关系着农民的"钱袋子"和市民的"菜篮子"，对于调节产销关系、保障市场供应、平抑价格波动起着重要的作用。近年来，各类市场主体在生鲜农产品流通领域取得了长足发展，特别是民营企业已成为我国生鲜农产品流通的主要力量。为进一步优化发展环境，解决生鲜农产品流通领域制约企业尤其是民营企业发展的突出问题，促进生鲜农产品流通业健康发展，现提出以下意见：

一、总体要求

以习近平新时代中国特色社会主义思想为指导，全面贯彻党的十九大和十九届二中、三中、四中全会精神，落实《中共中央 国务院关于营造更好发展环境支持民营企业改革发展的意见》（中发〔2019〕49号）、统筹推进疫情防控与经济社会发展的部署要求，坚持新发展理念，坚持问题导向和目标导向，把握生鲜农产品流通特点和规律，以供给侧结构性改革为主线，以收加储运销一体化建设为引领，着力破除政策障碍，着力补齐流通短板，着力优化营商环境，进一步激发流通领域市场主体发展活力，促进包括民营企业在内的各类企业提质壮大升级，提高生鲜农产品流通业集中度，促进流通降本减耗增效，为助力农民增收致富、实现乡村振兴、保障和改善民生发挥更大作用。

二、降低企业经营成本

（一）减轻企业价费负担。对家庭农场、农民合作社、供销合作社、邮政快递企业、产业化龙头企业、农产品流通企业在农村建设的保鲜仓储设施用电，按照农业生产用电价格执行。认真落实整车合法装载运输全国统一的《鲜活农产品品种目录》内产品的车辆免收车辆通行费政策。（发展改革委、交通运输部分工负责，地方各级人民政府有关部门负责）

（二）破解增值税抵扣难题。针对企业采购农户自产自销生鲜农产品增值税抵扣凭证获取难的问题，加大电子发票推行力度，支持企业远程核定、开具作为农产品收购凭证的增值税电子普通发票，为企业提供可选择的便利化抵扣方式。（税务总局负责）

三、加大金融支持力度

（三）支持企业设施建设。运用中央预算内投资等积极支持城乡冷链物流基础设施建设。鼓励符合条件的生鲜农产品流通领域民营企业发行农产品批发市场建设项目收益债，积极通过发行企业债券融资。鼓励银行业金融机构对包括民营企业在内的各类企业投资新建扩建农产品批发市场、物流园区、加工配送中心等大型农产品流通骨干基础设施，按照市场化、法治化原则，在风险可控的前提下提供信贷支持。（发展改革委、财政部、银保监会分工负责，地方各级人民政府有关部门负责）

（四）支持企业融资纾困。加大流动资金贷款支持，引导商业银行对生鲜农产品运销、加工龙头企业提供差异化信贷支持，结合农产品上市季节变化等行业特点，开发适应民营企业短期运营资金需求、手续简便、放款迅速的信贷产品。鼓励有条件的生鲜农产品流通民营企业进行股份制改造，建立和完善现代企业制度，以股权融资方式引入资本。（发展改革委、银保监会分工负责）

（五）强化担保增信服务。市县级政府所属担保平台，可加大对生鲜农产品流通领域的支持力度，联合本地发展改革、农业农村、金融服务等有关部门做好担保审查、监管等工作，满足中小微企业增信融资需要。鼓励商业银行将包括民营企业在内的各类企业经过流转取得的承包土地的经营权纳入抵质押品目录。有条件的地方可设立生鲜农产品中小微企业风险补偿金。鼓励农产品批发市场等大型流通主体建立第三方供应链金融服务平台。（财政部、银保监会，地方各级人民政府有关部门负责）

四、加大用地用房供给

（六）落实农产品流通用地政策。落实好设施农业用地管理规定，支持建设与生产农产品直接关联的烘干晾晒、分拣包装、保鲜存储等设施。城市周边建设为连锁超市、生鲜电商、连锁餐饮等销售终端提供配送服务的生鲜农产品公共配送中心，参照农产品批发市场用地政

策。在用地方面不得对民营企业设置隐性门槛。（自然资源部、农业农村部分工负责，地方各级人民政府有关部门负责）

（七）解决零售终端用房困难。地方有关部门要做好农贸市场、社区菜店、生鲜超市、生鲜电商前置仓等终端网点规划布局，统筹解决因城市零售终端规划不合理、布局不完善等导致的用房难、房租高等问题。新建住宅区要规划建设一定面积的社区菜店，对老旧住宅区要通过行政购置、腾退区域利用、房产置换、集中连片租赁等方式，加强社区菜店等便民零售终端建设。鼓励社区因地制宜留出服务生鲜农产品终端配送的公共充电设施建设空间，推动生鲜电商等新零售业态的发展。（自然资源部、住房城乡建设部分工负责，地方各级人民政府有关部门负责）

五、营造良好营商环境

（八）构建亲清政商关系。地方政府有关部门要避免因审批手续拖延、政策矛盾、新官不理旧账等行为造成民营企业停业或项目建设停滞，特别是针对陷入困境的优质民营企业要加大帮扶力度，依法加快盘活存量设施和企业资产。建立规范化常态化政商沟通机制，公开办事规则和程序，畅通民营企业反映问题、提出诉求的渠道，加快实现问题统一受理、部门联动办理、结果统一反馈。（地方各级人民政府有关部门负责）

（九）维护公平竞争秩序。清理地方政府投资主体利用公共资源优势，在申请使用市政、道路等公共资源时，对生鲜农产品流通领域民营企业实施的不正当竞争行为。对企业投资建设农产品批发市场、农产品公共配送中心等承担城市运行保障功能的生鲜农产品流通项

目,不得以投资强度低、税收贡献少为由设置隐形门槛,不得根据所有制形式实施歧视性对待。(地方各级人民政府有关部门负责)

(十)改进地方行政管理。规范行政执法行为,除法律法规规定外,不得随意对企业采取停电、停水、停气等违规处罚措施,依法查处滥用行政权力干涉企业正常经营的行为。创新服务型管理模式,加强道路运输、配送网点、配送模式、车辆标识、停靠设施、通行管控、环境保护等方面的统筹管理,坚决避免一罚了之、只罚不治。(发展改革委、公安部、生态环境部、住房城乡建设部、交通运输部、商务部、市场监管总局分工负责,地方各级人民政府有关部门负责)

六、支持企业做大做强

(十一)加强规划与公共设施配套。各地方要将生鲜农产品流通设施建设作为重要的民生工程,充分考虑城市需求和发展空间,加强统一规划,避免同质化项目重复建设造成恶性竞争。加强政府公益性配套,着力补齐生鲜农产品流通设施短板,有条件的地区可对农产品批发市场建设检验检测、垃圾处理、信息化设施设备,以及农产品产地市场和田间地头建设初加工、预冷、储藏、分等分级等设施,按照公益性设施给予一定比例的配套支持,切实改善生鲜农产品流通设施条件。(地方各级人民政府有关部门负责)

(十二)引导企业整合升级增效。鼓励企业通过并购、战略合作等方式进行整合,支持政府平台公司按照市场化原则进行股权投资。鼓励商户、农户共同出资入股,参与批发市场等项目建设运营。鼓励生鲜农产品流通企业通过延伸上下游产业链构建一体化农产品供应链,从商品集聚平台向产业集成平台升级,提高产销两端的服务能力和市场竞争能力。引导企业加强检验检测、质量分级、标识包装、冷链物流等流通各环节的标准应用，通过标准化生产流通实现品牌化增值效应。（农业农村部、商务部、市场监管总局分工负责，地方各级人民政府有关部门负责）

各地区各部门要充分认识进一步优化发展环境、促进生鲜农产品流通工作的重要性，加强组织领导，明确任务分工，强化协调配合，结合实际加大政策创新和支持力度，切实解决生鲜农产品流通领域市场主体尤其是民营企业发展面临的突出问题，促进生鲜农产品流通业健康发展。

国家发展改革委
公 安 部
财 政 部
自 然 资 源 部
生 态 环 境 部
住 房 城 乡 建 设 部
交 通 运 输 部
农 业 农 村 部
商 务 部
税 务 总 局
市 场 监 管 总 局
银 保 监 会
2020 年 5 月 24 日

关于公布首批农村物流服务品牌并组织开展第二批农村物流服务品牌申报工作的通知

交办运函〔2020〕838号

按照《交通运输部办公厅关于深化交邮融合推广农村物流服务品牌的通知》（交办运函〔2019〕1359号，以下简称《通知》）部署安排，全国24个省（自治区）参与首批农村物流服务品牌申报工作。近期，交通运输部会同国家邮政局组织专家对申报项目进行了评审，经公示确定河北省隆尧县"电子商务＋特色农业"等25个项目为首批农村物流服务品牌。为充分发挥品牌项目的示范引领作用，提升农村物流发展水平，现就有关事项通知如下：

一、充分认识推广农村物流服务品牌工作的重要意义

当前，我国正处于全面建成小康社会的关键时期。加快推进农村物流健康发展，对于构筑城乡物资双向、高效、便捷流通通道，带动农村地区产业发展，支撑打赢脱贫攻坚战具有重要现实意义。推广农村物流服务品牌，既是贯彻落实党中央、国务院关于实施乡村振兴战略的重要举措，也是引领带动农村物流健康发展的有效路径。各地交通运输主管部门要进一步提高思想认识，认真推广农村物流服务品牌项目的典型经验和做法，加强组织领导和工作投入，着力打造网络覆盖度深、资源整合度高、产业支撑能力强的农村物流服务体系，为坚

决打赢脱贫攻坚战、实施乡村振兴战略提供坚强有力的物流服务保障。

二、加大对农村物流服务品牌的政策支持

各省级交通运输主管部门要切实加强对本省份入选首批农村物流服务品牌项目的统筹协调与业务指导，督促市、县（区）交通运输主管部门加强与邮政、商务、农业、供销等部门的沟通联系，在地方人民政府的统一领导下，加快建立协同联动工作机制，共同推动解决农村物流发展中面临的突出问题。要加大对首批农村物流服务品牌有关项目的政策投入力度，为县、乡、村三级物流节点体系建设以及有关设备更新、信息化建设等，提供财税、金融、用地、用能等方面的支持，促进交通运输与邮政快递、商贸供销等资源整合，引导农村物流与特色产业、生产加工、电子商务融合发展，推动形成"场站共享、货源集约、服务同网、信息互通"的农村物流发展新格局。

三、加强对农村物流服务品牌的宣传推广

地方各级交通运输主管部门要进一步总结农村物流服务品牌项目的经验做法，通过电视、报刊、广播、互联网等渠道，切实做好宣传推广与品牌培树工作。要积极组织农村物流经营者和从业人员加强交流、相互借鉴，并结合辖区内农村产业发展、资源分布、参与主体等实际情况，因地制宜，深入学习首批农村物流服务品牌典型经验，推广农村物流工作新理念、发展新经验、服务新模式，引导广大农村物流经营者学先进、提品质、树品牌，全面提升农村物流服务质量和发展水平。同时，为持续跟踪农村物流服务品牌运营情况，深入总结工作成效，加强宣传工作联络，请首批农村物流服务品牌所在地省级、

县级交通运输主管部门分别确定 1 名熟悉业务的同志作为联系人,由省级交通运输主管部门汇总填写联系人信息表并于 2020 年 6 月 15 日前报部。

四、组织开展第二批农村物流服务品牌申报工作

为进一步做好农村物流服务品牌培树和推广工作,我部将启动第二批农村物流服务品牌申报工作,优先考虑贫困地区以及首批参与申报未入选的省份。请各省级交通运输主管部门会同邮政管理部门按照《通知》有关要求,积极参与申报工作,并结合辖区内农村物流发展特色,总结提炼申报材料,准确定位品牌特色,于 2020 年 9 月 30 日前将有关材料(含电子版)报部。

交通运输部办公厅

2020 年 6 月 3 日

附件1

首批农村物流服务品牌名单

序号	省份	品牌名称
1	河北	隆尧县"电子商务+特色农业"
2		涉县"信息平台+客货同网"
3	吉林	磐石市"多站合一+客货同网"
4	黑龙江	穆棱市"交通运输+邮政快递"
5		东宁市"交邮融合+农村电商"
6	江苏	丰县"商农共网、统仓统配"
7		如皋市"交邮融合、客货同网"
8	浙江	宁海县"标准引领、信息助推"
9		绍兴市柯桥区"交邮供销融合发展"
10	安徽	凤阳县"电商引领、集中配送、统一标准"
11	福建	武平县"信息平台+统一配送"
12	江西	分宜县"城乡公交+物流电商+共同配送"
13	山东	惠民县"电子商务+乡村快递共配"
14		青岛市崂山区"信息平台+三级网络"
15	河南	栾川县"信息平台+统一配送"
16		卫辉市"多站合一+货运班线"
17	湖北	赤壁市"交邮融合+电子商务"
18		竹山县"信息平台+统一配送"
19	海南	海口市秀英区"特色农业+电商快递"

20	四川	盐边县"电子商务+农村客运"
21		金堂县"电子商务+乡村公交"
22	贵州	雷山县"电子商务+统一配送"
23	云南	腾冲市"交邮商跨业融合"
24	陕西	西安市鄠邑区"特色产业+电商快递"
25		白河县"电子商务+统一配送"

关于印发《推动物流业制造业深度融合创新发展实施方案》的通知

发改经贸〔2020〕1315号

各省、自治区、直辖市及计划单列市、新疆生产建设兵团发展改革委、工业和信息化主管部门、公安厅、财政厅、自然资源主管部门、交通运输厅（局、委）、农业农村（农牧）厅（局、委）、商务厅（局、委）、市场监管局（厅、委）、银保监局，各地区铁路监督管理局，民航各地区管理局，邮政管理局，各铁路局集团公司：

为贯彻落实党中央、国务院关于推动高质量发展的决策部署，做好"六稳"工作，落实"六保"任务，进一步推动物流业制造业深度融合、创新发展，推进物流降本增效，促进制造业转型升级，国家发展改革委会同工业和信息化部等部门和单位研究制定了《推动物流业制造业深度融合创新发展实施方案》，现印发给你们，请认真贯彻执行。

国家发展改革委

工业和信息化部

公　安　部

财　政　部

自　然　资　源　部

交 通 运 输 部
农 业 农 村 部
商 　 务 　 部
市 场 监 管 总 局
银 保 监 会
国 家 铁 路 局
民 　 航 　 局
国 家 邮 政 局
中国国家铁路集团有限公司
2020 年 8 月 22 日

推动物流业制造业深度融合创新发展实施方案

物流业是支撑国民经济发展的基础性、战略性、先导性产业，制造业是国民经济的主体，是全社会物流总需求的主要来源。推动物流业制造业融合发展，是深化供给侧结构性改革，推动经济高质量发展的现实需要；是进一步提高物流发展质量效率，深入推动物流降本增效的必然选择；是适应制造业数字化、智能化、绿色化发展趋势，加快物流业态模式创新的内在要求。当前，我国物流业制造业融合发展趋势不断增强，在推动降低制造业成本水平等方面取得积极成效，但融合层次不够高、范围不够广、程度不够深，与促进形成强大国内市场，构建现代化经济体系的总体要求还不相适应。特别是应对新冠肺炎疫情和推动复工复产期间，供应链弹性不足、产业链协同不强、物流业制造业联动不够等问题凸显，直接影响到产业平稳运行和正常生产生活秩序。为进一步深入推动物流业制造业深度融合、创新发展，保持产业链供应链稳定，推动形成以国内大循环为主体、国内国际双循环相互促进的新发展格局，特制定本方案。

一、总体要求

（一）指导思想。以习近平新时代中国特色社会主义思想为指导，全面贯彻党的十九大和十九届二中、三中、四中全会精神，牢固树立和深入践行新发展理念，紧紧围绕高质量发展要求，以深化供给侧结构性改革为主线，充分发挥市场在资源配置中的决定性作用，更好发挥政府作用，统筹推动物流业降本增效提质和制造业转型升级，促进物流业制造业协同联动和跨界融合，延伸产业链，稳定供应链，提升价值链，为实体经济高质量发展和现代化经济体系建设奠定坚实基础。

（二）发展目标。到2025年，物流业在促进实体经济降本增效、供应链协同、制造业高质量发展等方面作用显著增强。探索建立符合我国国情的物流业制造业融合发展模式，制造业供应链协同发展水平大幅提升，精细化、高品质物流服务供给能力明显增强，主要制造业领域物流费用率不断下降；培育形成一批物流业制造业融合发展标杆企业，引领带动物流业制造业融合水平显著提升；初步建立制造业物流成本核算统计体系，对制造业物流成本水平变化的评估监测更加及时准确。

二、紧扣关键环节，促进物流业制造业融合创新

（三）促进企业主体融合发展。支持物流企业与制造企业通过市场化方式创新供应链协同共建模式，建立互利共赢的长期战略合作关系，进一步增强响应市场需求变化、应对外部冲击的能力，提高核心竞争力。引导制造企业结合实际系统整合其内部分散在采购、制造、销售等环节的物流服务能力，以及铁路专用线、仓储、配送等存量设施资源，向社会提供专业化、高水平的综合物流服务。（各部门按职能分工负责）

（四）促进设施设备融合联动。在国土空间规划和产业发展规划中加强物流业制造业有机衔接，统筹做好工业园区等生产制造设施，以及物流枢纽、铁路专用线等物流基础设施规划布局和用地用海安排。（发展改革委、工业和信息化部、自然资源部、交通运输部、国家邮政局、国家铁路集团按职责分工负责）积极推进生产服务型国家物流枢纽建设，充分发挥国家物流枢纽对接干线运力、促进资源集聚的显著优势，支撑制造业高质量集群化发展。（发展改革委、交通运输部、国家邮政局负责）支持大型工业园区新建或改扩建铁路专用线、仓储、配送等基础设施，吸引第三方物流企业进驻并提供专业化物流服务。（发展改革委、工业和信息化部、国家邮政局、国家铁路集团按职责分工负责）

（五）促进业务流程融合协同。推动制造企业与第三方物流、快递企业密切合作，在生产基地规划、厂内设施布局、销售渠道建设等方面引入专业化物流解决方案，结合生产制造流程合理配套物流设施设备，具备条件的可结合实际共同投资建设专用物流设施。加快发

展高品质、专业化定制物流，引导物流、快递企业为制造企业量身定做供应链管理库存、线边物流、供应链一体化服务等物流解决方案，增强柔性制造、敏捷制造能力。（发展改革委、工业和信息化部、商务部、国家邮政局按职责分工负责）

（六）促进标准规范融合衔接。建立跨部门工作沟通机制，对涉及物流业制造业融合发展的国家标准、行业标准和地方标准，在立项、审核、发布等环节广泛听取相关部门意见，加强标准规范协调衔接；支持行业协会等社会团体结合实际研究制定物流业制造业融合发展的团体标准，引导和规范物流业制造业融合创新。鼓励制造企业在产品及包装设计、生产中充分考虑物流作业需要，采用标准化物流装载单元，促进1200mm×1000mm标准托盘和600mm×400mm包装基础模数从商贸、物流等领域向制造业领域延伸，提高托盘、包装箱等装载单元标准化和循环共用水平。（发展改革委、工业和信息化部、交通运输部、商务部、市场监管总局、国家邮政局按职责分工负责）

（七）促进信息资源融合共享。促进工业互联网在物流领域融合应用，发挥制造、物流龙头企业示范引领作用，推广应用工业互联网标识解析技术和基于物联网、云计算等智慧物流技术装备，建设物流工业互联网平台，实现采购、生产、流通等上下游环节信息实时采集、互联共享，推动提高生产制造和物流一体化运作水平。推动将物流业制造业深度融合信息基础设施纳入数字物流基础设施建设，夯实信息资源共享基础。支持大型工业园区、产业集聚区、物流枢纽等依托专业化的第三方物流信息平台实现互联互通，面向制造企业特别是中小型制造企业提供及时、准确的物流信息服务，促进制造企业与物流企业高效协同。积极探索和推进区块链、第五代移动通信技术（5G）等新兴技术在物流信息共享和物流信用体系建设中的应用。（发展改革委、工业和信息化部、交通运输部、国家邮政局按职责分工负责）

三、突出重点领域，提高物流业制造业融合水平

（八）大宗商品物流。推动和支持钢铁、有色金属、建材等大型制造业企业和工业园区提高煤炭、原油、矿石、粮食等大宗商品中长期运输合同比例以及铁路、水路等清洁运输比例。扩大面向大型厂矿、制造业基地的"点对点"直达货运列车开行范围。鼓励铁路、水路运输企业与制造业大客户签订量价互保协议，实现互惠共赢。依托具备条件的国家物流枢纽发展现代化大宗商品物流中心，促进大宗商品物流降本增效。（发展改革委、工业和信息化部、交通运输部、国家铁路集团按职责分工负责）

（九）生产物流。鼓励制造业企业适应智能制造发展需要，开展物流智能化改造，推广应用物流机器人、智能仓储、自动分拣等新型物流技术装备，提高生产物流自动化、数字化、智能化水平。加强大型装备等大件运输管理和综合协调，不断优化跨省大件运输并联许可服务。加快商品车物流基地建设，优化铁路运输组织模式，稳定衔接车船班期，提高商品车铁路、水路运输比例；优化商品车城市配送通道，便利合规车辆运输车通行。（发展改革委、工业和信息化部、公安部、交通运输部、国家邮政局、国家铁路集团按职责分工负责）

（十）消费物流。鼓励邮政、快递企业针对高端电子消费产品、医药品等单位价值较高以及纺织服装、工艺品等个性化较强的产品提

供高品质、差异化寄递服务，促进精益制造和定制化生产发展。稳步推进国家骨干冷链物流基地建设，推动提高生鲜农产品产业化发展水平。推动构建全国性、区域性冷链物流公共信息平台，促进相关企业数据交换，逐步实现冷链信息全程透明化和可追溯。鼓励企业根据市场需求，提升港区及周边冷链存储能力。支持生鲜农产品及食品全程冷链物流体系建设，加快农产品产地"最先一公里"预冷、保鲜等商品化处理和面向城市消费者"最后一公里"的低温加工配送设施建设。（发展改革委、工业和信息化部、交通运输部、农业农村部、商务部、市场监管总局、国家邮政局按职责分工负责）

（十一）绿色物流。引导制造企业在产品设计、制造等环节充分考虑全生命周期物流跟踪管理，推动产品包装和物流器具绿色化、减量化、循环化。鼓励企业针对家用电器、电子产品、汽车等废旧物资构建线上线下融合的逆向物流服务平台和回收网络，促进资源循环利用以及逆向物流、再制造发展。支持具备条件的城市和制造、商贸企业开展逆向物流试点，探索符合我国国情的逆向物流发展模式。（发展改革委、工业和信息化部、商务部、国家邮政局按职责分工负责）

（十二）国际物流。发挥国际物流协调保障机制、全国现代物流工作部际联席会议等作用，加强顶层设计，构建现代国际物流体系，保障进口货物进得来，出口货物出得去。加强国际航空、海运、中欧班列等国际干线物流通道以及物流枢纽、制造业园区统筹布局和协同联动，支持外向型制造企业发展。支持制造企业利用中欧班列拓展"一带一路"沿线国家市场。加快培育与我国生产制造、货物贸易规模相适应的骨干海运企业和国际海运服务能力。围绕国际产能和装备制造合作重点领域，鼓励骨干制造企业与物流、快递企业合作开辟国际市场，培育一批具有全球采购、全球配送能力的国际供应链服务商。发展面向集成电路、生物制药、高端电子消费产品、高端精密设备等高附加值制造业的全流程航空物流，促进"买全球""卖全球"。支持邮政、快递企业与制造企业深度合作，打造安全可靠的国际国内生产型寄递物流体系。（发展改革委、工业和信息化部、交通运输部、商务部、民航局、国家邮政局、国家铁路集团按职责分工负责）

（十三）应急物流。研究制定健全应急物流体系的实施方案，建立以企业为主体的应急物流队伍，在发生重大突发事件时确保主要制造产业链平稳运行。支持物流、快递企业和应急物资制造企业深度合作，研究制定应急保障预案，提高紧急情况下关键原辅料、产成品等调运效率。补齐医疗等应急物资储备设施短板，完善医疗等应急物资储备体系，提高实物储备和产能储备能力。在工业园区等生产制造设施、物流枢纽等物流基础设施规划布局、功能设计中充分考虑产品生产、调运及原辅料供应保障等需要，确保紧急情况下物流通道畅通，增强相关制造产业链在受到外部冲击时的快速恢复能力。（发展改革委、工业和信息化部、自然资源部、交通运输部、国家邮政局、国家铁路集团按职责分工负责）

四、加强统筹引导，优化融合发展的政策环境

（十四）营造良好市场环境。深入推进放管服改革，对物流业制造业融合发展新业态、新模式实施包容审慎监管。取消不合理的市场准入限制，确保各类市场主体平等参与市场竞争。严格落实国务院和

相关部门已出台的物流降成本措施，为物流业制造业融合创新发展创造良好条件。支持行业协会加强行业自律和诚信建设，持续改善物流行业信用环境，增强制造企业与物流企业战略合作的信心和意愿。（各相关部门按职责分工负责）

（十五）加大政策支持力度。充分利用现有政策渠道支持物流标准化设施设备推广、铁路专用线建设、农产品冷链物流发展等。鼓励有条件的制造企业剥离物流资产成立独资或合资物流企业，符合条件的按照有关规定享受财税政策。支持制造企业在不改变用地主体和规划条件的前提下，利用存量厂房、土地资源发展生产性物流服务，其土地用途可暂不变更。加快修订铁路专用线管理相关文件，完善专用线共建共用机制，规范专用线收费项目标准和收费行为。（发展改革委、工业和信息化部、财政部、自然资源部、国家铁路局、国家铁路集团按职责分工负责）

（十六）创新金融支持方式。鼓励银行保险机构按照风险可控、商业可持续的原则，开发服务物流业制造业深度融合的金融产品和服务。鼓励供应链核心制造企业或平台企业与金融机构深度合作，整合物流、信息流、资金流等信息，为包括物流、快递企业在内的上下游企业提供增信支持，妥善促进供应链金融发展。支持社会资本设立物流业制造业融合发展产业投资平台，拓宽融资支持渠道。（发展改革委、银保监会按职责分工负责）

（十七）发挥示范引领作用。支持骨干物流、快递、制造企业兼并重组、做大做强，在危化品物流、逆向物流及服务先进制造等专业化程度高的领域培育形成一批技术水平高、服务能力强的企业，打造物流业制造业融合创新品牌。研究修订推荐性国家标准《企业物流成本构成与计算》，选取若干企业开展物流成本统计核算试点，研究建立制造业物流成本核算统计体系。鼓励龙头企业发起成立物流业制造业融合创新发展专业联盟，促进协同联动和跨界融合。在重点领域梳理一批物流业制造业深度融合创新发展典型案例，总结推广物流降成本、改造提升传统制造业等方面的成功经验。（发展改革委、工业和信息化部、交通运输部、市场监管总局、国家邮政局按职责分工负责）

（十八）强化组织协调保障。依托全国现代物流工作部际联席会议机制推进物流业制造业融合发展，加强跨部门政策统筹和工作协调，及时研究解决物流业制造业融合发展面临的突出问题，营造良好政策环境。充分利用科研院校、骨干企业等社会研究力量，搭建覆盖产学研用的咨询服务平台，为促进物流业制造业融合发展提供智力支持。依托主要行业协会建立物流业制造业融合发展动态监测和第三方评估机制，研究制定融合发展统计和评价体系，定期发布研究报告，为相关政府部门决策提供参考，引导行业健康发展。（各相关部门按职责分工负责）

关于优化和改进城市配送货车通行管理工作的指导意见

公交管〔2020〕383号

各省、自治区、直辖市公安厅、局，新疆生产建设兵团公安局：

为贯彻落实国务院办公厅关于降低物流成本、推动物流高质量发展的部署要求，深入推进公安交管"放管服"改革和城乡高效配送专项行动、城市绿色货运配送示范工程，进一步优化和改进城市配送货车通行管理工作，提出以下指导意见。

一、总体要求

（一）指导思想

以习近平新时代中国特色社会主义思想为指导，深入贯彻党的十九大和十九届二中、三中、四中、五中全会精神，积极适应推动物流高质量发展促进形成强大国内市场形势要求，统筹平衡城市物流与治污、缓堵、安全的关系，优化改进城市配送货车通行管控、停车管理、安全监管等工作，不断提高配送货车通行管理规范化、精细化、便利化水平。

（二）基本原则

——分类管理，分级配送。统筹配送货车与普通货车、长期运行车辆和临时进城车辆通行管理，分类细化通行政策。推动完善城市配送网络，构建城市分级配送体系。

——放宽限制，便利通行。坚持夜间运输为主、白天平峰为辅、早晚高峰严格控制，放宽配送货车通行限制，预留配送时间窗口，有效满足基本配送需求。

——放管并重，规范高效，合理保障特定场景配送需求，优化服务，强化监管，做到安全有序配送。

二、优化通行管理政策

（三）明确城市配送货车范围。城市物流配送货车是指在城市市区内从事货物运输服务的厢式货车和封闭式货车（以下简称配送货车），不包括危险货物运输车、工程运输车。鼓励城市配送货车采用标准化车型，同一个城市的配送货车统一外观标识（全国性或区域性配送企业，可采用企业统一外观标识）。各城市公安交管部门可通过行业协会、企业、个人备案或行业主管部门确认等方式，摸清配送货车底数，为科学分配通行权、便利配送货车通行创造条件。

（四）加快构建分级配送体系。依托物流园区（综合物流中心）、公共配送中心、末端配送网点为支撑的城市配送网络，推动形成有机衔接、层次分明的分级配送体系，从源头减少中心城区货车流量，进一步优化城市道路交通资源配置。

（五）科学制定通行管理政策。合理设定货车禁限行时段、路段，充分利用夜间等时段为配送货车预留时间窗口、开放通行权，引导货车在允许通行的时段完成配送工作，最大限度满足基本配送需求。对配送时效性强确需在禁限行时段路段通行的，可通过核发通行证、通行码等方式予以保障。

（六）合理设定货车禁限行范围。严禁采取全城24小时禁止货车通行的"一刀切"式措施。城市核心区等特殊区域个别道路确需24小时禁止货车通行的，要按照重大行政决策程序研究论证，依法发布公告，道路采取分时段禁限行措施的，每天允许配送货车通行的时间原则上不少于6小时。

（七）规范设定车辆禁限行标准。鼓励城市根据配送需求适当放宽限行吨位，避免简单按照车辆号牌类型划分通行权，对轻型以下货车原则上不再进一步细分限行吨位。高架道路及桥梁、隧道等由于道路承载能力等因素需要按照吨位限行的，要完善提示、禁令标志及绕行指示等配套管理设施。

（八）分类施策便利货车通行。落实新能源货车差异化管理措施，对新能源配送货车给予延长通行时间、扩大通行范围等便利，鼓励有条件的城市对新能源轻型厢式及封闭式货车不限行或仅在高峰时段限行。支持冷链物流发展，在车型、通行时间方面进一步放宽对冷藏运输车辆的限制，鼓励参照新能源配送货车进行管理。充分考虑群众搬家等日常需求，适当放宽民生服务车辆通行限制。合理设定允许车辆运输车通行的时间和线路，为合规车辆运输车进城配送创造条件。对执行应急物资运输保障的货运车辆，给予优先通行保障。

三、改进服务保障措施

（九）完善通行证（码）管理制度。制定公开公平、高效便利的城市配送货车通行证（码）管理制度，公示申领条件、申领方式、核发时限、使用规则等要求。对申请在市域范围跨城区、跨县区通行的，原则上实行"一站式"申领，一证（码）通用，避免多头申领。对有关行业主管部门提出需要保障的城市生产生活必需品运输车辆，可发放有效期不超过一年的长期通行证，定期统计分析通行证（码）核发情况，及时完善改进管理政策。

（十）全面推行网上申领。优化办理流程，2021年12月底前，除需要现场检查的特殊车辆外，允许网上申请办理配送货车通行证（码）。提高核发效率，对网上申请办理临时通行证（码）的，一般在1个工作日内或24小时内完成核发工作；对申请长期通行证（码）的，可适当延长审核时间，但应在原有长期通行证（码）到期前核发到位。公安部交通管理局依托"交管12123"APP研发"城市配送货车通行码申领"功能，实现网上申请、网上发放电子通行码。已实现网上申请、网上发放通行证（码）的城市，可继续通过现有渠道申领发放。

（十一）推广货车路线导航。通过广播、电视、互联网以及"双微一抖"等渠道，广泛宣传城市禁限行要求，加强提示引导，方便群众查询，避免误入禁限行道路。鼓励有条件的城市将禁限行时段路段、通行证（码）核定线路、专用临时停车位等信息推送给互联网地图企业，精准引导配送货车出行。

四、推动改善停车条件

（十二）引导车辆路外停车装卸。坚持路外停车为主，路内停车为辅，引导配送货车驶入专门停车点装卸货物。积极推动商场、超市等在停车场、仓库设置配送货车专用停车位，便利车辆停车装卸。

（十三）精细设置路内货车专用停车位。鼓励在居住社区、餐饮集中区等配送货车临时停车需求较大但停车资源不足的区域，按照"分时段、限时长"的原则合理施划货车装卸专用停车位，并完善配套管理设施，加强临时停车管理。参照城市配送货车管理模式，在机动车销售市场等区域设置车辆运输车临时停车位便利停车装卸，货车装卸专用停车位一般允许停车时长不超过1小时，有条件的地点可以根据实际需求适当延长。

（十四）适当允许短时停车作业。位于城市次干路、支路的社区服务中心、便利店、药店、菜市场等确有停车装卸需求的，可在不影响交通安全畅通的前提下，允许配送货车短时停车作业，白天一般不超过30分钟，夜间可适当放宽。

五、加强安全监管

（十五）加大路面执法管控力度。严查城市配送货车非法改装、超载等严重交通违法，严管社会车辆违法占用货车专用停车位等违法停车行为。通过安装电子标识、卫星定位装置等方式，利用动态监控系统以及交通技术监控设备，加强对配送货车实际运行线路的监管。

（十六）督促落实安全主体责任。推动相关部门、行业协会指导配送企业建立健全交通安全管理制度，加强交通安全宣传、教育培训和内部管理，督促配送人员自觉遵法守规、安全文明配送，严格落实交通安全主体责任。对存在较大交通安全隐患的企业，及时下发隐患整改通知书，责令限期整改。

（十七）推行信用奖惩管理机制。对违法少、事故少、管理规范的配送企业和车辆，可以在通行证（码）核发时限、发放数量及通行范围等方面进一步提供便利，对不按规定时间路线配送、交通安全主体责任不落实、交通违法及交通事故突出的企业和车辆，纳入黑名单管理，采取减少通行证（码）数量，缩短有效期等惩戒措施。

六、抓好推进落实

（十八）加强部门协作。按照交通运输主管部门负责需求管理和运力调控、商贸流通主管部门负责需求引导、公安交管部门负责通行管控的职责分工，加强与交通运输、商务等部门协作，联合调研本地配送行业发展状况及配送需求，推动城市配送供需合理匹配。

（十九）加强基础保障。当好党委政府参谋助手，推动构建政府主导、部门联动、社会参与的城市配送共治格局。推动相关部门将物流规划与城乡建设规划、交通规划衔接，建设完善城市配送网络、停车设施。配合制定配送货车专用标识样式和管理规范，鼓励搭建城市配送信息管理平台，支持发展共同配送、统一配送、夜间配送、分时配送等集约化配送模式。

（二十）开展专项治理。2021年6月底前，省级公安机关要组织对所有城市的货车禁限行政策进行全面梳理，建立禁限行时段、路段基础台账。9月底前，各城市要对群众反映强烈的货车禁限行政策进行评估论证，调整不合理的禁限行政策；一时难以调整的，要研究改进措施，明确完成时限。建立城市货车禁限行政策定期评估机制，城市每年至少开展一次评估，动态调整管理政策，持续优化城市货车通行管理工作。

公安部办公厅

2020 年 12 月 31 日

交通运输部办公厅关于进一步做好总质量4500千克及以下普通货运车辆"放管服"改革有关工作的通知

交办运〔2020〕65号

各省、自治区、直辖市、新疆生产建设兵团交通运输厅（局、委）：

为深入贯彻落实《国务院关于修改部分行政法规的决定》（国务院令第709号）有关部署要求，切实做好总质量4500千克及以下普通货运车辆（以下称为轻型货车）"放管服"改革工作，促进道路货运行业安全有序发展，现就有关事项通知如下：

一、**切实转变轻型货车运输管理方式。**各地交通运输主管部门要深入贯彻落实党中央、国务院关于"放管服"改革决策部署，坚持放管结合，树立底线思维，转变管理方式，加强部门协同，完善轻型货车运输事中事后监管举措，进一步规范轻型货车从事冷链物流运输、危险货物运输、零担货物运输的经营行为，引导创新运输组织模式，促进轻型货车装备升级，不断提升轻型货车运输管理和服务水平。

二、**加强重点领域轻型货车运输监管。**各地交通运输主管部门要按照《道路货物运输及站场管理规定》（交通运输部令2019年第17号）、《道路危险货物运输管理规定》（交通运输部令2019年第42号）要求，进一步依法规范对使用轻型货车从事冷藏保鲜运输和危险货物运输企业的准入管理，强化对运输企业经营行为的事中事后监管，督促运输企业切实加强车辆技术管理和人员安全教育培训，落实安全生产主体责任。对于在重点货运源头单位发现违法超限超载的，要严格按照《道路运输条例》《公路安全保护条例》等有关规定依法处理；对于在路面联合执法过程中发现违法超限超载的，要按照治超联合执法常态化制度化工作政策依法处理。要配合公安、工业和信息化等部门加大对轻型货车"大吨小标"、非法载人等行为的执法检查力度。

三、严格落实零担运输安全管理制度。各地交通运输主管部门要督促道路货物运输企业按照《零担货物道路运输服务规范》（JT/T 620-2018）的要求，严格落实零担货物受理环节抽检抽查、托运人实名制、托运物品登记和信息留存等相关制度，防止在货物中夹带禁止运输的物品。使用轻型货车从事零担货物运输的物流运营单位，应当依法执行零担货物运输相关安全管理制度。对于未实行受理环节抽检抽查、运输禁止运输的物品、未实行托运人身份和物品信息登记制度等行为，要按照相关法律法规依法进行处罚。

四、引导提升轻型货车运输服务效能。各地交通运输主管部门要依托城市绿色货运配送示范工程创建工作，在当地人民政府的统一领导下，会同有关部门加快推动城市建成区新增物流配送轻型车辆使用新能源汽车，并结合当地实际，对于符合标准的新能源配送车辆给予通行便利。同时，要引导轻型货车配送企业加快发展共同配送、集中配送、统一配送等先进运输组织模式，推广车用起重尾板、托盘等集装化单元，提升运输装载效率。鼓励网络平台道路货物运输企业利用"互联网+"信息化手段整合物流资源，不断提升城市货运配送效率，推动降低末端配送成本。

五、做好城乡物流配送市场运行监测分析。 各地交通运输主管部门要督促网络平台道路货物运输企业按照《网络平台道路货物运输经营管理暂行办法》（交运规〔2019〕12号）要求，加强对使用轻型货车从事运营的实际承运人管理，充分利用信用评价、激励奖惩等方式，督促其规范运输行为。同时，要鼓励网络平台道路货物运输企业充分利用大数据等信息化手段，加强对城乡物流配送市场的监测分析，指导城乡物流配送经营者科学决策，不断提升服务质量。

交通运输部办公厅
2020 年 12 月 14 日

关于进一步完善新能源汽车推广应用财政补贴政策的通知

财建〔2020〕593号

各省、自治区、直辖市、计划单列市财政厅（局）、工业和信息化主管部门、科技厅（局、科委）、发展改革委：

为支持新能源汽车产业高质量发展，做好新能源汽车推广应用工作，现就新能源汽车推广应用财政补贴政策有关事项通知如下：

一、坚持平缓补贴退坡力度，保持技术指标门槛稳定

为创造稳定政策环境，2021年保持现行购置补贴技术指标体系框架及门槛要求不变。根据《财政部 工业和信息化部 科技部 发展改革委关于完善新能源汽车推广应用财政补贴政策的通知》（财建〔2020〕86号）要求，2021年，新能源汽车补贴标准在2020年基础上退坡20%；为推动公共交通等领域车辆电动化，城市公交、道路客运、出租（含网约车）、环卫、城市物流配送、邮政快递、民航机场以及党政机关公务领域符合要求的车辆，补贴标准在2020年基础上退坡10%。为加快推动公共交通行业转型升级，地方可继续对新能源公交车给予购置补贴。

二、做好测试工况切换衔接，实现新老标准平稳过渡

2021年，我国新能源汽车试验方法标准将更新。新标准发布实施前，按照老标准进行检测的产品，只要符合补贴政策技术门槛要求，均可按规定享受补贴。插电式混合动力（含增程式）汽车在新试验方法标准下的补贴技术要求，有条件的等效全电续驶里程应不低于43公里；电量保持模式试验的燃料消耗量（不含电能转化的燃料消耗量）与《乘用车燃料消耗量限值》（GB 19578）中对应车型的燃料消耗量限值相比应小于65%，电量消耗模式试验的电能消耗量应小于同整备质量纯电动乘用车电能消耗量目标值的125%。其他新能源汽车在新试验方法标准下的技术要求，适用财建〔2020〕86号文件规定。

三、进一步强化监督管理，完善市场化长效机制

落实新能源汽车生产企业产品质量主体责任，鼓励企业积极开展缺陷调查及主动召回。生产企业安全管理体系不到位造成重大事故被主管部门行政处理处罚的，明知产品存在质量问题而不主动召回、造成重大事故的，或者被主管部门责令召回的，视程度予以暂停或取消推荐车型目录、暂缓或取消财政补贴等措施。推动建立跨部门信息共享和监管机制，强化对新能源汽车生产、销售、运营、报废等全流程监管，对于起火、重大安全事故等情况，开展跨部门联合调查。进一步加强购置补贴审核，提高重点关注企业现场审核比例。落实和完善新能源乘用车积分交易政策，加快研究新能源商用车积分交易制度，承接购置补贴有序退出，促进新能源汽车产业市场化发展。

四、切实防止重复建设，推动提高产业集中度

加强汽车投资项目和生产准入管理，严控增量、优化存量，严格执行新建企业和扩大产能项目等规范要求。加大僵尸企业退出力度，鼓励优势企业兼并重组、做大做强，坚决遏制新能源汽车盲目投资、违规建设等乱象，推动产业向产能利用充分、产业基础扎实、配套体系完善、竞争优势明显的地区和企业聚集，不断提高产能利用率和产业集中度。新能源乘用车、商用车企业单次申报购置补贴清算车辆数量应分别达到10000辆、1000辆。

本通知从2021年1月1日起实施。本通知未作规定的事项，继续按照《关于新能源汽车推广应用审批责任有关事项的通知》（财建〔2016〕877号）、《关于调整新能源汽车推广应用财政补贴政策的通知》（财建〔2016〕958号）、《关于调整完善新能源汽车推广应用财政补贴政策的通知》（财建〔2018〕18号）、《关于进一步完善新能源汽车推广应用财政补贴政策的通知》（财建〔2019〕138号）、《关于支持新能源公交车推广应用的通知》（财建〔2019〕213号）、《关于完善新能源汽车推广应用财政补贴政策的通知》（财建〔2020〕86号）等有关文件执行。

财政部　工业和信息化部　科技部　发展改革委
2020年12月31日

附件：

2021年新能源汽车推广补贴方案

一、非公共领域补贴方案

新能源乘用车、新能源客车、新能源货车分别如表1、表2、表3所示。

表1　新能源乘用车补贴方案（非公共领域）

单位：万元

车辆类型	纯电动续驶里程R（工况法、公里）		
纯电动乘用车	300≤R＜400	R≥400	R≥50（NEDC工况）/ R≥43（WLTC工况）
	1.3	1.8	/
插电式混合动力乘用车（含增程式）	/		0.68
1. 纯电动乘用车单车补贴金额=Min{里程补贴标准，车辆带电量×400元}×电池系统能量密度调整系数×车辆能耗调整系数。 2. 对于非私人购买或用于营运的新能源乘用车，按照相应补贴金额的0.7倍给予补贴。 3. 补贴前售价应在30万元以下（以机动车销售统一发票、企业官方指导价等为参考依据，"换电模式"除外）。			

表2 新能源客车补贴方案（非公共领域）

车辆类型	中央财政补贴标准（元/kWh）	中央财政补贴调整系数			中央财政单车补贴上限（万元）		
					6＜L≤8m	8＜L≤10m	L＞10m
非快充类纯电动客车	400	单位载质量能量消耗量（Wh/km·kg）			2	4.4	7.2
		0.18（含）－0.17	0.17（含）－0.15	0.15及以下			
		0.8	0.9	1			
快充类纯电动客车	700	快充倍率			1.6	3.2	5.2
		3C－5C（含）	5C－15C（含）	15C以上			
		0.8	0.9	1			
插电式混合动力（含增程式）客车	480	节油率水平			0.8	1.6	3.04
		60%－65%（含）	65%－70%（含）	70%以上			
		0.8	0.9	1			
单车补贴金额 = Min{车辆带电量×单位电量补贴标准；单车补贴上限}×调整系数（包括：单位载质量能量消耗量系数、快充倍率系数、节油率系数）							

表3 新能源货车补贴方案（非公共领域）

车辆类型	中央财政补贴标准（元/kWh）	中央财政单车补贴上限（万元）		
		N1类	N2类	N3类
纯电动货车	252	1.44	2.8	4
插电式混合动力（含增程式）货车	360	—	1.6	2.52

二、公共交通等领域补贴方案

新能源乘用车、新能源客车、新能源货车分别如表4、表5、表6所示。

表4 新能源乘用车补贴方案（公共领域）

单位：万元

车辆类型	纯电动续驶里程R（工况法、公里）		
纯电动乘用车	300≤R＜400	R≥400	R≥50（NEDC工况）/R≥43（WLTC工况）
	1.62	2.25	/
插电式混合动力乘用车（含增程式）	/		0.9

1. 纯电动乘用车单车补贴金额 = Min｛里程补贴标准，车辆带电量×495元｝×电池系统能量密度调整系数 × 车辆能耗调整系数。
2. 对于非私人购买或用于营运的新能源乘用车，按照相应补贴金额的0.7倍给予补贴。
3. 补贴前售价应在30万元以下（以机动车销售统一发票、企业官方指导价等为参考依据，"换电模式"除外）。

表5 新能源客车补贴方案(公共领域)

车辆类型	中央财政补贴标准(元/kWh)	中央财政补贴调整系数			中央财政单车补贴上限(万元)		
					6＜L≤8m	8＜L≤10m	L＞10m
非快充类纯电动客车	450	单位载质量能量消耗量(Wh/km·kg)			2.25	4.95	8.1
		0.18(含)-0.17	0.17(含)-0.15	0.15及以下			
		0.8	0.9	1			
快充类纯电动客车	810	快充倍率			1.8	3.6	5.85
		3C-5C(含)	5C-15C(含)	15C以上			
		0.8	0.9	1			
插电式混合动力(含增程式)客车	540	节油率水平			0.9	1.8	3.42
		60%-65%(含)	65%-70%(含)	70%以上			
		0.8	0.9	1			

单车补贴金额 = Min{车辆带电量×单位电量补贴标准;单车补贴上限}×调整系数(包括:单位载质量能量消耗量系数、快充倍率系数、节油率系数)

表6 新能源货车补贴方案（公共领域）

车辆类型	中央财政补贴标准（元/kWh）	中央财政单车补贴上限（万元）		
		N1类	N2类	N3类
纯电动货车	315	1.8	4.95	4.95
插电式混合动力（含增程式）货车	450	—	1.8	3.15

关于新能源汽车免征车辆购置税有关政策的公告

财政部公告 2020 年第 21 号

为支持新能源汽车产业发展，促进汽车消费，现就新能源汽车免征车辆购置税有关政策公告如下：

一、自 2021 年 1 月 1 日至 2022 年 12 月 31 日，对购置的新能源汽车免征车辆购置税。免征车辆购置税的新能源汽车是指纯电动汽车、插电式混合动力（含增程式）汽车、燃料电池汽车。

二、免征车辆购置税的新能源汽车，通过工业和信息化部、税务总局发布《免征车辆购置税的新能源汽车车型目录》（以下简称《目录》）实施管理。自《目录》发布之日起，购置列入《目录》的新能源汽车免征车辆购置税；购置时间为机动车销售统一发票（或有效凭证）上注明的日期。

三、对已列入《目录》的新能源汽车，新能源汽车生产企业或进口新能源汽车经销商（以下简称汽车企业）在上传《机动车整车出厂合格证》或进口机动车《车辆电子信息单》（以下简称车辆电子信息）时，在"是否符合免征车辆购置税条件"字段标注"是"（即免税标识）。工业和信息化部对汽车企业上传的车辆电子信息中的免税标识进行审核，并将通过审核的信息传送至税务总局。税务机关依据工业和信息化部审核后的免税标识和机动车统一销售发票（或有效凭证），办理车辆购置税免税手续。

四、汽车企业应当保证车辆电子信息与车辆产品相一致，对因提供虚假信息或资料造成车辆购置税税款流失的，依照《中华人民共和国税收征收管理法》及其实施细则予以处理。

五、从事《目录》管理、免税标识审核和办理免税手续的工作人员履行职责时，存在滥用职权、玩忽职守、徇私舞弊等违法违纪行为的，按照《中华人民共和国公务员法》《中华人民共和国监察法》等国家有关规定追究相应责任；涉嫌犯罪的，移送司法机关处理。

六、本公告自 2021 年 1 月 1 日起施行。2020 年 12 月 31 日前已列入《目录》的新能源汽车免征车辆购置税政策继续有效。

财政部

税务总局

工业和信息化部

2020 年 4 月 16 日

国家发展改革委发布 2020 年国家骨干冷链物流基地建设名单

为贯彻落实党中央、国务院关于城乡冷链物流设施补短板和建设国家骨干冷链物流基地的决策部署，近日，国家发展改革委印发《关于做好 2020 年国家骨干冷链物流基地建设工作的通知》（发改经贸〔2020〕1066 号，以下简称《通知》），公布 2020 年 17 个国家骨干冷链物流基地建设名单（附后）。

《通知》要求，入选 2020 年度建设名单的国家骨干冷链物流基地既要进一步加强冷链物流设施设备改造，促进业务流程和经营模式创新，不断提高冷链物流服务能力和效率；又要发挥好示范引领作用，结合实际先行先试，为以后年度国家骨干冷链物流基地建设探索经验，同时重点从能力提升、资源整合、互联互通、规范发展、食品安全等方面做好国家骨干冷链物流基地建设工作。相关省级发展改革部门要认真指导地方政府部门以及国家骨干冷链物流基地建设运营企业抓好抓实抓细各项建设工作，并会同相关部门建立日常工作协调机制，及时发现并推动解决国家骨干冷链物流基地建设中出现的突出问题，为提高冷链物流发展水平，培育新的经济增长点，促进形成强大国内市场奠定坚实基础，为"一带一路"建设、长江经济带建设等重大国家战略以及脱贫攻坚提供有力支撑。

下一步，国家发展改革委将统筹利用相关政策和资金渠道支持国家骨干冷链物流基地范围内的相关项目建设，促进国家骨干冷链物流基地间交流互鉴，同时会同有关方面加强对国家骨干冷链物流基地运行情况的监测，建立动态调整和退出机制，及时研究解决国家骨干冷链物流基地建设中存在的突出共性问题，为国家骨干冷链物流基地建设创造良好环境。

2020年国家骨干冷链物流基地建设名单
（排名不分先后）

所在地	国家骨干冷链物流基地
北京	平谷国家骨干冷链物流基地
山西	晋中国家骨干冷链物流基地
内蒙古	巴彦淖尔国家骨干冷链物流基地
辽宁	营口国家骨干冷链物流基地
江苏	苏州国家骨干冷链物流基地
浙江	舟山国家骨干冷链物流基地
安徽	合肥国家骨干冷链物流基地
福建	福州国家骨干冷链物流基地
山东	济南国家骨干冷链物流基地
河南	郑州国家骨干冷链物流基地
湖北	武汉国家骨干冷链物流基地
湖南	怀化国家骨干冷链物流基地
广东	东莞国家骨干冷链物流基地
四川	自贡国家骨干冷链物流基地
云南	昆明国家骨干冷链物流基地
陕西	宝鸡国家骨干冷链物流基地
青岛	西海岸新区国家骨干冷链物流基地

综合资料汇编

2020年中国仓储配送行业十件大事

一、疫情突发，中国仓储配送行业为抗疫及生活物资应急保障贡献突出

2020年初，新冠肺炎疫情突发，在党中央、国务院的坚强领导下，全国迅速形成统一指挥、全面部署、立体防控的战略布局，有效遏制了疫情大面积蔓延。

为保障医药等抗疫物资和民生物资供应，广大物流企业迅速启动应急机制，数百万一线物流人主动承担责任，投身"战疫"，九州通医药物流协助武汉红十字会捐赠物资入库、分发、配送等物流运营；武汉宝湾被指定为"进鄂应急物资道路运输中转调运站"，保障进鄂物资；武汉商储为火神山医院建设提供医疗设备存放场地；普洛斯、苏宁物流、京东物流、日日顺、准时达、安博、辉睿等依托自身全球供应链资源在海内外积极筹措捐赠物资；物联云仓、阿帕网络免费提供应急物流解决方案、管理调度系统；中国外运、嘉里大通、美团、唯捷城配、村鸟平台、东方雨虹等企业全力保障市场及时供应，仓配企业做出突出贡献。

二、疫情防控催生仓配方式创新，进口冷链食品预防性全面消毒成常态化，全球化供应链风险推进我国柔性化供应链体系建设

针对疫情防控、人员流动受限，为有效解决居民购物难题，无接触配送、社区团购、生鲜电商、即时配送等模式爆发式增长，推动供应链上下游资源整合、仓储网络布局、末端配送等仓配模式的创新。

2020年6月以来，全国10多个省份在进口冷链食品或包装物检出新冠病毒，多地爆发进口冷链食品外包装带有病毒传播的事件。国务院及相关部委陆续发布针对冷链食品包装疫情防控的相关工作通知，进口冷链食品预防性全面消毒成为常态化防范措施。

复杂的国际形势和疫情冲击，对国际供应链产生重大影响，如何应对供应链不稳定性，建立高效协同、抗风险能力强、柔性敏捷的供应链体系已成为行业关注、探索的重点。

三、国家构建国内国际双循环新发展格局与现代流通体系，仓配发展迎来新机遇

习近平总书记主持召开的中央财经委员会第八次会议，研究畅通国民经济循环和现代流通体系建设问题，会议强调，统筹推进现代流通体系硬件和软件建设，发展流通新技术新业态新模式，完善流通领域制度规范和标准，培育壮大具有国际竞争力的现代物流企业，为构建以国内大循环为主体、国内国际双循环相互促进的新发展格局提供有力支撑。《中共中央关于制定国民经济和社会发展第十四个五年规划和二〇三五年远景目标的建议》提出，形成强大国内市场，构建新发展格局；加快发展现代产业体系，推动经济体系优化升级等重点任务。

仓储配送作为现代流通体系建设、新发展格局构建的重要支撑，

其居于货物流通节点和快速响应消费的重要地位将越发重要，其职能向着生产流通节点管控、高效支撑生产消费转型提升迈进，仓储配送业发展迎来新机遇与新挑战。

四、"新基建"在业内初步探索，中国仓储与配送协会总结提炼"新仓储""新配送"内涵和特点，为仓配业智慧化升级指明方向

2020年，党中央多次强调加强新型基础设施建设，"新基建"成为推动我国经济发展的新动能。6月，中国仓储与配送协会以"新基建、新仓储、新配送"为主题，在线召开了第十五届中国仓储配送大会，结合大会各位专家的主旨演讲，总结归纳"新仓储"和"新配送"内涵与特点，以促进全国仓配业的智慧化升级与创新探索。

"新仓储"和"新配送"的共同基础是"新基建"，共同特点是数字化、智能化、在线化，共同目标是"链接、共享、高效"。

新仓储：以现代仓储理念为基础、以"新基建"设施技术为支撑，深度融入商品供应链的数字化、智能化、在线化管理的仓储。新仓储的特点：云平台联通仓储供需主体，实现全行业共享资源、供应链共享库存；智能化管理仓储各要素，实现货位有效利用、订单快速响应、商品高效周转。

新配送：以共享和高效为目标，以"新基建"设施技术为支撑，以末端体验为驱动的数字化、智能化、在线化管理的配送。新配送的特点：云平台联通配送供需主体，实现车源共享、货源叠加；智能化管理配送各要素，实现车辆满载、路径优化、末端体验；智能化监管

车辆，实现绿色环保、交通顺畅。

五、多部委发布物流业制造业深度融合创新发展实施方案，持续深化城乡配送、土地税费减免、物流降本增效等试点，统筹疫情防控和经济社会高质量发展

2020年，国家发展改革委、工业和信息化部等部门联合印发《推动物流业制造业深度融合创新发展实施方案》；国家发展改革委、交通运输部印发《关于进一步降低物流成本实施意见的通知》；商务部等5部门印发《关于继续推进城乡高效配送专项行动有关工作的通知》；财政部、税务总局发布《关于继续实施物流企业大宗商品仓储设施用地城镇土地使用税优惠政策的公告》，从推动产业融合、畅通产业循环、降低物流成本、提升物流效率等行业焦点、痛点问题入手，统筹疫情防控和经济社会高质量发展。

六、我国首个公共海外仓团体标准发布实施，为海外仓建设与运营提供借鉴，推动海外仓向标准化、规范化方向发展

2020年10月，由中国仓储与配送协会组织起草的团体标准《公共海外仓设施技术要求与运营管理规范》（T/WD 107-2020）正式发布实施，标准首次定义了"公共海外仓"术语定义，明确了其分类及适用范围，并对公共海外仓建设与运营的基本要求、技术要求与运营管理规范提出了具体要求。

公共海外仓团体标准的发布，弥补了我国海外仓标准的空白，具有多方面的意义：规范海外仓建设及本土化运营，对我国境内企业到

境外建设海外仓具有实质性的指导与参考作用；提示境外建设与运营海外仓的复杂性，并指引海外仓功能的发展方向；对提升跨境电商运作效率、降低国际物流成本、保障货物安全、改善客户服务等方面起到积极作用；同时助力跨境贸易体系建设及创新应用发展。

七、首批农村物流服务品牌公布，形成诸多可复制推广经验做法，为坚决打赢脱贫攻坚战、实施乡村振兴战略提供有力物流保障

2020年6月，交通运输部会同国家邮政局组织专家对申报项目进行评审，经公示确定河北省隆尧县"电子商务+特色农业"等25个项目为首批农村物流服务品牌，总结出"多站合一+客货同网""交通运输+邮政快递""商农共网、统仓统配""电商引领、集中配送、统一标准""信息平台+统一配送""城乡公交+物流电商+共同配送""电子商务+乡村快递共配""多站合一+货运班线"等可复制推广的经验和做法，以供县域参考。

我国正处于全面建成小康社会的决胜阶段，首批农村物流服务品牌对于推广农村物流工作新理念、发展新经验、服务新模式，打造网络覆盖度深、资源整合度高、产业支撑能力强的农村物流服务体系，推动形成"场站共享、货源集约、服务同网、信息互通"的农村物流发展新格局具有积极的推动作用，对于全面提升农村物流服务质量和发展水平具有重要意义。

八、快递绿色包装标准化工作指导意见发布，以标准助力快递包装"绿色革命"

2020年7月，市场监管总局、发展改革委等部门联合发布《关于加强快递绿色包装标准化工作的指导意见》，其中明确升级快递绿色包装标准体系、加快研制快递包装绿色化标准、完善快递包装减量化标准、抓紧制定快递包装回收支撑标准、促进快递包装产业上下游标准衔接、提高快递绿色包装标准约束性、推动快递绿色包装标准有效实施、提升快递绿色包装标准国际化水平等八大任务，充分发挥标准对快递业绿色发展的支撑和引领作用。

我国快递业的包装总量大、种类繁多、增长迅速，经初步估算，我国快递业塑料废弃物约180万吨，包装废弃物对环境造成的影响不容忽视。相较于京东、苏宁、阿里巴巴等建立的企业或联盟内部的绿色包装体系，《意见》以标准为切入点，聚焦快递绿色包装材料研发、设计、生产、使用和回收处理全环节。打通快递上下游产业链，统筹考虑适应实体和电商渠道销售的包装及快递包装需求，在更多环节、更广范围提高快递包装资源利用效率，降低包装耗用量，对于节约资源、保护环境和促进快递业健康可持续发展具有重大意义。

九、多部委联合推进落实《车用起重尾板安装与使用技术要求》（GB/T 37706-2019），配送车辆安装尾板取得"合法身份"

2020年1月，交通运输部办公厅、工业和信息化部办公厅、公安部办公厅、市场监管总局办公厅联合发布《关于做好＜车用起重尾板安装与使用技术要求》贯彻实施工作的通知》，强调：一是建立尾板安装使用的协调配合工作机制；二是加强尾板产品生产质量的监管；三是要强化尾板安装质量的监管；四是要做好安装尾板货车检验及登记管理。

尾板是安装在配送车辆上，用于快速装卸货物的专用举升装置，可有效提升货物装卸效率、节约人力资源、提升作业效率。近年来，企业对车辆安装尾板的需求不断增加，但是，尾板及其安装后的尺寸与质量参数会给车辆安全带来影响，因尾板造成的摔货伤人事件时有发生。因此，尾板的"合法性身份"一直悬而未"定"。《车用起重尾板安装与使用技术要求》（GB/T 37706-2019）发布实施，规定了尾板的选型与车辆相关设计、安装、使用及检验要求，首次理顺了车辆生产企业、尾板生产企业和车辆尾板管理部门的关系，至此法规标准缺失所带来的技术要求不清、法律责任不清、管理混乱、企业用户迷茫等一系列阻碍得以有效解决。此次多部委联合推动标准贯彻实施，进一步认可车辆安装尾板的"合法性身份"，为实现货车安装使用尾板提供便利性，对于促进城乡高效配送、物流业降本增效具有积极意义。

十、李克强总理主持召开国务院常务会议决定在全国实施动产和权利担保统一登记

为优化营商环境、促进金融更好服务实体经济特别是中小微企业，国务院总理李克强12月14日主持召开国务院常务会议，决定从2021年1月1日起，对动产和权利担保在全国实行统一登记。原由市场监

管总局承担的生产设备、原材料、半成品、产品抵押登记和中国人民银行承担的应收账款质押登记，以及存款单质押、融资租赁、保理等登记，改由中国人民银行统一承担，提供基于互联网的 7×24 小时全天候服务。

此前"上海钢贸案"和"青岛有色金属案"的主要原因之一是未实行动产和权利担保的统一登记，导致金融机构发生贷款损失，从而对存货仓单融资失去信心，仓储企业作为存货融资业务中第三方管理企业，业务发展也因此受限。全国动产和权利担保统一登记的实施，有助于金融机构全面掌握企业动产和相关权利信息，恢复对于存货融资业务的信心，也有助于仓储企业扩大业务范围，提升盈利水平。

新仓储、新配送的内涵与特点

2020年6月23日，中国仓储与配送协会以"新基建、新仓储、新配送"为主题，在线召开了第十五届中国仓储配送大会。根据大会各位专家的演讲，中仓协秘书处对新仓储、新配送的内涵与特点进行了总结归纳，现予公开发表，供业内专家与企业继续讨论，以促进全国仓储配送行业的深度转型升级与创新发展。

"新"的共同基础是"新基建"，共同特点是数字化、智能化、在线化，共同目标是链接、共享、高效。

新仓储：以现代仓储理念为基础、以"新基建"设施技术为支撑，深度融入商品供应链的数字化、智能化、在线化管理的仓储。

新仓储的特点：云平台联通仓储供需主体，实现全行业共享资源、供应链共享库存；智能化管理仓储各要素，实现货位有效利用、订单快速响应、商品高效周转。

新配送：以共享、高效为目标，以"新基建"设施技术为支撑，以末端体验为驱动的数字化、智能化、在线化管理的配送。

新配送的特点：云平台联通配送供需主体，实现车源共享、货源叠加；智能化管理配送各要素，实现车辆满载、路径优化、末端体验；智能化监管车辆，实现绿色环保、交通顺畅。

关于寻找"最美物流人"活动结果的公告

自新冠肺炎疫情发生以来，在疫情防控的物流第一线涌现出一大批不畏艰险、挺身而出、表现突出的优秀物流人。为了生动讲述、广泛宣传防疫抗疫物流一线职工的感人事迹，激发正能量、弘扬真善美，更好地统筹推进疫情防控与经济社会发展，中国仓储与配送协会于2020年2月到5月组织开展了"寻找2020年最美物流人"的活动，共收到相关会员企业推荐的50人事迹材料，经初审，公开发布39人的优秀事迹，后经组织会员企业投票及专家复审，最终确定15人为"2020年最美物流人"。据此，中国仓储与配送协会决定，授予于建明等15名同志为"2020年最美物流人"，颁发荣誉证书并予以奖励，同时授予马翼等24名同志为"2020年提名最美物流人"，颁发荣誉证书。现一并公告。

"2020年最美物流人"名单：
（按姓氏笔画排序，排名不分先后）
于建明　山东飞跃达医药物流有限公司经理
王耀辉　云南速鲜商贸有限公司仓储部库管员
甘世波　密尔克卫化工供应链服务股份有限公司驾驶员
冯文秋　湖南和立东升实业集团有限公司部长
吕　超　北京联合通达物流有限公司经理

朱国松　北京百福东方国际物流有限公司主管
杨正金　重庆公运同程配送有限公司车队副队长
张　谨　北京京邦达贸易有限公司车队负责人
陈忠红　武汉金锣通食品销售有限公司经理
陈　晓　襄阳苏宁物流有限公司网点负责人
陈　钢　重庆祥茂物流有限公司永辉项目负责人
周志国　深圳依时货拉拉科技有限公司司机
殷正奎　武汉市商业储运有限责任公司经理，支部书记
熊隆方　长沙市天虹百货有限公司物流总监
戴　斌　武汉诚通物流有限公司营运部经理

"2020年提名最美物流人"名单：
（按姓氏笔画排序，排名不分先后）

马　翼　烟台齐畅供应链管理有限公司物流总监
王　琛　中储南京智慧物流科技有限公司主管
王　军　中国物流合肥有限公司生产运营部员工
王曰民　正本物流集团生产副总经理
申　飞　湖北鄂宁苏宁物流有限公司驾驶员
刘　磊　安徽诚通红四方物流有限公司驾驶员
李　慧　中国物流亳州有限公司仓管员
朱九妹　湖北鄂宁苏宁物流有限公司配送专员
江金明　深圳依时货拉拉科技有限公司司机
刘　宝　中都物流有限公司车队长

向正忠　天天快递（武汉）有限公司网点负责人

江瑞欣　江苏苏宁物流有限公司运输部长

孙　黎　山东新星集团有限公司物流生鲜科经理

吴　军　宁夏新华百货现代物流有限公司主管

陈立岗　中国黑色金属材料北京有限公司业务部项目经理

陈　梅　武汉雅元食品集团股份有限公司物流部总经理

杨锦飞　宁波鼎航国际物流有限公司副总经理

周　旋　浩通国际货运代理有限公司空运操作员

胡文华　湖北谊嘉金融仓储有限公司片区经理

娄根生　中国物流河南有限公司司机

饶军伟　宝湾物流控股有限公司华中大区物业客服部/经理

税　峰　孝感天天快递有限公司孝昌分公司网点负责人

程　苗　湖北鄂宁苏宁物流有限公司操作员

蔡　校　宁波天易物流有限公司驾驶员

特此公告。

中国仓储与配送协会

2020 年 5 月 28 日

2020年主要物流节点城市租金和空置率

序号	城市	平均租金（元/平方米·月）	空置率
1	北京	46.81	8.90%
2	上海	45.92	9.45%
3	深圳	41.36	10.08%
4	苏州	33.44	4.09%
5	广州	32.02	12.96%
6	杭州	31.95	13.52%
7	嘉兴	31.78	8.00%
8	天津	31.09	10.69%
9	东莞	30.55	13.92%
10	南京	30.19	12.57%
11	宁波	29.62	22.05%
12	无锡	29.62	15.15%
13	佛山	29.35	16.54%
14	长沙	26.20	7.20%
15	济南	25.60	37.98%
16	昆明	25.54	23.63%
17	武汉	25.38	27.00%
18	重庆	25.24	16.71%
19	西安	25.24	11.05%
20	大连	24.46	22.30%

21	合肥	24.34	7.95%
22	成都	24.30	8.95%
23	哈尔滨	23.46	14.09%
24	郑州	28.61	18.95%
25	贵阳	23.12	7.46%
26	青岛	22.90	9.56%
27	沈阳	22.75	8.13%
28	长春	22.01	5.97%
29	南昌	21.93	10.64%
30	兰州	20.91	20.05%
31	石家庄	20.80	17.91%
32	太原	19.83	6.43%

优质企业推荐

2020 年中国星级仓库

根据国家标准《通用仓库等级》（GB/T 21072-2007）、《中国通用仓库等级评定办法》规定，经企业自愿申报、中国通用仓库等级评定工作办公室初审和现场审定，且公示无异议，确定2020年获得"中国星级仓库"称号的企业库区如下。

序号	企业库区名称	星级
1	中国移动通信集团重庆有限公司西南大区物流中心	五星
2	中国移动通信集团甘肃有限公司兰州 RDC 中心库	五星
3	南京远能电力工程有限公司国网南京供电公司周岗仓库	五星
4	成都国储物流有限公司国储四三七处库区	五星
5	湖南千金医药股份有限公司药品食品物流中心	五星
6	昆山华裕供应链管理有限公司昆山库区	五星
7	株洲中车物流有限公司株洲中车物流基地	五星
8	滕州三兴物流有限公司滕州三兴物流仓储	五星
9	宁乡县阳光联运服务有限公司阳光联运长沙仓储中心	五星
10	湖南顺捷物流有限公司长沙库区	五星
11	老百姓大药房连锁股份有限公司老百姓大药房长沙库区	五星
12	航港发展有限公司航港物流园	五星
13	湖南苏宁易达物流仓储有限公司苏宁望城物流中心	五星

序号	企业库区名称	星级
14	安博仁良（杭州）仓储有限公司安博杭州仁和物流中心	五星
15	哈尔滨农垦嘉圣物流园区有限公司嘉圣国际物流城库区	五星
16	中通服供应链管理有限公司江西分公司新建中心库区	五星
17	成都安新仓储有限公司安博新都国际物流港	五星
18	中国移动通信集团辽宁有限公司省中心库	五星
19	济南安博仓储有限公司安博济南高新国际物流园	五星
20	安博诚置仓储（东莞）有限公司安博东莞石排物流中心	五星
21	湖南安迅物流运输有限公司安迅物流醴陵经开区库区	五星
22	海安铁联物流有限公司上铁海安物流基地专用库区	五星
23	湖南广汽商贸日邮物流有限公司长沙库区	五星
24	湖南金霞粮食产业有限公司金霞粮食物流园库区	五星
25	湖南天士力民生药业有限公司物流中心	五星
26	成都安青仓储有限公司安博青白江物流园区	五星
27	南京维宜通仓储服务有限公司南京维宜通库区	五星
28	国网江苏省电力有限公司镇江供电分公司 国网镇江供电公司大港仓库	五星
29	佛山睿优仓储有限公司龙地佛山乐平物流园	五星
30	东莞朗星仓储有限公司龙地东莞大岭山物流园	五星
31	天津兴建供应链管理有限公司龙地天津宁河物流园	五星
32	成都欣嘉物流有限公司龙地成都新津物流园	五星
33	陕西西咸新区空港新城富立实业有限公司龙地西安空港物流园	五星

序号	企业库区名称	星级
34	和泰物流设施发展（苏州）有限公司龙地太仓和泰物流园	五星
35	佛山睿信物流管理有限公司龙地佛山芦苞物流园	五星
36	中国移动通信集团湖南有限公司湖南移动省库	五星
37	湖南省弘广物流集团有限公司弘广智慧物流园	五星
38	湖南高星物流园开发有限公司湖南高星物流园仓储中心	五星
39	青岛和华科技物流有限公司和华科技物流小镇库区	五星
40	扬州完美日用品有限公司扬州完美生产基地库区	五星
41	中国供销集团南通供销产业发展有限公司南通供销产业园库区	五星
42	辽宁诚通物流有限公司沈阳智慧物流园	五星
43	大连川盛国际物流有限公司大连川盛国际物流库区	五星
44	宁波龙星物流有限公司龙星库区	五星
45	宁波富立物流有限公司富立考拉仓	五星
46	国家粮食和物资储备局山东局三三四处库区	五星
47	中通服供应链管理有限公司四川分公司温江物流基地	五星
48	宁夏新华百货现代物流有限公司常温ABC库	五星
49	大连捷通物流有限公司捷通物流淮河西路库区	五星
50	昆山飞力仓储服务有限公司昆山飞力仓储综保区库区	五星
51	中国移动通信集团河南有限公司河南移动驻马店恒兴物流园库区	五星
52	浙江永升医药物流有限公司永升现代医药物流中心	五星
53	招商局物流集团宁波有限公司浙江宁波保税物流园区	五星

序号	企业库区名称	星级
54	昆明深国际供应链管理有限公司深国际昆明综合物流港	五星
55	山东润邦国际物流有限公司齐河库区	五星
56	中国移动通信集团山西有限公司山西移动省RDC库区	五星
57	中国移动通信集团湖北有限公司鄂西南（荆州）大区库	五星
58	广州市广百物流有限公司广百物流东部基地库区	五星
59	广州市广百物流有限公司广百物流人和基地库区	五星
60	广州市广百物流有限公司中国南部物流枢纽园区	五星
61	中国移动通信集团广西有限公司高新物流园区	五星
62	招商局物流集团湖南有限公司长沙分发中心	五星
63	重庆飞力达供应链管理有限公司空港保税区C11、C12库	五星
64	江苏超达物流有限公司江苏仓储中心	五星
65	安博金阊（苏州）仓储有限公司安博金阊物流中心	五星
66	山东盖世国际物流集团有限公司仓储中心（园区）	五星
67	广西钦州市祥龙物流有限公司钦州自贸区祥龙物流园	五星
68	中粮可口可乐华北饮料有限公司华北中央仓	五星
69	北京环博达物业有限公司北京环博达物流园	五星
70	芜湖达成储运有限公司群智通1号云仓	五星
71	中国移动通信集团内蒙古有限公司呼和浩特数据中心C01仓库	五星
72	云通物流服务有限公司云通物流总仓	五星
73	岳阳科德商贸有限公司湖南城陵矶新港区仓库	五星
74	嘉里北京天竺物流中心	五星

序号	企业库区名称	星级
75	齐河安博仓储有限公司安博齐河国际物流园	五星
76	南京水务集团有限公司禄口仓库	四星
77	湖南省致远农业科技发展有限公司致远农业物流仓储基地	四星
78	广东世必达物流有限公司广东世必达创意产业园库区	四星
79	浙江亿流货柜仓储有限公司亿流仓库库区	四星
80	湖南吉兴医药物流有限公司吉兴物流库区	四星
81	湖南汇之祥医药有限公司汇之祥医药库区	四星
82	上海伊能国际物流有限公司久江（奉贤）现代物流园	四星
83	宁波市阿六食品有限公司通用物流仓库	四星
84	中核（郑州）储运贸易有限公司302库区	四星
85	湘潭市花园林产品交易市场有限公司林产品商贸物流中心仓储区	四星
86	德州恒诚仓储物流集团有限公司恒诚库区	三星
87	中通服供应链管理有限公司甘肃分公司仓库	三星

2020 年中国仓储服务金牌企业

根据国家标准《仓储服务质量要求》（GB/T 21071-2007）、《中国仓储服务质量评鉴办法》规定，经企业自愿申报、征求客户评价意见、中国仓储服务质量评鉴工作办公室初审及现场审定，且公示无异议，确定 2020 年获得"中国仓储服务金牌企业"称号的企业如下。

序号	企业名称
1	国网冀北电力有限公司物资分公司
2	江苏莘纳吉物流科技有限公司
3	广州创智物流有限公司
4	江苏安方电力科技有限公司
5	湖南千金医药股份有限公司
6	江苏大地物流有限责任公司
7	株洲中车物流有限公司
8	宁乡县阳光联运服务有限公司
9	张家港保税区长江国际港务有限公司
10	宁波市阿六食品有限公司
11	杭州松松供应链管理有限公司
12	广州市畅翔物流有限公司
13	宝供物流企业集团有限公司

序号	企业名称
14	珠海桦润贸易有限公司
15	湖南安迅物流运输有限公司
16	海安铁联物流有限公司
17	湖南金霞粮食产业有限公司
18	湖南天士力民生药业有限公司
19	湖南省弘广物流集团有限公司
20	张家口龙辰博鳌物流有限公司
21	广东鑫宇物流集团有限公司
22	中国供销集团南通供销产业发展有限公司
23	辽宁诚通物流有限公司
24	德州恒诚仓储物流集团有限公司
25	宁波海晖国际物流有限公司
26	国家粮食和物资储备局山东局三三四处
27	中核（郑州）储运贸易有限公司
28	宁夏新华百货现代物流有限公司
29	江苏飞力达国际物流股份有限公司
30	招商局物流集团宁波有限公司
31	杭州龙田供应链管理有限公司
32	浙江永升医药物流有限公司
33	浙江亿流货柜仓储有限公司
34	江苏超达物流有限公司

序号	企业名称
35	航港发展有限公司
36	山东盖世国际物流集团有限公司
37	广西钦州市祥龙物流有限公司
38	芜湖达成储运有限公司
39	招商局物流集团湖南有限公司
40	云通物流服务有限公司
41	岳阳科德商贸有限公司

2020年中国绿色仓库

为贯彻落实国务院及相关部门关于加快绿色仓库建设、推动绿色仓储物流发展的有关精神,根据行业标准《绿色仓库要求及评价》(SB/T 11164-2016)、《中国绿色仓库认定办法》,经企业自愿申报、中国绿色仓库认定委员会组织审核认定,且公示无异议,确定2020年获得"中国绿色仓库"称号的企业库区如下。

序号	企业库区名称
1	大连苏宁物流有限公司(苏宁大连物流园区)
2	航港发展有限公司(货运中心仓)
3	河北苏宁物流有限公司(苏宁石家庄物流中心)
4	秀山华渝物流投资有限公司 (秀山(武陵)现代物流园区仓储配送中心)
5	维玉(上海)工程技术有限公司(新宜嘉定维玉物流中心)
6	辽宁苏宁物流有限公司(苏宁浑南物流中心)
7	国网新源张家口风光储示范电站有限公司 (国家风光储输示范电站物资库房)
8	内蒙古苏宁物流有限公司(苏宁滨河物流中心)
9	扬州完美日用品有限公司(扬州完美生产基地库区)
10	山东佳怡物流有限公司(佳怡济南荷花园区)
11	济南佳怡国际物流有限公司(佳怡济南先行区园区)

序号	企业库区名称
12	济南中外运国际物流有限公司（济南章锦中外运保税物流仓库）
13	蜂网云仓供应链（山东）有限公司（申通快递济南智能分拨中心）
14	瑞康医药（山东）有限公司（临港机场库）
15	山东顺丰速运有限公司（顺丰济南春晖路分拨中心）
16	山东九州通医药有限公司（九州通医药济南物流中心）
17	山东飞跃达医药物流有限公司（飞跃达医药济南现代物流园区）
18	济南传化泉胜公路港物流有限公司（传化泉胜公路港零担仓库）
19	山东丰尔达物流有限公司（丰尔达多功能物流园）
20	普洛斯（济南）仓储设施有限公司（普洛斯济南临港物流园）
21	国药控股山东有限公司（现代医药物流配送中心）
22	广州市广百物流有限公司（中国南部物流枢纽园区）
23	山西天禧物流有限公司（山西祁县经济开发区物流园）
24	昆山路德仓储服务有限公司（新宜路德物流园）
25	常州鸿石仓储服务有限公司（新宜鸿石物流园）
26	南京马里诺仓储服务有限公司（新宜马里诺物流园）
27	南京维宜通仓储服务有限公司（新宜维宜通物流园）
28	武汉弗兰西蒂仓储服务有限公司（新宜弗兰西蒂物流园）
29	武汉市新形运输有限责任公司（新宜武汉新形物流园）
30	福州新东物流有限公司（新宜长乐新东物流园）
31	新疆龙海达物流有限公司（新疆龙海达物流园区）

2020年担保存货管理资质企业

根据国家标准《担保存货第三方管理规范》(GB/T 31300-2014)、《担保存货管理企业评价办法》规定，经企业自愿申报、征求客户评价意见、全国担保存货管理企业评价工作办公室初审及现场评审，且公示无异议，确定2020年获得"担保存货管理资质"的企业如下。

三级甲等

华夏易通国际物流有限公司

一级甲等

甘肃金泰担保存货管理有限公司

一级乙等

山东汇融仓储管理服务有限公司

贵州民族酒业（集团）德盛缘酒类收储有限公司

江西云链仓储管理有限公司

河南众储供应链管理有限公司

一级丙等

浙江天畅智库科技有限公司

陕西众财汇鑫企业管理咨询有限公司

宁夏镇元运达担保品管理有限公司

葫芦岛金易来供应链管理有限公司

2020 年全国仓储企业排名

  中国仓储与配送协会根据企业自愿申报和调查掌握的行业数据，以 2020 年底企业运营的自有和租用仓库设施总量为依据，对"通用仓储企业""冷藏仓储企业"进行排名；以 2020 年底企业建设的仓库设施总量为依据，对"仓储地产企业"进行排名；以 2020 年企业年管理担保存货对应的贷款额度为依据，对"金融仓储企业"进行排名，现将排名结果给予公布。

  注：此次排名全部免费，协会不会委托、授权任何单位或个人以任何名义要求获评企业参加相关收费类的宣传和活动。对于任何单位或个人未经授权以我会或冒用我会人员名义开展的活动，协会将保留追究其法律责任的权利。

中国仓储与配送协会

2021 年 6 月

2020 年全国通用仓储企业排名

名次	企业名称	仓库面积（万平方米）
1	江苏苏宁物流有限公司	1,210.0
2	日日顺供应链科技股份有限公司	780.0
3	厦门象屿股份有限公司	701.1
4	中国邮政速递物流股份有限公司	426.0
5	重庆长安民生物流股份有限公司	414.0
6	百世物流科技（中国）有限公司	350.0
7	北京长久物流股份有限公司	322.2
8	上海发网供应链管理有限公司	310.0
9	中外运物流有限公司	301.0
10	中储发展股份有限公司	300.0
10	安迅物流有限公司	300.0
12	九州通医药集团股份有限公司	257.0
13	准时达国际供应链管理有限公司	250.0
14	顺丰控股股份有限公司	249.0
15	中通云仓科技有限公司	235.0
16	山东盖世国际物流集团有限公司	200.0
16	速必达希杰物流有限公司	200.0
16	上海益嘉物流有限公司	200.0
16	宝供物流企业集团有限公司	200.0
16	中国物流股份有限公司	200.0

21	嘉里物流（中国）投资有限公司	196.0
22	中远海运物流有限公司	180.0
23	网赢如意仓供应链有限公司	160.0
23	北领科技物流有限公司	160.0
25	北京昌达供应链管理集团有限公司	150.0
26	中通服供应链管理有限公司	143.5
27	上海郑明现代物流有限公司	140.0
28	深圳市怡亚通物流有限公司	134.0
29	河北宝信物流有限公司	130.6
30	利丰供应链管理（中国）有限公司	130.0
31	广东锐捷数智供应链有限公司	128.0
32	深圳市兆航物流有限公司	120.0
33	北京宏贤达物流集团有限公司	110.0
34	德邦物流股份有限公司	106.5
35	上海顶通物流有限公司	100.0
35	北京科捷物流有限公司	100.0
37	海元物流有限公司	86.3
38	陕西商储物流有限公司	70.0
38	云通物流服务有限公司	70.0
38	盛丰物流集团有限公司	70.0
38	山东佳怡物流有限公司	70.0
38	江苏新宁现代物流股份有限公司	70.0
43	天津大田集团有限公司	69.0
44	深圳越海全球供应链有限公司	66.8
45	江苏飞力达国际物流股份有限公司	65.0
46	重庆公路运输（集团）有限公司	61.9
47	湖南湾田供应链管理有限公司	61.3

48	建发物流集团有限公司	60.0
49	杭州松松供应链管理有限公司	50.0
50	上海商业储运有限公司	42.6
51	杭州龙田供应链管理有限公司	40.0
51	伊藤忠物流（中国）有限公司	40.0
51	河南宇鑫物流集团有限公司	40.0
54	湖北国储物流股份有限公司	39.0
55	深圳市铭可达物流有限公司	38.0
56	深圳市盐田港物流有限公司	36.0
57	广东天图物流股份有限公司	30.1
58	云仓配供应链管理（厦门）有限公司	30.0
58	深圳市凯东源现代物流股份有限公司	30.0
58	林森物流集团有限公司	30.0
58	广州广日物流有限公司	30.0
58	深圳综合信兴物流有限公司	30.0
58	福兴祥物流集团有限公司	30.0
64	武汉普罗格集成科技有限公司	25.7
65	上海有常物流有限公司（唯捷城配）	24.5
66	广州市广百物流有限公司	24.0
67	振华物流集团	22.0
68	新杰物流集团股份有限公司	21.0
69	五矿贸易有限责任公司	20.6
70	湖北安捷物流有限公司	20.2

2020年全国冷链仓储企业排名

名次	企业名称	冷库容积（万立方米）
1	上海郑明现代物流有限公司	250.0
2	重庆明品福物流有限责任公司	150.0
3	北京亚冷国际供应链管理有限公司	90.0
3	海南罗牛山食品集团有限公司	90.0
3	成都银犁冷藏物流股份有限公司	90.0
6	顺丰控股股份有限公司	87.0
7	希杰荣庆物流供应链有限公司	85.8
8	济南维尔康冷链物流有限公司	81.0
9	中外运冷链物流有限公司	79.2
10	上海宇培（集团）有限公司	78.5
11	山东盖世国际物流集团有限公司	75.0
11	河南中原四季水产物流港股份有限公司	75.0
11	沈阳副食集团有限公司	75.0
14	杭州餐友供应链管理有限公司	62.0
15	红星冷链（湖南）股份有限公司	60.0
15	山东中凯物流有限公司	60.0
15	增益冷链（武汉）有限公司	60.0
18	海元物流有限公司	54.4
19	德州飞马冷链物流有限公司	54.3
20	上海有常物流有限公司（唯捷城配）	53.6

21	大连港毅都冷链有限公司	51.0
22	武汉山绿冷链物流有限公司	44.7
23	上海领鲜物流有限公司（光明）	43.0
24	南京天环食品（集团）有限公司	36.0
25	中通云仓科技有限公司	34.0
26	天津蓝玺冷链物流有限公司	33.0
27	云通物流服务有限公司	30.0
	重庆万吨冷储物流有限公司	30.0
29	山西优鲜多歌供应链有限公司	25.5
30	郑州华夏易通物流有限公司	25.0

2020年全国仓储地产企业排名

名次	企业名称	仓库面积（万平方米）
1	普洛斯投资（上海）有限公司	3,170.0
2	江苏苏宁易达物流投资有限公司	1,198.5
3	万科物流发展有限公司	1,148.0
4	易商红木 ESR	850.0
5	上海宇培（集团）有限公司	590.0
6	上海龙地物流有限公司	511.0
7	安博（中国）管理有限公司	510.0
8	嘉民管理咨询有限公司	470.0
9	宝湾物流控股有限公司	460.0
10	新宜（上海）企业管理咨询有限公司	430.7
11	维彧（上海）企业管理咨询有限公司（维龙）	410.0
12	第一创建仓储服务（深圳）有限公司	300.0
13	新地物流发展有限公司	260.0
14	湖南和立东升实业集团有限公司	200.5
15	深圳市深国际物流发展有限公司	200.0
16	福建东百集团股份有限公司（东百物流）	172.0
17	杭州网营物联控股集团有限公司	140.0
18	复星国药（香港）物流仓储发展有限公司	130.0
19	西藏京通易购商贸有限公司	120.9
20	北京百利威仓储物流有限公司	100.9

2020 年全国金融仓储企业排名

名次	企业名称	年管理担保存货对应的贷款额度（万元）
1	南储仓储管理集团有限公司	2633,674.0
2	华夏易通国际物流有限公司	970,000.0
3	安徽隆泽丰投资产管理有限公司	727,800.0
4	四川三鼎金融仓储有限公司	476,691.0
5	湖北襄管物流有限公司	406,824.3
6	浙江长运安信仓储服务有限公司	392,106.0
7	宁夏嘉宝信金融仓储有限公司	351,445.3
8	宁夏亿博丰担保品管理有限公司	350,000.0
9	湖北谊嘉金融仓储有限公司	253,032.0
10	广西融桂物流集团有限公司	101,800.0